Buch

Als Karol Wojtyla 1978 sein Amt antrat, jubelte nicht nur die katholische Welt. Denn zum ersten Mal seit Jahrhunderten war ein Nichtitaliener auf den Stuhl Petri gelangt. Viele erhofften sich durch diesen Wende-Papst eine Öffnung der Kirche, wie sie durch das Zweite Vatikanische Konzil vorgegeben war.
Die Menschen wurden jedoch bitter enttäuscht. Ob Empfängnisverhütung, Demokratisierung der Kirche, Frauenordination, Zölibat: Johannes Paul II. vertritt Positionen, die mit der modernen Welt nicht Schritt halten. Er schreibt seine Kirche auf Standpunkte fest, die auf Dauer die Kirchen entvölkern.
Dennoch ist Johannes Paul II. ein Publikumsmagnet. Wo er auch auftritt, ein Millionenpublikum ist ihm sicher. Obwohl er die Massenmedien heftig kritisiert, weiß Karol Wojtyla wie kein anderer vor ihm, wie man sich ihrer bedient. Aktuelles Beispiel dafür ist sein neuestes Buch. Mit ungeheurem Werbeaufwand in Szene gesetzt, verbreitet Johannes Paul II. in »Die Schwelle der Hoffnung überschreiten« Positionen, die wir seit nun mehr fast zwanzig Jahren von ihm kennen.
Horst Herrmann, renommierter Theologe und Soziologe, setzt sich in diesem Buch mit den Inhalten des »literarischen Superstars« auseinander. Der Papst ist viel unterwegs, aber erreicht er die Menschen? Was ist unter ihm aus dem Vatikanischen Konzil geworden? Wurde der Vatikan zum Hort fundamentalistischen Gedankenguts? Wie steht es um die Ökumene, um die Toleranz Andersgläubigen gegenüber? Ohne Polemik, aber auch ohne Scheuklappen nimmt Horst Herrmann den Papst beim Wort und zeigt auf, welche geringe Hoffnung Karol Wojtyla wirklich vermittelt und wie die Zukunft der katholischen Kirche aussieht.

Autor

Dr. theol. Horst Herrmann wurde 1970 ord. Professor des Kirchenrechts an der Universität Münster. Nach schweren Auseinandersetzungen um seine Forschung und Lehre wurde ihm 1975 die kirchliche Lehrerlaubnis entzogen: der erste Fall in der Bundesrepublik. Er hat seit 1981 einen Lehrstuhl für Soziologie inne. Von ihm liegen 22 Bücher (in mehrere Sprachen übersetzt) und 150 Beiträge zu religions- und patriarchatskritischen Themen vor. Außerdem ist Horst Herrmann Herausgeber der Reihe *Querdenken*, die herausragende Zeitgenossen ungeschminkt mit ihrer Meinung zu Wort kommen läßt.

HORST HERRMANN

JOHANNES PAUL II. beim Wort genommen

Eine kritische Antwort auf den Papst

GOLDMANN VERLAG

Originalausgabe

Umwelthinweis
Alle gedruckten Materialien dieses Taschenbuches
sind chlorfrei und umweltschonend.

Der Goldmann Verlag ist ein Unternehmen
der Verlagsgruppe Bertelsmann

Originalausgabe Januar 1995

Umschlaggestaltung: Design Team München
Belichtung: Compusatz, München
Druck: Graphischer Großbetrieb Pößneck
Verlagsnummer: 12643
Lektorat: Sabine Schubert
Herstellung: Sebastian Strohmaier
Made in Germany
ISBN 3-442-12643-6

1 3 5 7 9 10 8 6 4 2

INHALT

1

DAS NEUE BUCH DES ALTEN PAPSTES

Wie Hoffnung auf dem Weltmarkt plaziert werden soll

Wojtyla light? Unter diesem Titel bemäkelte die *Süddeutsche Zeitung* am 22. Juli des Jahres die Vermarktungsstrategien des neuen Papstbuches, das nun seit wenigen Wochen vorliegt: »Kein heutiger Jünger Jesu – außer dem großen Evangelisten des freien Westens, Billy Graham, versteht sich - hat sich bisher der Massenmedien des freien Marktes derart skrupellos bedient wie ihr vehementester Kritiker.«

Skrupellos? Ein hartes Wort. Gemeint ist Johannes Paul II. Ihm wird Doppelmoral vorgehalten. Er übt auf der einen Seite Kritik an den Medien und nutzt den Medienmarkt auf der anderen bedenkenlos aus. Hat der Papst dies nötig?

»Schweigen wir über Herrn Wojtyla!« hatte der Nobelpreisträger Heinrich Böll bereits zu Beginn des Pontifikats angeregt. Viele schienen und scheinen den Rat befolgt zu haben. Auf Anhieb ließe sich kaum eine namhafte Stimme aus der zeitgenössischen Kultur, Politik oder selbst Theologie zitieren, die sich intensiv, über belanglos höfliche Floskeln oder die allseits bekannten Reizthemen hinaus, mit diesem Papst befaßt hätte.

Johannes Paul II., umjubelt, doch außerhalb der Fangemeinde ohne Resonanz? Auch innerhalb der Kirche zunehmend abgeschrieben? Fiel das keinem Verantwortlichen auf? Repräsentanten der katholischen Kirche scheinen blind für das Phänomen zu sein.

Wie hatte es begonnen? Der verstorbene Primas von Polen, Stefan Kardinal Wyszynski, hatte 1978 seinen Landsmann zum Sprechen aufgefordert: »Du sitzt jetzt auf dem Stuhl Petri, und deine Ideen sind Ideen der Kirche. Es ist also wichtig, daß die Kirche sie möglichst bald kennenlernt.«

Es hatte nicht lange mit dem Kennenlernen gedauert. Das Marketing des Vatikans zögerte kaum. Schon nach einem knappen Jahr Amtszeit waren allein in deutscher Sprache 25 Papstbücher erschienen, 15 über Johannes Paul II. und 10 von ihm. Der Papst dachte nicht daran zu schweigen und sich anschweigen zu lassen. 684 Reden hielt er allein in seinen ersten beiden Jahren, die beiläufigen nicht gerechnet. 1979 ergaben sie bereits 1628 Seiten bedrucktes Papier. Papst Paul VI. dagegen hatte es 1977 nur auf 752 Seiten gebracht. Ihn wollte kaum mehr jemand hören, wohl aber den neuen Papst, der innerhalb weniger Monate über fünf Millionen Pilger nach Rom zu ziehen verstand.

Von Anfang an wurde eine Fülle von amtlichen und privaten Texten aus der Feder Wojtylas vorgelegt. Die seit dem Beginn des Pontifikats im Oktober 1978 angefallenen Verlautbarungen des Papstes sind lückenlos publiziert und in alle wichtigen Sprachen der Welt übersetzt. Alle Voraussetzungen für eine Beschäftigung mit den Ideen Johannes Pauls II., die – nach Kardinal Wyszynski – »auch Ideen der Kirche sind«, waren gegeben.

Um so erstaunlicher, daß die Theologie, von anderen Wissenschaften nicht zu reden, zu den Vorlagen des gegenwärtigen päpstlichen Lehramtes schweigt. Bis auf geringe Ausnahmen finden sich keine fundierten Auseinandersetzungen mit Wojtyla. Die Glaubenswissenschaft forscht und lehrt sogar, als habe 1978 kein Wechsel im Papstamt stattgefunden. Offensichtlich interessiert der Papst die Leute vom Fach so gut wie nicht.

Hatten Theologen noch unter den Päpsten Pius XII., Johannes XXIII. und Paul VI. zum Teil erbitterte Lehrzwistigkeiten ausgetragen, so überwiegt unter Johannes Paul II. die Stille.

Dieses Schweigen ist vielleicht verständlich, doch nicht fair gegenüber einem Mann, der – 1980 in einer Ansprache an Professoren – davon sprach, daß »die Arbeit des Theologen im Dienste der Lehre über Gott nach dem Verständnis des heiligen Thomas von Aquin zugleich ein Akt der Liebe gegenüber dem Menschen« sei.

Und es ist von der Sache her nicht zu rechtfertigen. Johannes Paul II. hat meines Erachtens ein Recht darauf, daß die Theologie seine Doktrin zum Gegenstand ihrer Bemühungen macht. Ohne eine solche Beschäftigung ist das päpstliche Amt früher oder später isoliert.

Denn, so Karol Wojtyla 1980 in Altötting, die Theologie ist ein »sehr selbstloser Dienst an der Gemeinschaft der Gläubigen. Darum gehören die sachliche Disputation, das brüderliche Gespräch, Offenheit und Bereitschaft zur Veränderung der eigenen Meinungen wesentlich zu ihr.« Selbst der Papst kann auf dieses Gespräch nicht verzichten.

Die Kirchenöffentlichkeit erweist sich einen Bärendienst, wenn sie den Papst den Medien überläßt. Ein Presse-Papst nützt auf Dauer niemandem. Am wenigsten ist die Rolle Wojtyla selbst angemessen, dessen Monologe keinen Widerhall mehr im Dialog finden, wenn Wissende sie im Jubel untergehen lassen. Der Lärm in den Medien ersetzt nicht die Auseinandersetzung.

Zur Sorge besteht auch nach den zunehmend deprimierenden Erfahrungen der letzten Jahre Anlaß. Die Vatikanjournalisten Stefano de Andreis und Marcella Leone, die 1979 ein zweibändiges Tagebuch des gegenwärtigen Pontifikats veröffentlichten, führen eine Fülle von Beispielen für die überschäumende Entzückung an, die Wojtyla fast überallhin begleitete.

Da war die Rede von zwölftausend Nonnen in der Audienzhalle bei Sankt Peter, die »buchstäblich in Raserei verfallen« waren. Da klangen die Rufe »Heiligkeit, Heiligkeit« für den Beobachter verdächtig nach »amore mio«, da war es einer süditalienischen Ordensfrau geglückt, den Papst leicht hinter das Ohr zu beißen, und eine andere verstieg sich zu dem Ausruf: »Er ist schöner noch als Jesus Christus!« Das Jubelpublikum ist kaum die Gemeinde, die der Papst sucht. Oder doch? Lernte er im Lauf der Jahre nicht hinzu?

Im Vatikan trafen seinerzeit neben den üblichen Tausenden von Bittstellerbriefen auch Botschaften von alleinstehenden Frauen ein, und manch eine Frau gestand Karol Wojtyla sogar ihre höchst weltliche – wenn auch unerlaubte – Liebe.

Der Papst unterschied sich in der Tat in seiner ausgeprägten Männlichkeit deutlich von seinen ätherisch wirkenden Vorgängern. Und er nutzte den Jubel für sich. Er schüttelte Hände, kritzelte Autogramme, wo immer diese hinpaßten, und schien glücklich, wenn ihn möglichst viele Menschen umringten. Zigtausende skandierten bei Audienzen, früher unmöglich, den bürgerlichen Vornamen des Pontifex. Undenkbar, was noch vor Jahren unter Pius XII. Pacelli beim Ruf »Eugen, Eugen!« geschehen wäre.

Johannes Paul II. hatte die Umgangsformen an der Kurie humanisiert. Augenscheinlich brauchten die Emotionen nicht mehr unterdrückt zu werden, selbst wenn es um den Papst ging, und das erstarrte Zeremoniell eines traditionsreichen Hofes war gelockert.

Wojtyla war der erste Bischof von Rom, den Tausende von Menschen im Pyjama sahen – zum Entsetzen der vatikanischen Monsignori, – aber auch der erste, dem Arbeiter begeistert und mit erhobener Faust das Wort »Genosse« zuriefen.

Dieser Pontifex wurde nach Meinung vieler ein Papst zum Anfassen. Er schwebte nicht mehr länger über der Menge. Nein, so Wolfgang Broer, »der Statthalter Christi stemmt wie ein sportiver Großvater die Kinder, die er zu sich kommen läßt«. Johannes Paul II. war nicht von ungefähr »populär wie keiner auf dem Stuhl Petri vor ihm: Showstar, Volksschauspieler, Massenliebling; ein John Travolta des Heiligen Geistes, ein religiöser John F. Kennedy, ein spiritueller Adenauer; ein Superstar, der Jugendmessen zu einem religiösen Woodstock und die UNO-Vollversammlung beinah in ein andächtig lauschendes Kardinalskollegium verwandeln kann; ein geistlicher de Gaulle, der von einem christlichen Europa ›vom Atlantik bis zum Ural‹ träumt und ein Bischof, der jet-settend den ganzen Erdball zu seiner Diözese gemacht hat«.

Große Teile des Kirchenvolks verknüpften ihre Sehnsüchte mit der Person dieses Papstes. Zwar traten sie nicht immer vor die Öffentlichkeit, aber wenn sie sich äußerten, war zu spüren, wie lebendig ihr Engagement für Wojtyla war.

Johannes Paul II. griff die Hoffnungen vieler auf, als er – 1979 in seinem Lehrschreiben über die christliche Katechese

– sagte: »Wir leben in einer schwierigen Welt, in einem Klima der Unsicherheit ... Das erfordert gewiß, daß die Katechese die Christen in ihrer eigenen Identität bestärkt und sich selber unablässig von den Zweifeln, Ungewißheiten und der sie umgebenden Gleichgültigkeit befreit ... Um in dieser Welt fest zu bleiben, um allen einen ›Dialog des Heils‹ anzubieten ... brauchen wir eine Katechese, die Jugendliche wie Erwachsene in unseren Gemeinschaften lehrt, in ihrem Glauben klar und konsequent zu bleiben ... Man muß daher ständig der grundlegenden Eigenart und Originalität des Glaubens Rechnung tragen ... Es geht um die unverkürzte Weitergabe der Offenbarung Gottes ... Man sollte niemals sagen können: ›Kinder betteln um Brot, und keiner bricht es ihnen!‹«

Karol Wojtyla strengte sich in der Folgezeit an, das Brot der Lehre zu brechen. Ihn dabei beim Wort zu nehmen – und dies Wort für Wort zu tun – sind allerdings bis heute nur wenige bereit. Noch immer nimmt die Mehrzahl der Hörer die Worte des Papstes Wojtyla auf, ohne sich über Gebühr von ihnen beunruhigen zu lassen.

Was für die Anhänger des Papstes gilt, trifft auch auf seine Kritiker zu: Weder erscheint die Aneignung einsichtig noch die Ablehnung begründet. Das Ja wie das Nein zum Papst bleiben indifferent. Das muß nicht so bleiben. Eine Auseinandersetzung mit Wojtylas Wahrheiten darf, um Ertrag zu bringen, am allerwenigsten das Engagement scheuen, denn der Papst legt eine unglaubliche Dynamik vor. Wer Wojtyla wohlwill, muß daher Stil wie Inhalt des päpstlichen Angebots analysieren, um auf den Kern der Person und der Doktrin zu stoßen.

Das Mißverständnis der bloß bezauberten Begeisterung, die ohne Folgen bleibt, kann erst dann – im Interesse aller Beteiligten – als restlos aufgeklärt gelten, wenn jener Dienst an der Gemeinschaft der Gläubigen geleistet worden ist, von dem Johannes Paul II. einmal sprach.

Dieser Papst bekräftigt soeben, in seinem neuen Buch, seinen guten Willen, in einen Dialog mit allen Menschen einzutreten. Er nennt seine Kirche eine Institution, »die eintritt für die Vernunft und die Wissenschaft, der sie die Fähigkeit zur Wahrheit zutraut, welche sie als humanen Vollzug legitimiert«.

Er legt eine Fülle von Ideen als Basis für die von ihm gewünschte Diskussion vor. Und er stellt seinen Pontifikat unter das Leitwort des »Neuanfangs«. Er sieht sich demnach nicht als reinen Verwalter einer Tradition, sondern als Schrittmacher des Glaubens.

Ist das gerade erschienene Papstbuch ein weiterer Versuch, neu zu beginnen? Oder gar ein letzter? Dieser Neuanfang, so es einer sein sollte, muß überprüft werden. Gewiß schreibe ich kein Jubelbuch; das wird niemand erwarten. Aber ich beabsichtige auch keine «Abrechnung«. Ich hoffe vielmehr, Anregungen zur Sachdiskussion zu bieten. Dieser kann sich niemand verweigern, der nicht gerade in der fundamentalistischen Ecke hockt.

Es stellt sich anläßlich der Veröffentlichung des päpstlichen Bestsellers die Frage, ob mit Wojtyla die früher im Vatikan zu beobachtende Ängstlichkeit als überwunden zu gelten hat. Hat der Papst die überkommene Sicherheitsideologie abgelegt? Kennzeichnen neuerdings »Mut und Charisma« die Institution, der er vorsteht? Ist dies zum wiederholten Mal der Neubeginn? Oder doch eher das Vermächtnis?

Der Lärm, den manche Medien um das jetzige Buch mit dem arg poetischen Titel machen, klingt laut – für vatikanische Verhältnisse. Die auf dem Weltmarkt konkurrierenden Religionen und Konfessionen können von so einem Marketing nur träumen, wie es Teile der katholischen Kirche beherrschen. Wittenberg zum Beispiel reicht Rom in Sachen Vermarktung einer Botschaft bei weitem nicht das Wasser. Vielleicht will Luther auch gar nicht . . .

Die erfolgreich auf ein Buch gelenkte Aufmerksamkeit der Weltpresse wird dem Vatikan immer wichtiger. Wichtiger sogar als die eigentliche Botschaft? Eine Wahrheit, die nicht überall Freunde findet: Zwischen dem verlegerischen Erfolg und der Qualität eines Buches ist sorgfältig zu unterscheiden.

Ein «kommerziell verlegtes Buch« (*New York Post*), eine »große kommerzielle Idee« (*International Herald Tribune*) hieß es lange vor Erscheinen. Der Triumph der neuesten Papstetüde soll sich in immensen Zahlen niederschlagen: Zehn Millionen weltweit verkaufte Exemplare sind angepeilt. Diese Zahlen machten Karol Wojtyla zu einem literarischen Superstar in der Größenordnung des John Grisham.

Eine Vertriebsorganisation soll allein 200 000 Exemplare des neuen Buches bei dem Verlag geordert haben, der die deutschen Rechte gekauft hat. Offenbar erhofft sie, auch am Buchhandel vorbei, ein Geschäft bei ihrer Leserschaft.

Der New Yorker Literaturagent Mort Janklow, der Schriftsteller von der Qualität eines Ronald Reagan vertritt, verspricht sich für den Verkauf des Buches, an dessen Lizenzvergaben er beteiligt ist, sogar »stratosphärische Ziffern«.

Doch auch wenn alles nur halb so verkäuflich ist: Den Beteiligten sei der finanzielle Erfolg von Herzen gegönnt. Der Vatikan kann die Einnahmen aus den Buchhonoraren brauchen. Für seinen Werbeetat. Für seine Vertriebsabteilung. Daß die Millionen einem guten Zweck zufließen – wie in der Presse verlautbart wurde –, muß niemand glauben. Da auch die durch viele Affären ins Gerede gekommene Papstbank offiziell »Institut für die Werke der Religion« heißt, wissen viele, was davon zu halten ist, wenn der Vatikan von karitativen Zuwendungen sprechen läßt.

Übrigens: Die Erstrechte des Buches gingen an den italienischen Verlag Mondadori. Er gehört fast zur Hälfte dem Ministerpräsidenten Berlusconi. Solche Zusammenhänge zu kennen ist nicht unwichtig für das Verständnis eines Buches, das bereits im Titel von der Schwelle der Hoffnung spricht, die es zu überschreiten gelte.

Muß Jahr für Jahr ein Buch dieses Papstes erscheinen? Erst neulich der Weltkatechismus, überreich in die Regale der Buchhandlungen gedrückt, vielleicht millionenfach gekauft, von Hunderttausenden auch angelesen – aber von wie vielen verstanden, akzeptiert, beherzigt?

Es lassen sich nicht von ungefähr gewisse Unterschiede zwischen den Autoren Grisham und Wojtyla ausmachen. Grisham wird gelesen. Doch wer außerhalb des Pferchs liest ein Buch aus dem Vatikan? Wie wenige in der Herde versuchen, aus der Hoffnung des Hirten zu leben?

Man betrachte zudem den historischen Horizont der christlichen, katholischen, vatikanischen Weltanschauung. Ich mache hierzu keine Ausführungen. Ich nehme, gut deutsch, Zuflucht zu einem Zitat des dezidierten Nicht-Christen Goethe: »Es ist viel Dummes in den Satzungen der Kirche. Aber sie will herrschen, und da muß sie eine bornierte Masse haben, die sich duckt und die geeignet ist, sich beherrschen zu lassen. Die hohe, reichdotierte Geistlichkeit fürchtet nichts mehr als die Aufklärung der unteren Massen.«

Wojtyla ist so klug, den aufklärerischen Hintergrund zu kennen und um die Gefahren zu wissen, die seiner Kirche drohen, wenn immer mehr Menschen nicht blind glauben, sondern denkend urteilen, Weltanschauungen vergleichen und persönliche Folgerungen ziehen.

Wer erweist und bewährt sich als Lehrer des Lebens? Wo ist unser Lebenssinn zu finden? Woher kommt für die Menschen die Hoffnung? Wie weit reicht sie? Gewiß verspüren neuzeitliche Menschen Sehnsucht nach Wärme. Ihr Hunger nach Heimat ist nicht gestillt. Doch muß das Brot nur von jenen gereicht sein, die alte Krumen in veralteten Verpackungen anbieten?

Alte Kirche? Altkirche? Eines der untrüglichsten Kennzeichen für den Zusammenbruch einer Organisation ist die Tatsache, daß ihre Elite keine Lösungen mehr beibringen kann, die die tatsächlichen Probleme der Menschen betreffen, sondern vielmehr angesichts ungerechter Verhältnisse nur Narkotika feilhält.

Die Kirche ist auf dem Abwärtstrend. Er erscheint nicht zuletzt wegen des damit verbundenen Lärms unaufhaltsam. Kirchenvertreter fällen dauernd Urteile, lärmen aufgeregt von Endlösungen, von zeitlosen Rezepturen, machen ihre letzte Instanz für ihre letzten Werte verantwortlich. Und bewirken nicht viel.

Wer fundamentalistisch denkt, wer überorthodox handelt, wer autoritäre Erwartungen fördert, mag im Getto der Selbstgerechten glücklich werden, die reale Welt erreicht er nicht.

Kümmert sich die Kirche noch um die Mehrheit der Menschen? Oder reduzierte sie längst schon ihren Auftrag auf ein Minimum? Tut sie, in den oberen Etagen, aber nicht nur dort, nur noch das Unvermeidliche?

Innerhalb der Kirche verstärkt sich der Eindruck, als beziehe sich das Reformgerede nur auf klerikale Spezialitäten, auf Zölibat, Priesterweihe der Frau, auf Querelen um Jungfrauengeburt und päpstliche Unfehlbarkeit. All dies hilft bei keinem Weltproblem weiter. Vielleicht will der Vatikan aber gar nicht helfen. Spräche er zu realen Nöten, entlarvte er sich schnell und nachdrücklich als unwissend.

Ein Beispiel: Wer spontan etwas zur Haltung des Heiligen Stuhls bei der Bevölkerungskonferenz in Kairo im September 1994 und zu seiner Einschätzung der vatikanischen Diplomatie sagen müßte, käme zu dem Ergebnis: Obstruktion statt Vorwärtsstrategie, Bremsen statt Wegbereiten, Doktrin statt Substanz. Verschiebetaktik, keine Hilfe. Jesus in Kairo? So bestimmt nicht, wenn überhaupt.

Die Menschen bemerken immer häufiger, in welcher Beweisnot die Kirche ist. Mittlerweile rutschten in Meinungsumfragen die religiösen Fragen an das Ende des Interesses, und die Kompetenz kirchlicher Amtsträger wird gegen Null angesiedelt. In welchen Zahlen die Akzeptanz des medienumjubelten Papstes ausgedrückt werden kann, ist unklar. Sicher bleibt, daß sie gewaltig schwindet und pessimistischste Voraussagen zuläßt.

Kirchenaustritte sind eine mögliche Folge. Wo nichts zu holen ist, braucht auch nichts erwartet zu werden. Aber selbst wenn Wojtyla nicht mehr gar so viele Bewunderer hat wie zu Beginn: Die treuen Schafe zählen noch. Ihre Qualität, raunen sie, zeichne sie aus.

Direkt oder indirekt, bewußt oder unbewußt Autoritätsabhängige suchen Führergestalten; sie brauchen sie wie das tägliche Brot und nehmen sie zu sich wie eine Droge. Sie berauschen sich: Nachdem die Unfehlbarkeit der angeblich von Gottes Gnaden Regierenden, der Kaiser, Könige, Zaren, gefallen ist und viele neuere Unfehlbare, Diktatoren, Duces, Caudillos, Führer, Generalsekretäre, am Ende sind, erhebt sich der Fels Petri siegreich wie eh und je aus dem Chaos. Parteien, die immer recht hatten, fallen in sich zusammen, in Ost wie in West. Und die wahre Kirche, die auch immer recht hatte, triumphiert. Diese Deutung muß Freude auslösen. Nicht auf der Welt, beileibe nicht bei allen Menschen, nicht einmal bei der Mehrheit, doch im innersten Pferch.

Johannes Paul II. kann wie eh und je bestimmte Ansprüche befriedigen. Das ist ihm offenbar nicht genug. In seinem neuen, vielleicht schon letzten Buch möchte er sogar »die Schwelle der Hoffnung überschreiten«. Wie sehr ihm das erstere gelungen und wie gründlich ihm das letztere aufs neue mißglückt ist, ja, wie sehr er sich aufs Pfeifen im Walde beschränkt, werde ich an Einzelbeispielen zeigen.

Ich wählte für frühere Äußerungen aus dem Vatikan einmal einen Vergleich und hoffe noch immer, diesmal nicht so weit gehen zu müssen: Kirchenfürstliche Verlautbarungen, auch wenn sie sich noch so persönlich geben und als individuelle Meinungsäußerungen »eines Menschen im Papstgewand« aufputzen, stammen aus einem riesigen Sumpfgewässer. Wohin ein Mensch den Eimer wirft, zieht er ein Gefäß ohne den erhofften Inhalt heraus. Hat er Glück, ist es wenigstens gefüllt mit dem gewohnten Geschwätz, mit den bekannten Nichtigkeiten, mit dem Gewäsch früherer Doktrinen. Derlei stillt nur den Durst der treuesten Schafe.

Ändert sich mit dem neuen Buch Wesentliches? Der Papst, unterstützt von einer Maschinerie gewaltigen Ausmaßes, nahm ja die Sache selbst in die Hand. Die Werbung frohlockte sofort: »Erstmals seit 1748 veröffentlicht ein amtierender Papst ein Buch, das weder eine offizielle Verlautbarung der Amtskirche noch eine rein theologische Abhandlung bedeutet.« Johannes Paul II. gibt, sagt die Werbung, schlichtweg »Antworten auf Fragen, die Menschen in aller Welt bewegen«. Und »fast scheint es so, als sei man in Privataudienz«.

Bemerkt das Management nicht, wie dünn der Boden ist? In Privataudienz? Heißt dies nicht, der Papst höre zu, privat, und rede nicht ein ganzes Buch lang? Und muß es eine Audienz sein? Hätte nicht ein Gespräch genügt? Kann Wojtyla die Fragen, die angeblich Menschen in aller Welt bewegen, nur auf dieser Ebene angehen? In Audienz? So richtig souverän, päpstlich, abgehoben? Wen will er »in Privataudienz« ansprechen? Etwa jene, die ein Leben lang nicht die Chance haben, in Rom eine solche Audienz gewährt zu bekommen? Privataudienzen sind nach allem, was wir aus dem Vatikan wissen, für ausgesuchte Besucher da. Für Staatsoberhäupter, für Filmstars.

Wird ein Buch als Privataudienz beworben, verschieben sich die vatikanischen Maßstäbe.

Einige Fragen aus der Millionenaudienz wurden in der Werbung vermarktet: Wie betet der Papst? Für wen? Und wofür? Wer in aller Welt hält die Fragen, von den Antworten zu schweigen, für weltbewegend? Ist dies Buch, mit diesen Fragen, eine notwendige Lektüre, wie diejenigen suggerieren, die es verkaufen müssen? Wieder einmal kam, wie ich belegen werde, nichts Neues aus Rom. Der Grad der erneuten Evangelisierung ist nicht rekordverdächtig. Karol Wojtyla blieb konservativ bis auf die Knochen.

Gerade die konservative Hoffnung ist beengt. Das Buch beweist es fast auf jeder Seite. Auch dieses geistig-geistliche Testament, so es eines sein soll, ist hoffnungslos. Es unterscheidet sich in nichts, das Marketing nicht ausgenommen, von früheren Veröffentlichungen.

Ich sage es gleich offen: Auf keinen Fall vermag der Papst eine bis ins dritte Jahrtausend reichende Hoffnung zu vermitteln. Der Anspruch seines Buches ist nicht einzulösen. Wojtylas Theologie bleibt, wie sie war: einseitig, selektiv, eingeschränkt – und ziemlich light.

Das macht wieder viele Erwartungen zunichte. Sieht die vom Verlag des Papstes verheißene Zukunft des Glaubens so bescheiden aus und reicht sie nicht weiter, sehe ich schwarz für sie.

Und der Werbespruch zum Buch: »Fürchtet Euch nicht«? Der rote Faden, der das Buch durchzieht? Die vermeintlich neutestamentliche Basis? Keine Rede davon, daß der Papst die Menschen viel anderes als das Fürchten lehrt. Mit Bibelworten in die Werbung zu ziehen, zahlt sich nicht aus. Menschen mögen ein solches Wort Jesus selbst abnehmen, dem Stellvertreter gegenüber haben sie Vorbehalte. Dann doch lieber gleich das Original.

Viele werden sagen: Schade. Ihnen sei geraten, sich ein bißchen intensiver als gewohnt mit diesem Papst, der Kirche und der Religion zu befassen, auf die sie bisher ihre Hoffnung setzten. Ihnen werden die Augen aufgehen.

Viele mögen sagen: Das glaube ich nicht. Sie sind eingeladen, die Antworten auf ein Papstbuch zu lesen und sich erst dann ein

Urteil über die neueste Hoffnung aus dem Vatikan zu bilden. Ich spreche den persönlichen Hintergrund Karol Wojtylas an, seine Einordnung in eine bestimmte theologische Heimat, die bewußte Ausklammerung weiterführender Inhalte. Erst auf diesem Hintergrund ist eine enggeführte Theologie zu deuten.

Da ich im Gegensatz zu den beamteten Theologen, deren Aufgabe es wäre, die Veröffentlichungen des Papstes endlich ernstzunehmen, Johannes Paul II. beim Wort nehme, habe ich nicht nur das neue Buch, sondern ein paar Tausend Seiten Karol Wojtyla von früher ausgewertet. Das war nicht einfach. Ich weiß, wovon ich rede.

Es ist das zweite Mal, daß ich mich mit Johannes Paul II. in einem Buch befasse. 1983 erschien *Der Heilige Narr*. Es war im deutschen Sprachraum, damals voller Jubel über Wojtyla, das erste den Papst kritisch befragende Buch.

Die *Basler Zeitung* dazu: »Sehr vieles, was wir wußten, oft nur ahnten, findet hier eine erweiternde, bis ins letzte dokumentierte Bestätigung... ebenso rückhaltlos wie theologisch unwiderleglich, ... ein riesiges Literatur-Material verarbeitet.« Und die *Weltwoche*: »Selten vermag man den Inhalt einer theoretischen Analyse Tag für Tag an der Praxis zu messen.«

Karl Rahner sagte mir bei unserer letzten Begegnung, wenige Wochen vor seinem Tod, in der Nähe der Hofkirche in Innsbruck unter anderem: »Ich las Ihr Buch über den Papst. Eine einmalige Mühe!«

Wer sich ebenfalls bemühen und an Ort und Stelle nachschlagen will, bekommt einen Zitationshinweis. Wörtliche Zitate aus dem Buch des Wojtyla-Papstes sind eigens belegt und unter einem Kürzel zu finden. »SH« steht hier für *Die Schwelle der Hoffnung überschreiten*, die angeschlossene Seitenzahl bezieht sich auf die deutsche Ausgabe.

Noch eine Anmerkung zum Vorwort des Papstbuchs und seinem Verfasser, dem Journalisten Vittorio Messori, der dem Papst als »respektvoller Herausforderer« (SH 25) die Fragen stellte. Ich habe selten eine so unterwürfige, selbstzufriedene, geschwätzige Einleitung zu einem wichtigen Buch gelesen. Sie desavouiert nicht nur den Autor, sondern auch den Papst, der sich in seinem ersten »privaten« Buch keinem fähigeren Mann als Messori anvertraute.

Dieser steht, so das Nachrichtenmagazin *Focus* am 24. Oktober 1994, der rechtskatholischen Organisation Opus Dei nahe. Offensichtlich schätzt Johannes Paul II. die Nachbarschaft. Das Buch eines Papstes, der doch alle Menschen ansprechen und einladen will, läßt besondere Sympathien für das ultrarechte Lager des Katholizismus erkennen. Davon sollte man ausgehen, wenn man es verstehen will.

Nicht unwichtig, auf das unter Freundlichkeiten versteckte aggressive Milieu zu verweisen, in dem »Don Karol, Priester der Welt« (SH 21), seine Antworten formulieren durfte. Dann wird klar, wem Johannes Paul II. »seine hochherzige Bereitschaft« bewies, »auch den Stimmen des ›gemeinen Volkes‹ Gehör zu schenken« (SH 15). Dann schrumpft die »Enthüllung des religiösen und intellektuellen Universums von Johannes Paul II.« (SH 22) ebenso zur Lächerlichkeit wie der Hinweis Messoris, der Papst bezeuge in diesem Buch »seine Fähigkeit, mit dem Elan und der Sicherheit eines Vierzigjährigen nach vorne zu schauen« (SH 24).

Messori wirkt bereits unseriös, wenn er mit seiner Nähe zu Cicero kokettiert, an den er »jeden Morgen« denkt (SH 8) und Pascal, »dessen Porträt über meinem Schreibtisch wacht« (SH 12). Gern möchte ich den Professor der klassischen Philologie oder der Philosophie kennenlernen, der dasselbe von sich sagen – und belegen kann.

Der Claqueur des Papstes betont ständig seine Devotion, genannt »Zuneigung und Respekt« (SH 13): Er sieht sich ausdrücklich als Laien, als »kindlich offenen« Menschen (SH 10), der nach oben blickt, wo die Wahrheit dessen auf ihn wartet, der als Stellvertreter Christi deren Bürge und Zeuge ist und der selbst einen »kleinen Teil seines Leids« im Krankenhaus »den Lesern dieses Textes« (SH 28) widmet. Unter den laienhaften Bedingungen Messoris ist es verständlich, daß alle kritischen Einwände gegen Kirche oder Papsttum schon im Vorwort abgebogen und ins Reich des beinahe Unzulässigen verwiesen werden. Vorsorglich hat Messori »all jene politischen, soziologischen oder auch ›klerikalen‹ Themen kirchenbürokratischen Charakters« weggelassen, »die nahezu die gesamte vorgeblich ›religiöse‹ Information (oder Desinformation) ausmachen, die so viele Medien beschäftigen« (SH 17 f.).

Es kommt dem Frager nicht auf die »üblichen, für ›Vatikanologen‹ typischen Fragen« (SH 18) an. Messori geht es allein um den »Glauben«. Er ist, und jetzt spricht er verräterisch von »Wir«, um das Herdengefühl hinter sich zu wissen, »nicht an einem Papst interessiert, den viele gern zum Präsidenten einer Art Weltagentur für Ethik, Frieden oder Umwelt erheben würden« (SH 19). Dabei übersieht er, daß der Papst selbst sich ständig in solche Fragen einmischt und Antworten auf Fragen formuliert, die nur eine Minderheit auf der Erde ausgerechnet vom Vatikan beantwortet sehen möchte.

Wer anders als die Messoris dieser Welt wollen in Wojtyla »nicht nur einen Großen unter den Großen der Erde« sehen, sondern »den einzigen Menschen, in dem andere Menschen eine direkte Verbindung zu Gott sehen: als ›Stellvertreter‹ Jesu Christi, der Zweiten Person der Dreifaltigkeit« (SH 19)?

Kein Wunder, daß Messori ein »Mißverhältnis zwischen uns kleinen Gläubigen, mit unseren alltäglichen, mittelmäßigen Problemen, und diesem Nachfolger Petri« (SH 26) ausmacht, der »es nicht nötig hat zu ›glauben‹: Für ihn sind die Inhalte des Glaubens spürbar und offensichtlich«.

Kein Wunder, daß Messori überhaupt nicht bemerkt, wie spürbar und offensichtlich er den Papst damit in den Augen der Mehrheit, nämlich der Millionen Menschen »mit den alltäglichen, mittelmäßigen Problemen«, auf sein Mittelmaß zurechtstutzt. Man braucht kein Anhänger des Wojtyla-Papstes zu sein, um festzustellen: Dies hat Johannes Paul II. nicht verdient.

Messori, ein unerträglich theologischer Laie, ist stolz darauf, daß eines seiner früheren Bücher nicht nur hohe Auflagen erreichte, sondern auch »eine positive Wirkung auf die gesamte Kirche« (SH 9) hatte. Ich kenne keinen einzigen Theologen von Rang, der ähnlich von sich schriebe. Karl Rahner zum Beispiel, dessen Wirkung auf die Kirche des 20. Jahrhunderts unvergleichlich war, hatte es nicht ein einziges Mal nötig, seine Arbeit in ein solches Licht zu stellen, wie Messori das tut.

Doch der Stolz des Stichwortgebers ist ungebrochen: Das Buch Wojtylas, eitel als »Dokument für die Welt von heute, aber auch für die Geschichte« (SH 23) eingeleitet, gerät auffallend schnell zu einem »Schlüssel zur Lektüre und Auslegung seines ganzen Lehramtes« (SH 22). Erstmals in der »über viele Jahrhunderte ereignisreichen Geschichte des Papsttums« (SH 9) hatte Messori ein Fernseh-Interview mit Wojtyla geplant. Dabei übersieht er freilich, daß zwar die Geschichte der Päpste ereignisreich war (und durchaus auch im negativen Sinn, worüber Messori schweigt, weil er sie offensichtlich nicht kennt), das Medium Fernsehen aber nicht gar so lange in der Welt ist. Nun, Messori kassiert den Ruhm des »Ersten« – und er wird gewiß auch am finanziellen Erfolg des Projekts beteiligt sein.

2

DIE FÄHIGKEIT DES REISENDEN ZUM DIALOG

Wie ein charmanter Papst Menschen anstecken möchte und woran er scheitert

Was würden Sie über Johannes Paul II. sagen, wenn Sie ihn kurz charakterisieren müßten? Was fällt Ihnen spontan zum Papst ein? Ich nehme an, Sie denken wie viele andere zunächst daran, daß Karol Wojtyla häufig auf Reisen ist.

Der jetzige Papst, als Eiliger Vater verspottet, sieht in diesen Reisen Pastoralvisiten, seelsorgerische Besuche, auf denen er die Gelegenheit wahrnimmt, mit allen Menschen guten Willens zu sprechen.

Auch wenn die Attraktivität des Papstes in den letzten Jahren ständig zurückgegangen ist und er beileibe nicht mehr so viele Menschen wie zu Beginn seines Pontifikats anzieht, erscheint sein Wille ungebrochen, in einen Dialog mit den Besuchten einzutreten. Der Journalist Messori nennt dies ein Gebot des »pastoralen Eifers« und des »ständigen Anliegens, das Evangelium allen Völkern neu zu verkündigen und verständlich zu machen« (SH 11).

Ist Johannes Paul II. zu dem weithin angekündigten Gespräch bereit? Diese Frage ist zentral. Sie muß schon deswegen beantwortet werden, weil auch sein neues Buch diesen Dialog mit den Menschen führen will. Bevor nämlich über das Neue der Verkündigung Wojtylas, die Hoffnung und gar über das Überschreiten von Schwellen gesprochen wird, sollte erst die Grundlage des Gesprächs geklärt sein.

Für manche mag noch heute, nach so vielen Erfahrungen mit diesem Papst, schon die Frage nach der Dialogfähigkeit des Papstes an Blasphemie grenzen. Johannes Paul II. ist, so erscheint es ihnen, ein am Gespräch mit allen Menschen und in allen Sprachen interessierter Papst. Er spricht viel und er spricht an.

Karol Wojtyla ist trotz unübersehbarer Ermüdungserscheinungen noch eine Mediensensation. Er steckt Menschen mit dem »besonderen Charisma des gegenwärtigen Petrus-Dienstes auf den Straßen der Welt« an, das er immer wieder gegen Kritik aus der eigenen Kurie verteidigen mußte.

Der derzeitige Nachfolger des Petrus betont nicht nur seinen persönlichen Charme, obgleich er diesen einzusetzen weiß, sondern er meint das Charisma des ihm eigenen Amtes. Wojtyla weiß gewiß um die immense Chance, die sich dem Vatikan zur Zeit seiner Amtsführung bietet. Eine derartige Öffnung des Papsttums hin zur Welt wie unter Johannes Paul II. war für die Kurie nicht selbstverständlich. Schon ein kurzer Blick auf das Verhalten der Päpste macht dies deutlich.

Das Papsttum war lange Zeit bestrebt, sich als das Vaterhaus darzustellen, in dem die Wahrheit Gottes herrschte. Nicht von ungefähr brachte das Erste Vatikanum eine vorher kaum für möglich gehaltene Rangerhöhung des Papsttums mit sich: Pius IX. ließ sich 1870 die Unfehlbarkeit des Amtes garantieren. Und die Anhänger dieses in Schrift und Tradition unerhörten Glaubenssatzes waren der Meinung, nun breche eine neue Zeit in der Kirche an. Alle Wahrheit auf Erden werde ja kraft göttlicher Garantie vom Papst als der übergeordneten, zum Himmel hin offenen, hierarchischen Stelle bewahrt und gelehrt.

Doch das Gegenteil dieser Hoffnung trat ein: Der Papst erwies sich keineswegs als das Allheilmittel gegen die chaotische Wahrheitslage der damaligen Welt, und dies, obgleich er, wie seine Parteigänger jubelten, »jeden beliebigen Tag lehren, verurteilen und definieren« konnte, ohne daß es den Katholiken »je erlaubt gewesen wäre, seine Entscheidungen anzuzweifeln«.

Pius IX. büßte zwei Monate nach der feierlichen Definition des Dogmas seine weltliche Macht ein, und der Kirchenstaat, für den viele eine indirekte Bestätigung durch den Glaubenssatz von der Unfehlbarkeit erhofft hatten, war von einem Tag zum anderen dahin. Der Schießbefehl des Papstes, über dessen geistige Gesundheit wieder diskutiert wird, hatte zwar 70

Menschenleben gekostet, doch den Besitzstand nicht erhalten können. Die Hauptstadt des Papstes war in die Hand von Rebellen gefallen, die Revolution triumphierte auf allen Straßen, und der Papst sah fürs erste keinen anderen Ausweg als den Rückzug in das Getto des Vatikans.

Daraufhin sprach die Kurie über Jahrzehnte hinweg so gut wie nicht mehr mit der Welt, der berühmte Segen Urbi et Orbi wurde nicht zum Petersplatz hin erteilt, und für den neuentstandenen italienischen Einheitsstaat hatte der Vatikan nurmehr den Boykott übrig. Romtreue Katholiken sollten sich weder in das Parlament der Nation wählen lassen noch an einer demokratischen Wahl teilnehmen. Mit einer am Gedanken der Volkssouveränität geschulten Zeit wollte die Kurie so wenig wie möglich zu schaffen haben.

Das Debakel von 1870 wurde als Beleidigung interpretiert, und die Schwäche der Institution, die sich im fast totalen Verlust der Arbeiterschaft manifestierte, wurde wegdiskutiert. Die Kurie beschäftigte sich mit anderem: Mit Hilfe neuzeitlicher Verkehrsmittel führte der Vatikan, mehr und mehr marketingbewußt, immer häufiger dramatische Schaustellungen der treu Gebliebenen in Rom vor. Hier sammelte sich die geballte Herde um einen beleidigten Oberhirten, dessen Person mystifiziert und sogar christifiziert wurde.

Das strategisch erzeugte Profil des Papstes weckte mehr und mehr den Glauben an seine einmalige Größe. Als Herrscher ohne Land, aber mit mehr Untertanen als irgendein anderer, wurde der Papst zum Souverän der Souveräne, zu etwas ganz und gar Singulärem hochstilisiert, das wenigstens nach außen mit der Politik und deren Denk- und Handlungskategorien nichts zu schaffen hatte.

Mit ihm konnten sich die Getreuen identifizieren, und nicht selten taten sie dies auf politischem Gebiet, wo ihnen lange Zeit die Identifikationsfigur gefehlt hatte. Damit wurde der Papst zu einem unantastbaren, weil durch die Liebe von Millionen gesicherten Tabu. Pius XII., ein als engelgleiche, abgehobene Lichtgestalt vermarkteter Papst, steht für viele. Noch heute findet seine Erinnerung treue Prediger.

Der kirchenoffiziellen Theologie verblieb in den Jahrzehnten des Wartens die undankbare Aufgabe, die entstandene und allein von der Kirchenpolitik zu verantwortende Getto-Mentalität Roms argumentativ abzusichern. Also verfestigte sie, so gut es ging, die eigenen Wahrheiten, verfolgte alle Abweichungen im eigenen Lager, zensierte Bücher und Menschen – und blieb im tiefsten beleidigt.

Die Welt konnte warten, bis der Vatikan sich ihr wieder zuneigte. Der Papst sprach allenfalls zu ihr, nicht aber mit ihr.

Daß die Kirche von damals mit ihren Päpsten damit den Anschluß an die Forschung verpaßte, ja, daß sie mehr und mehr als ein Bremsklotz der kulturellen Entwicklung und als Gegner einer unvoreingenommenen Wahrheitssuche erschien, wurde von den Betriebsblinden kaum wahrgenommen.

Die Fundamentalisten brüsteten sich ihrer Isolation, und das Dogma von der Unfehlbarkeit blieb der rettende Strohhalm. Denn ein für allemal waren irrig und wahr geschieden. Einmal mehr hatte der Irrtum – oft genug ein Synonym für alles Profane, Nichtrömische – kein Recht auf Gehör oder gar auf Bestand.

In einem Prozeß der Konfrontation wie der Assimilation gegenüber dem modernen Staat übernahm das kirchlich-katholische Christentum dezidiert den neuzeitlichen Souveränitätsbegriff und lokalisierte diesen an der päpstlichen Spitze der eigenen Kirche. Dabei gelang es, herkömmliche Herrschafts- und Symbolformen mit modernen Sozial- und Wissensformen zu verschränken und diese sich gegenseitig stützen zu lassen.

Die vatikanische Bürokratie wurde auf den neuesten Stand der Organisationslehre gebracht und dennoch in der überlieferten Spiritualität der Kirche erhalten. An modernen Schreibtischen verwaltete sie die Paragraphen des Mittelalters, und per Telefon wurden die Doktrinen der Tradition ausgetauscht.

Zur Erinnerung: Aus diesem Milieu stammt auch der heutige Papst. Seine Kindheit und Jugend verlebte er ebenso in dieser Mentalität wie seine Jahre als Priester. Nicht von ungefähr wurde Wojtyla noch unter Pius XII. Bischof.

Der zaghaft aufkommende Dialog des Vatikans mit der Welt

fand fürs erste über die neuen Medien statt. So versuchte der menschlich unnahbar erscheinende und von einem geradezu mystisch überhöhten Autoritätsbewußtsein geprägte Pius XII. immer wieder, die aus den Fugen geratene Welt mit Hilfe richtungweisender Worte aus dem Vatikan zu gestalten. Sie wurden über den vatikanischen Rundfunk verbreitet. Die vatikanische Zeitung, den *Osservatore Romano*, las ohnehin fast niemand mehr, es sei denn aus Pietät.

Johannes Paul II., der treffender Pius XIII. hieße, ging gelehrig in diese Schule: Vom Hochsitz der Wahrheit herab muß ein Papst alle Welt lehren und dafür alle Medien nutzen, die die Welt ihm bietet – Fernsehen, Rundfunk, Interviews, Bücher.

Es wirkt in diesem Zusammenhang unredlich, wenn Wojtyla die Medien, die er kräftig nutzt, in seinem Buch negativ bewertet und sogar die Bibel gegen sie ins Feld führt: »Die Kommunikationsmittel haben die verschiedenen sozialen Schichten daran gewöhnt, ›nach eigenen Wünschen‹ (vgl. 2 Tim 4,3) zu hören« (SH 198). Medien sind offensichtlich nur brauchbar, wenn sie den Papst selbst und seinen Katechismus als »Bestseller weltweit auf dem freien Büchermarkt« (SH 191) unterbringen, nicht aber, wenn sie abweichenden Lehren »eine leicht zu erreichende Popularität« (SH 199) verschaffen.

Radio Vaticana exportiert mittlerweile wöchentlich 225 Stunden lang in 33 Sprachen seine Wahrheiten in über 100 Länder der Erde. Die von dieser Anstalt betriebene größte Rotationsantenne der Welt dient allerdings ausschließlich einem mit über vier Millionen Dollar pro Jahr finanzierten Tendenzbetrieb. Was die wenigsten der 80 Millionen Hörer wissen: An jedem Tag der Woche werden, meist verschlüsselt, frühmorgens Mitteilungen ausgestrahlt, die nur für die Ohren von Oberhirten bestimmt sind.

Pius XII. lehrte alle Welt, aber er verließ Rom nicht, um zu den Menschen, an die er sich in zahllosen Lehransprachen gewandt hatte, selbst zu sprechen. In diesem Punkt mußte der Vatikan hinzulernen. Johannes XXIII., der weniger Vater als Bruder aller sein wollte, machte einen bescheidenen Anfang, und erst Paul VI. jettete in die Welt. Dies tat er nach einem

Wort der Kurie »wie Paulus unter den Griechen und Römern«, doch blieb er den Menschen seltsam fremd.

Dabei nimmt die Kirche »mit dem Geist dieser Welt täglich neu einen Kampf auf, der nichts anderes ist als der Kampf um die Seele dieser Welt« (SH 140). Und die Päpste müssen hinaus auf die Marktplätze der Erde, diese »modernen Areopage« (SH 140), auf die Schlachtfelder »der Wissenschaft, der Kultur, der Kommunikationsmittel«, hin zu den »Kreisen, in denen die intellektuelle Elite, die Schriftsteller und Künstler heranwachsen« (SH 140).

Johannes Paul II. wurde von vielen Ländern aufgenommen. Er ist – als Erbe und Nutznießer der eingetretenen Entwicklung – der erste, der geradezu von diesen sogenannten Apostolischen Reisen lebt.

Rom wurde, von wenigen Ausnahmen abgesehen, diese neuerliche Chance zunächst auch freundlich eingeräumt. Viele erschienen bereit, das Wort aus dem Vatikan zu hören. Offensichtlich war die Bewegung des Papstes auf die Menschen hin überfällig, nachdem die kuriale Isolation von ehedem sich als Trugschluß erwiesen hatte. Augenscheinlich gehörte ein Papst mitten unter die Menschen.

Der Mut Wojtylas, aus dem Getto seines Amtes auszubrechen, seine Richtlinienkompetenz vor Ort wahrzunehmen und die Straßen der Welt zu beschreiten, wurde honoriert. Endlich erschien auch das Oberhaupt der römisch-katholischen Kirche als ein Mensch unter Menschen, ja als ein Papst zum Anfassen, dem ein großer Vertrauensvorschuß gewährt wurde.

Nicht zuletzt aus diesem Grund frage ich, was aus den Hoffnungen der vielen wurde, was Wojtyla mit ihnen anfing und was nicht. Es gilt zu klären, ob nicht gerade das vertrauensvolle Entgegenkommen vieler und deren Bereitschaft, selbst mit einem Papst und speziell mit Wojtyla ins Gespräch zu kommen, durch Formen und Inhalte der Apostolischen Reisen wieder entleert wurden? Nahm der Vatikan wirklich seine sich unverhofft bietende Chance wahr? Oder steht er trotz der anzuerkennenden Anstrengungen Johannes Pauls II. sich selbst im Wege? Spricht der reisende Papst alle Menschen an oder nur einen verschwindend geringen Bruchteil?

Die Fragen stellen sich nicht nur in bezug auf die Reisen des Papstes, sondern müssen auch mit Blick auf sein neuestes Buch beantwortet werden. Bietet Karol Wojtyla einen echten Dialog an? Nimmt er ihn auf? Oder verharrt er bei den zur Genüge bekannten Monologen der Betreuungskirche von gestern? Ist seine Wahrheit überhaupt offen für das risikoreiche Gespräch? Oder ist sie so festgelegt, daß sie nur noch gelehrt, aber nicht mehr diskutiert werden kann? Führt dieser Papst etwa nur Scheindialoge?

Im Stil seiner Enzykliken, also lehrhaft bis ins Detail, ist auch das neue Buch geschrieben. Der Papst reiht seitenlang – und recht ermüdend – Bibelworte aneinander, glänzt mit seiner Kenntnis des hl. Thomas von Aquin und ähnlich »katholischer« Denker – und spricht außer einigen Theologieprofessoren alter Schule und kindlich gläubigen Journalisten wohl nur sehr wenige Menschen an.

Die von Johannes Paul II. so oft bemühte Heilige Schrift lebt in diesen Monologen ebenso wenig wie das häufig herangezogene letzte Konzil. Es spricht nicht für eine vertiefte und an der neuzeitlichen Forschung geschulte Kenntnis der Bibel und der Tradition, wenn Wojtyla Zitat um Zitat aus dem Zusammenhang reißt und als »authentische Worte Jesu« nach Belieben aneinanderklebt. Nicht einmal ein Student im zweiten Semester darf sich heutzutage der Bibel als einer Art Steinbruch bedienen und Bruchstücke herausbrechen, wofür er sie immer braucht. Darf es ein Papst, der ernst genommen werden will?

Angesichts der Bedeutung, die Wojtyla seinen Bemühungen beimißt, ist es nicht unnütz, nach der Effektivität der auf Dialog angelegten Visiten und Bücher zu fragen. Denn wie soll die Schwelle der Hoffnung überschritten werden, wenn nicht einmal die Schwelle zu den Menschen überschritten wurde?

Ich will das Problem an den Reisen des Papstes festmachen, die als Charakteristikum Wojtylas gelten. Für sein Buch gilt, wie sich zeigen wird, alles in allem dasselbe. So sehr Wojtyla hier mit seiner Vergangenheit als Moralphilosoph im Dienste der Kirche prunkt (und langweilt): Ein wenig mehr Zugang auch zum exegetischen Arbeiten hätte weder ihm noch seinem Buch geschadet.

Wird der Ablauf der Visiten analysiert, so fällt es nicht leicht, einen spezifisch dialogischen Charakter auszumachen. Schon die äußeren Formen der Papstbesuche entsprechen einem Staatsbesuch, von dem sich niemand unter den Menschen des besuchten Landes ein Gespräch oder gar eine Diskussion mit dem Besucher erhoffen kann – die geladenen Gäste ausgenommen, die bei allen übrigen Staatsbesuchen ebenfalls anzutreffen sind.

Ein Besuch des Papstes unterscheidet sich kaum von dem der englischen Königin. Beide kommen auf eine von Diplomaten vorbereitete offizielle Einladung hin mit offiziellen Flugzeugen. Beide werden mit militärischen Ehren und mit Reden von Offiziellen empfangen, beide nehmen an Staatsbanketten teil, beide fahren in offiziellen Wagen durch ein mehr oder weniger imposantes Spalier von jubelnden Zuschauern zum nächsten Lokaltermin. Beide sind von einem Troß von Sicherheitsbeamten umgeben, weil beide attentatsgefährdet sind. Beide halten jene Reden, die von ihnen erwartet werden und die, alles in allem, seit langem abgesprochen sind. Beide bestimmen tagelang das Programm der Massenmedien und beide werden schließlich wieder vor einer Zuschauerkulisse offiziell verabschiedet, bevor der Alltag beginnt.

An der Tatsache der durch sein Amt vorgegebenen formalen Distanziertheit von Amts wegen ändert auch die von Wojtyla vorgenommene Einschätzung seiner Visiten nicht viel. Johannes Paul II. spricht zwar mit Überzeugung von den religiösen Beweggründen seiner Reisen. Der pastorale Charakter seiner Besuche existiert jedoch nur in den Augen des Papstes, denn sobald das eingefahrene Ritual der Staatsvisite anhebt, verblaßt der pastorale Charakter. Die Sprachregelung, nach der es sich bei den Reisen Wojtylas um Fahrten eines Apostels, Missionars und Pilgers handle, vermag sich nicht gegen die Fakten zu behaupten. Man kann sich schwer des Eindrucks erwehren, daß theologische oder gar biblische Motive bei den Visiten an eine nachgeordnete Stelle treten, weil die päpstliche Reisediplomatie in den Strudel der Autonomie der irdischen Realitäten geraten ist.

Der Papst, politisch bewußt wie kaum ein anderer seit Pius

XII., ließ sich nämlich zum Spielball politischer Interessen machen, ohne abschätzen zu können, ob seine Reisetätigkeit wirklich von Nutzen für die Menschen sein konnte.

Das Muster war immer gleich gestrickt: Als Johannes Paul II. beispielsweise 1980 nach Paris kommen wollte, paßte dies nur wenigen ins Konzept. Aber diese setzten ihre Interessen durch und kümmerten sich nicht um die Mehrheit. Demonstranten gingen auf die Straße, um sich den Prediger aus Rom zu verbitten. »Laizisten«, wie sie der klerikale Jargon abwertet, beriefen sich auf die Trennung von Kirche und Staat, die Frankreich, im Gegensatz zu der laschen Praxis in Deutschland, strikt beachtet. Ein Papst in Paris? Der Besuch aus öffentlichen Steuermitteln bezahlt? Wojtyla im Schutz von 15 000 Polizisten? Priester riefen zum Boykott ihres obersten Chefs auf. Kein Wunder, daß statt der erhofften Hunderttausende nur einige zehntausend zur Papstmesse erschienen. Das staatlich gelenkte Fernsehen konnte statt der üblichen Hubschrauberaufnahmen nur Detailbilder von einem sich drängenden Volk zeigen, als stünden Millionen bereit. Ähnliche Erfahrungen mußte der Papst in vielen Ländern machen. Stets setzten sich Lokalpolitiker und Parteistrategen durch. Eindrucksvoll wird dies auch dokumentiert durch das Gerangel um den Papstbesuch in Sarajevo im Herbst 1994. Aus der friedensstiftenden Mission wurde ein Alibibesuch in Kroatien. Die Interessenvertreter brauchen den Papstbesuch ebenso dringend wie ihre Konkurrenten.

Und das Volk? Es hört oder hört nicht. Es zahlt in jedem Fall. Seine Steuern werden, ohne Rücksicht auf die Konfession der einen, skrupellos für die Zwecke anderer eingesetzt. Die Mehrheit finanziert eine Minderheit. Wie üblich.

Polen zum Beispiel, ein Land, das von ausländischen Krediten lebt und dessen Kindergärten, Altenheime, Krankenhäuser sich in einem beklagenswerten Zustand befinden, belastete 1991 den Staatssäckel mit umgerechnet 50 Millionen Mark, als der Papst zu Besuch kommen wollte oder sollte.

Neapel, dem Wojtyla 1990 einen Kurzbesuch abstattete, um gegen die »Degenerierung des öffentlichen Lebens« zu predigen, ließ sich die paar Stunden Visite umgerechnet 10 Millionen

Mark kosten. Ein beträchtlicher Teil dieser Summe soll von der einheimischen Mafia kassiert worden sein. Die Staatsanwaltschaft ermittelt noch.

Johannes Paul II. aber, niemand sollte sich täuschen lassen, wurde kein wirklicher Papst des Volkes. Er erreichte weder auf seinen Reisen noch mit seinen Reden und Büchern die Menschen auf Dauer. Er ist ein Medienstar, der mit riesigem Aufwand und immensen Geldern als Volkspapst inszeniert wird.

Auch der politische Effekt seiner Reisen war stets minimal: Etliche kriegführende Parteien konnten sich offenbar einen Papstbesucher leisten, der ständig zum Frieden aufrief. Die Inhalte der päpstlichen Reden scheinen kaum jemanden der politisch Verantwortlichen zu interessieren. Der Eindruck herrscht vor, hier besuche weniger ein Hirt seine Herde als ein Staatsoberhaupt eine befreundete Nation, ein Souverän, dem die gebührenden Ehren erwiesen werden müssen und der sich – als Gegenleistung? – werbewirksam für politische Zwecke einspannen läßt, auch wenn sich die Realpolitik nicht um die Anliegen des Papstes kümmert.

Der Eindruck ist gefährlich für das Ansehen Wojtylas und des Vatikans. Doch kommt er nicht von ungefähr und kann auch nicht allein der profanen Politik in die Schuhe geschoben werden. Denn noch immer hält der Vatikan an der Eigenschaft des Papstes als eines Staatsoberhauptes fest, wie der Katholizismus diese in Anlehnung an die neuzeitliche Staatslehre interpretiert.

Und auch die spezifisch religiös gestalteten Titel, die den Papst von der Queen abheben und ihn auch für einige Politiker interessanter machen, haben es in sich. Nicht ohne Grund hatte eine internationale Kommission katholischer Theologen vor Jahren die Empfehlung ausgesprochen, der Papst möge alle Anreden vermeiden, die die Gefahr eines Mißverständnisses in sich tragen.

Johannes Paul II. schlug den Rat in den Wind. Er stellte sich nach wie vor als »Stellvertreter Christi und sichtbares Oberhaupt seiner Kirche« vor. Dabei gibt der Terminus »Stellvertreter Christi« zu Mißdeutungen und Ärgernissen Anlaß, von seiner ökumenischen Bedenklichkeit nicht zu reden. Er ist gar nicht biblisch begründet, sondern stammt aus der römischen Rechts- und Militärsprache. Es leuchtet nicht ein, weshalb auf derlei nicht verzichtet wird. Es sei denn, dem Titel und seiner Führung entspräche ein bestimmtes theologisches und politisches Konzept: das der unveränderten Macht von Männern über Menschen.

Zwar scheint Wojtylas Buch von der Tradition abzurücken, die Vittorio Messori im Zusammenhang mit der »Zweiten Person des allmächtigen, dreieinigen Gottes« (SH 31) zitiert. Der Papst spricht von seinen Titeln als Anreden, »die Ausdrücke benützen, die dem Evangelium sogar zu widersprechen scheinen« (SH 34). Doch seine Problemlösung macht wenig Hoffnung: »Sie sind in den allgemeinen Sprachgebrauch eingegangen, und man braucht sich vor ihnen nicht zu fürchten« (SH 34).

Der Papst räumt den anstößigen Titeln zwar nur »eine sehr geringe Bedeutung« (SH 37) ein, doch schafft er sie, was ein Leichtes wäre, nicht einfach ab. Der Rat, die Schwelle der Hoffnung zu überschreiten, gerät damit zur Augenwischerei. Wojtyla wirkt unglaubwürdig, wenn er lediglich anrät, sich vor den Anreden »nicht zu fürchten«. Hält sich jemand einen bösen Hund, so wird besser geraten, ihn abzuschaffen, statt den Leuten zu sagen, sie brauchten keine Angst vor ihm zu haben.

Nun scheint der Titel »Heiliger Vater« auf den ersten Blick eine Anrede zu sein, die Vertrauen schafft. Nicht wenige finden im väterlichen, patriarchalen Gestus eine Heimat für ihre Gefühle. Der Bischof von Passau hat diesen Titel 1980 in Altötting stellvertretend für viele gebraucht und zugleich erläutert: »Lieber Heiliger Vater! Die Tausende auf dem weiten Platz spürten es und sollen wissen, daß Sie die Anrede kindlicher Ergebenheit ausdrücklich gestattet haben.« Gestattet? Das ist arg devot.

Allerdings klingt »Heiliger Vater« etwas attraktiver als jene Anrede, die in der US-Ausgabe des neuen Papst-Buches auf der Titelseite prangt: »Seine Heiligkeit«. Doch auch in diesem Fall spricht eine Überlieferung für sich: Papst Gregor VII. (1073–1085) hatte einfach behauptet, mit der vorschriftsmäßig vorgenommenen Amtseinführung werde jeder Papst auch persönlich heilig; das Papstamt mache seinen Inhaber besser, er selbst habe dies an sich gespürt. Zwar sahen das die Kirchenjuristen des späten Mittelalters nüchterner. Sie lehrten, der Papst sei heilig, weil er Heiligkeit vermittle, und wo die persönlichen Tugenden der Heiligkeit fehlten, träten die Verdienste des Apostelfürsten Petrus hinzu und ergänzten einen eventuellen sittlichen Mangel beim Nachfolger...

Wie dem auch sei, schon die mit Bedacht übernommenen und nicht rigoros beschnittenen Titel sind in Gefahr, eine dialogfeindliche Distanz zwischen dem Besucher und den Besuchten zu bewirken und neue Gräben unter ihnen auszuheben, statt die alten zuzudecken. Es werden sich nur diejenigen, die sich unter einem Papst eine in den Bereich der Heiligkeit entrückte Tabuperson vorstellen können, die nichts mit den übrigen Sterblichen zu tun haben darf, ohne Bedenken mit solchen Titulaturen identifizieren und diese als Anrede kindlicher Ergebenheit interpretieren. Doch stellen diese Anhänger des Papsttums heute nicht mehr die Mehrheit dar, und ein Papst tut sich keinen Gefallen, wenn er sich nur unter Fundamentalisten am Platze fühlt.

Es ist nicht nachzuvollziehen, daß ein Buch »Die Schwelle der Hoffnung überschreiten« heißt und zugleich auf dem Umschlag (der amerikanischen Ausgabe) just jene Bezeichnung anführt, von der der Papst selbst sagt, man brauche sich vor ihr nicht zu fürchten...

Johannes Paul II. weiß um die seiner Botschaft drohende Gefahr. Er spricht gern davon, er wolle mit seinen Besuchen und seinen Büchern alle Menschen ansprechen.

Mit guten Gründen will sich Johannes Paul II. an alle wenden – und nicht nur an Auserwählte. Doch kommt dieser hohe Anspruch, der sich am Geist des Paulus orientiert, welcher »allen alles« geworden war, »um auf jede Weise einige zu retten« (1 Kor 10, 22), nicht zum Ausdruck. Man kann Wojtylas Äußerungen drehen und wenden, wie man will. In erster Linie wendet er sich an die Katholiken und unter diesen vor allem an Hirten und ganz getreue Schafe.

Ob es sich um eine unbeabsichtigte Verengung handelt? Es ist ja kaum anzunehmen, daß der Papst so unklug ist, von vornherein alle Nichtkatholiken von seinem Angebot auszunehmen. Auch sein Buch richtet sich, wenigstens von seiner Intention her, an »alle«.

Um so befremdlicher wirkt es, wenn sich der Besucher aus Rom den Menschen immer wieder unter Zuhilfenahme umstrittener Rechtstitel aus einer überholt geglaubten Vergangenheit vorstellt. Nicht wenige empfinden diese Selbstpräsentation als den Ausdruck eines Mangels der Kurie an Sensibilität für Andersdenkende und Andersgläubige, und die Chancen für einen Dialog sinken.

Mit einem Stellvertreter Christi auf Erden diskutiert nicht jeder gleich unbefangen. Unvorstellbar, daß sich die Queen bei einem ihrer Staatsbesuche als »Oberhaupt der anglikanischen Kirche« oder als »Verteidigerin des Glaubens« einführte – und damit nur eines ihrer Rechte wahrnähme. Fragte jemand nach, wer im einzelnen von Wojtyla besucht oder auch nur angesprochen werde, käme der Vatikan in Verlegenheit. Bereits die Gruppe der Einladenden bleibt klein, und die überwiegende Mehrheit selbst der Katholiken steht noch immer abseits.

Viele erinnern sich, wenn sie sich überhaupt Gedanken machen, der Worte und Taten gerade des Gastes und Buchautors Wojtyla. So seines Satzes aus der Ansprache an die Vereinten Nationen, wo er 1979 sagte: »Die Verletzung der Menschenrechte auch in Zeiten des ›Friedens‹ ist eine Form des Krieges gegen den Menschen.« Und zugleich werden die Menschenrechte innerhalb der Kirche Roms mit Füßen getreten, die Demokratie fast durchgängig unterdrückt und der Dialog von der Kurie über Jahrzehnte hinweg verweigert. Auffallend, daß sich im neuen, ansonsten so geschwätzigen Buch des Papstes auf über 200 Seiten nicht einmal eine Andeutung findet, die den innerkirchlichen Zustand problematisierte.

Offensichtlich gehören solche und ähnliche »alltägliche, mittelmäßige Probleme« (SH 26) zu denen, die Messori als »Themen kirchenbürokratischen Charakters« (SH 17) von vornherein ausgeklammert hatte, auch wenn sie Millionen auf den Nägeln brennen. Was ein richtiger Journalist ist, erspart dem Interview-Partner von sich aus die brennenden Fragen. Und freut sich kindlich, wenn man ihm sagt: »Machen Sie es, wie Sie es für richtig halten!« (SH 10)

Nicht ohne Grund lassen sich die meisten Menschen nicht auf ein Gespräch mit Johannes Paul II. ein. Hoffnung macht dieser Papst nur noch einer Minderheit. Meinungsumfragen bestätigen den Sachverhalt. Niemand sollte solche Umfragen geringschätzen, denn Statistiken gelten nicht nur, wenn sie positiv ausfallen.

Wojtyla macht es sich zu leicht, wenn er im Zusammenhang mit dem Abschied Hunderttausender von der Kirche Meinungsumfragen abwertet: »Bloße Zahlen reichen da nicht aus« (SH 130). Und anstelle der statistisch belegten quantitativen Minderung der Seinen setzt er kurzerhand eine »qualitative Erneuerung« (SH 194). Es macht seine Beweislage nicht besser, wenn er in diesem Zusammenhang ausgerechnet auf bestimmte Laienbewegungen »mit religiösem Charakter« verweist (SH 195), ohne freilich Opus Dei beim Namen zu nennen.

Bestärkt werden die meisten Menschen in ihrer Abwehrhaltung durch die Tatsache, daß Wojtyla mit Vorliebe bestimmte Orte aufsucht, die als typisch orthodox-katholisch anzusprechen sind: marianische Wallfahrtsorte oder Bischofsresidenzen. Auch die unentwegt als Anlaß einer Visite angeführten diversen Heiligenfeste und -jubiläen gehören hierher. Offenbar beabsichtigt Johannes Paul II. nach wie vor, vor allem eine triumphierende Kirche darzustellen.

Diese Intention lädt nicht jeden potentiellen Gesprächspartner zum Dialog ein. Die Zahl der Dialogfähigen und -bereiten schrumpfte daher auch unter den Katholiken von Mal zu Mal, und daran änderte keine noch so beflissene Prälatenarithmetik viel.

Wer Hoffnung für alle vermitteln will, könnte sich und sein Amt zuerst zurücknehmen und weiter denken, als es das zutiefst angstbesetzte Leitbild von einer allzeit siegreichen oder zumindest »am Schluß« triumphierenden Kirche zuläßt.

Es fällt in diesem Zusammenhang auf, daß der Papst zum einen die triumphalen Traditionen seiner Kirche ausschmückt und bei jeder Gelegenheit anführt. Hier überschlägt sich die kuriale Sprache. Es werden fast nur Superlative verwandt. Diese sind sprachliche Zeichen innerer Schwäche.

Wojtyla bejubelt »die wahre Kraft der Kirche« (SH 202) und

führt dafür »durch all die Jahrhunderte hindurch« das »Zeugnis der Heiligen« an. Dieses Verfahren hat seine Tücken. Johannes Paul II. tappt in die eigene Falle, wenn er hier »an all die Märtyrer des Spanischen Bürgerkriegs« erinnert (SH 203). Er kann in diesem Zusammenhang nur die Märtyrer der eigenen Sache meinen, nicht aber jene Hunderttausende, die von Franco im Spanischen Bürgerkrieg und danach verfolgt und gemetzelt wurden. Waren auch sie Beweise für »die wahre Kraft der Kirche«? Oder bezeugte ihr Martyrium die Kraft einer anderen Weltanschauung – und die Grausamkeit der katholischen, von einem Vorgänger abgesegneten Faschisten?

Der Papst verschweigt auch durchweg jene andere, offenbar gefährliche Tradition des Martyriums für die religiöse Wahrheit, für die zum Beispiel der Name des deutschen Mystikers und Revolutionärs Thomas Müntzer steht. Dieser bedeutet nicht wenigen Deutschen mehr als der des Albertus Magnus, den zu preisen Wojtyla einmal in die Bundesrepublik kam.

Offensichtlich ist das »Ketzertum« keine Erwähnung oder gar Würdigung wert, von einigen beiläufigen Bemerkungen des Papstes über Luther abgesehen, die nicht den Kern der gegen die Institution Rom gerichteten Botschaft Luthers berührten.

Wie kann unter diesen Umständen, da das andere Deutschland, das der revolutionären Tradition der Mystik, zugunsten einer scheinbar siegreichen Orthodoxie ausgeklammert wird, ein Gespräch über die Meinungsverschiedenheiten zwischen dem Besucher und der Mehrheit der Besuchten aufkommen?

Ähnliche Bedenken hinsichtlich der Dialogbereitschaft des Papstes stellen sich angesichts des fast völligen Mangels an Schuldbekenntnissen ein, der für die Äußerungen Wojtylas charakteristisch ist und auch in seinem jetzigen Buch wieder die Hoffnung auf Besserung ausschließt. Die Betonung der anerkannten Heiligen und damit einer bestimmten Art von Siegertheologie hat bei Johannes Paul II. Methode.

Die Kirche, wie Wojtyla sie wahrnimmt und darstellt, steht stets auf der richtigen Seite – und sie weiß und verkündet dies auch in aller Demut. Dabei wissen inzwischen genügend Menschen, daß die römische Kirche historisch und gegenwärtig schuldig ist.

Fährt der Papst nach Lateinamerika, so erwarten nicht wenige, daß – vom Papst selber! – daran erinnert wird, welche Schuld sich seine Kirche gegenüber dem Kontinent aufgeladen hat. Was aber sollte ein zum Dialog mit Rom bereiter Mensch dazu sagen, als Wojtyla auf Haiti lediglich erklärte, er danke Gott dafür, daß er hierher habe kommen dürfen »auf dem Weg, den die ersten Glaubensboten nach der Entdeckung des Kontinents einschlugen«? War er nicht enttäuscht, als er feststellte, daß solche Sätze direkt am Tatort fielen? Hier nämlich, so der spanische Dominikaner Bartolomé de las Casas (1474–1566), »ging das Metzeln und Würgen unter jenen unglücklichen Leuten an«, die das Evangelium Roms annehmen mußten, ob sie nun wollten oder nicht.

Der Satz des Papstes – »wir können dieses Werk heute nur mit Bewunderung und Dankbarkeit betrachten« – kann doch nicht das letzte Wort der katholischen Kirche an einen geschundenen Erdteil bedeuten, vor allem nicht, wenn der Bericht des Augenzeugen Las Casas ernst genommen wird: »Die Christen drangen unter das Volk, schonten weder Kind noch Greis, weder Schwangere noch Entbundene, rissen ihnen die Leiber auf und hieben alles in Stücke, nicht anders, als überfielen sie eine Herde Schafe.«

Johannes Paul II., dem kein Wort des Entsetzens, geschweige denn der Reue über die Lippen kam, frohlockte vielmehr über die »Zeit des Heils für diesen Kontinent zu Gottes Ruhm und Ehre«, die damals begonnen habe. Er erwähnte nicht einmal am Rande die Wahrheit, von der Las Casas schrieb: »Man machte auch breite Galgen, so daß die Füße fast die Erde berührten, hing zur Verherrlichung und Ehre des Erlösers und der zwölf Apostel je dreizehn und dreizehn Indianer an jeden derselben, legte dann Holz und Feuer darunter und verbrannte sie alle lebendig.«

Auch in seinem Buch findet Wojtyla nur Worte für die heilbringende »Geschichte der Evangelisierung, einer Geschichte, die sich in der Begegnung mit den Kulturen der verschiedenen Epochen vollzogen hat« (SH 136). Daß sich diese Begegnung unter menschenverachtenden Bedingungen vollzog, ist dem Papst keine Erwähnung wert. Dagegen spricht er davon, daß die Mission, die »Wirkungskraft dieser Worte des Erlösers der Welt«, geradezu »atemberaubend« (SH 137) gewesen sei. Ein Papst, der allen Menschen Hoffnung bringen will, müßte freilich so ehrlich sein, sich endlich der Frage zu stellen, wem genau die todbringende Mission seiner Kirche buchstäblich den Atem raubte.

Die Schwelle der Hoffnung überschritten? Oder die Grenze des Erträglichen?

Las Casas, der im Gegensatz zu anderen nicht heiliggesprochen wurde und im neuen Buch keinen Hinweis wert ist, hätte sich gewundert, hätte er Karol Wojtyla sagen hören, die Kirche sei auf Haiti »die erste Instanz« gewesen, »die sich für die Gerechtigkeit einsetzte«. Der Augenzeuge hatte die tatsächliche Gerechtigkeit beschrieben: »Da nun die Indianer, was nur ein paarmal geschah, einige Christen in gerechtem und heiligem Eifer erschlugen, so machten diese das Gesetz unter sich, daß allemal hundert Indianer umgebracht werden sollten, so oft ein einziger Christ von ihnen getötet wurde.«

Natürlich hat, so der Historiker Karlheinz Deschner, kein Papst auch nur einen Indianer ermordet: »Die Päpste sind da wirklich ganz unschuldig, so unschuldig wie Hitler, der auch nie einen Juden ermordet hat, an deren Vergasung.«

Und doch hätten viele nicht nur in diesem Fall von Wojtyla ein wenig Erinnerung, ein bißchen geschichtliche Wahrheit erhofft. Was Johannes Paul II. in seinem »persönlichsten Buch« zu sagen hat, ist entweder winzige Ausrede (SH 218) oder schäbige Vereinfachung: »Nun eröffnete aber die Vorsehung der Kirche in dem Moment neue Perspektiven, als sie nördlich der Alpen Völker verlor. Mit der Entdeckung Amerikas wurde das Werk der Evangelisierung dieses Erdteils eingeleitet; es vollzog sich von Norden nach Süden. Unlängst haben wir den fünfhundertsten Jahrestag der Evangelisierung der Neuen Welt gefeiert, nicht nur, um an ein Ereignis der Vergangenheit zu erinnern, sondern um uns angesichts des Werkes der heldenhaften Missionare, vor allem der Ordensleute, auch über die heutigen Verpflichtungen im gesamten amerikanischen Erdteil zu befragen« (SH 137 f.).

Heldenhafte Missionare? Jubel, wie er sich über die Reisen

zum Tatort gelegt hat, reicht nicht aus. Schon gar nicht, wenn in Rechnung gestellt wird, daß der von Johannes Paul II. als Apostel Brasiliens bezeichnete Jesuit de Anchieta seinerzeit gemeint hatte, »Schwert und Eisenrute« seien »die besten Prediger«. Dieser harte Jesuit wurde 1980 zur Ehre der Altäre erhoben. Von wem? Von Johannes Paul II. Eine weitere kirchenpolitisch beeinflußte Tat dieses Papstes. Wir werden noch andere kennenlernen. Hoffnung vermittelt eine solche Praxis gewiß nicht allen Menschen auf Erden.

Von der blutbefleckten Vergangenheit der römisch-katholischen Evangelisation spricht der Papst nicht. Er macht nur »Verfolgung« (SH 138) der Seinen aus, nicht Mord durch die Seinen. Er sieht keinen »Grund zum Defätismus« (SH 140), denn »die Kirche ist ihrem Wesen nach missionarisch« (SH 143) und »ein neuer Frühling der Evangelisierung« (SH 142) steht an. Offenbar wagt Wojtyla nicht, die Schwelle der eigenen Erinnerung zu überschreiten. Und da sollte er ehrlichen Herzens zu anderen von Hoffnung sprechen können? Wie ohne entsprechende Reue von seiten des Papstes und der Kirche die Historie bewältigt werden kann, damit ein Dialog mit allen Menschen erleichtert werde, ist schlecht vorstellbar. Wojtyla schweigt. Er rechnet nicht mit dem geschärften Erinnerungsvermögen der Angesprochenen auf allen Erdteilen. Er stellt sich dem nicht nur historischen Problem nicht, für das nicht das besuchte Land, sondern der Besucher verantwortlich zeichnet.

Daß es den Repräsentanten der katholischen Kirche noch immer ungleich schwerer fällt, sich selbst der Kritik auszusetzen, als die Kritiker zu desavouieren, belegt ein Beispiel für viele. Der ehemalige Kölner Kardinal Höffner hatte sich – in einer bemerkenswert inhumanen Diktion – über die hin und wieder laut gewordene Kritik am Papstbesuch in der Bundesrepublik Deutschland ausgelassen. Der damalige Vorsitzende der Deutschen Bischofskonferenz hatte gesagt, ohne je dafür von Wojtyla zur Rede gestellt worden zu sein: »Vor der Papst-Reise wurden Stimmen laut, auch manche Wochenblätter haben berichtet. Ich habe mich nicht so sehr gesorgt um den Papst, sondern um die Menschen, die das verfaßt haben. Bevor er kam, kamen gleichsam, ich will das Bild gebrauchen, aus dunklen

Löchern alle möglichen merkwürdigen Geister hervor und fingen an zu knurren und zu bellen.« Vergleiche von Menschen mit Tieren haben zwar ihre Tradition in Bibel und Kirche. Hoffnung machen sie nicht.

Aufgrund solcher Vorkommnisse, da der Papst schweigt und ein Kardinal redet, schwand die Bereitschaft vieler Menschen, sich auf ein Gespräch mit den Vertretern der römischen Kirche einzulassen. Es handelt sich nicht um irgendwelche zu vernachlässigenden Äußerlichkeiten, denen gegenüber Beckmesserei schäbig wirkt, sondern um den Ausdruck einer Geisteshaltung. Sie geht für gewöhnlich mit den angeblich Irrenden der Welt nicht anders als selbstgerecht um. Wo nur ist die Tür zur Hoffnung geöffnet statt zugeschlagen?

Der Papst tritt auch in seinem Buch durchweg als ein einseitig belesener Lehrer der Wahrheit auf, der allenfalls am Rande einige Zugeständnisse an die eventuelle Diskussion zu machen bereit ist. Von einer Gesprächsrunde, auf die Wojtyla sich eingelassen hätte, war ohnedies nichts zu vernehmen. Auch ein Buch ersetzt keine solche.

Dieser Papst spricht weder auf seinen Reisen noch in seinem Buch mit den Menschen. Er spricht – nicht viel anders als seine Vorgänger – zu ihnen. Verbindlich, manchmal auch gewinnend, aber immer dann, wenn es ernst wird, von oben herab.

Ich bin daher der Ansicht, daß der Rahmen der Papst-Visiten oder das Marketing des Buchvertriebs den inneren Ansprüchen der Doktrin Johannes Pauls II. durchaus angemessen sind. Im Prinzipiellen läßt Wojtyla nicht mit sich reden. Seine Grundsätze oder auch nur seine Beweisgänge können an keiner Stelle diskutiert, geschweige denn tangiert werden. Ein herrschaftsfreier Diskurs ist unmöglich. Wenigstens für Menschen, die sich nicht wie der Stichwortgeber Messori darüber freuen, vom Vater Papst einen »Verweis« oder eine »Beanstandung« zu empfangen (SH 26).

Nicht von ungefähr verstärkt sich bei immer mehr Menschen der Eindruck, der Papst sei gar nicht daran interessiert, im risikoreichen Austausch mit Einzelmeinungen und Weltanschauungen die eigenen Ansichten befragen oder gar verändern zu lassen.

Könnte aber nicht auch die Welt einmal diesen Papst an der Hand nehmen und über die Schwelle der Hoffnung führen? Diese Umkehr wird eine so utopische Denkübung bleiben wie bisher. Wojtyla begnügt sich mit der gewohnt souveränen Selbstdarstellung, der das Protokoll seiner Besuche oder seines Buch-Marketings (»Seine Heiligkeit«) bis ins Detail hinein entspricht.

Seine Besuche kranken keineswegs, wie gegen sie eingewandt wurde, nur an den äußeren Umständen, an dem pompösen Aufwand, der sie umgibt, an dem gegenreformatorisch geprägten liturgischen Rahmen, in dem der Papst Menschenrechtsforderungen der Moderne erhebt, an den unvertretbar erscheinenden Kosten, am Einsatz hochkarätiger Werbeagenturen, an der liturgischen Folklore und so fort. Diese Erscheinungen passen zu den Inhalten, die Wojtyla schätzt. Wer als Lehrer auftritt, täte gar nicht gut daran, seiner Überzeugung nicht auch den äußeren Rahmen verschaffen zu lassen. Johannes Paul II. ist konsequent. Solange sich die Grenzen seiner Hoffnung nicht weiten, bedürfen sie des Flitters.

Ich nenne Beispiele – zur Erinnerung, zum Augenreiben.

Die Stadtverwaltung der verschuldeten Metropole Rio de Janeiro war nicht schlecht beraten, als sie 1980 zum Papstbesuch die Christus-Gestalt auf dem Corcovado-Berg mit Hilfe einer halben Million Liter Wasser und etlichen Tonnen Reinigungsmittel waschen ließ, damit sie wieder, so ein Stadtvater, »so weiß wie die Soutane des Papstes« würde. Wojtyla fühlte sich in diesem Milieu wohl.

Er benutzte in seinen brasilianischen Reden nicht weniger als fünfundzwanzig Millionen Wörter. Der Frager Messori beklagt zwar die »redselige Kirche« der Gegenwart und spricht davon, daß in dieser »die Zahl der Worte stark angewachsen« sei (SH 204), doch bezieht er die Schelte nicht auf den Papst. Dieser unterhielt sich 1980 in Brasilien nicht ein einziges Mal intensiv mit armen und einfachen Leuten wie jenen Bauern, die ihren Bischöfen aus Anlaß des Papstbesuches in Lateinamerika geschrieben hatten: »Wir wollen, daß Ihr auf die Erde herabsteigt, um gemeinsam mit den Bauern zu kämpfen, daß Ihr Euch dem Gespräch mit dem ausgebeuteten und leidenden

Volk stellt, daß Ihr Euch nicht versteckt, daß Ihr Euch nicht wie Judas verkauft, daß Ihr nicht am Arm des Reichen einhergeht, daß Ihr Euren Christenauftrag endlich erfüllt.«

Passierte seither etwas? Wurde der Auftrag erfüllt? Nicht mehr um 30 Silberlinge verkauft? Suchten die Hirten das Gespräch mit den Leidenden? Stiegen sie auf die Erde herab? Gewiß nicht. Hoffnung für viele? Hoffnung für die da unten? In Wojtylas Buch kein Wort hierzu.

Johannes Paul II. trennt sich nicht von seinem Stil. Auch die Äußerungen des Papstes zum Abschluß seiner Visiten, er habe hinzugelernt, beziehen sich nicht auf eine wesentliche Änderung seiner Grundkonzeption.

Diese Lernunwilligkeit, die sich, von innerpolnischen Erfahrungen abgesehen, auf fast jeder Seite seines Hoffnungs-Buches zeigt, ist gefährlich. Sobald ein Mensch aufhört zu lernen, neigt seine Persönlichkeit zum Stillstand. Nur wenn er substantiell seine Fähigkeiten ändert, erhält seine Persönlichkeit in ihren tiefsten Strukturen neue Impulse. Das Altern hängt daher weniger von der biologischen Beschaffenheit eines Menschen ab als von seinem psychologischen Vergreisen. Daher können Jugendliche eine früh verhärtete Persönlichkeitsstruktur aufweisen, und alte Menschen in ihrer Persönlichkeit immer wieder jung werden und weiterwachsen.

Wojtyla wirkt auch in dieser Hinsicht nicht eben jung. Die von ihm vielzitierten Lernprozesse bestätigen immer wieder die schon zu Beginn des Besuchs mitgebrachten und während der Visite unablässig wiederholten Meinungen. Ihre selbstgezogenen Grenzen überschreiten sie nicht. Dafür ist der Papst zu furchtsam.

Alle Pastoralbesuche Wojtylas drehen sich – unter bewußter oder unbewußter Ausklammerung neuer Erfahrungen – in einem Kreis von Selbstbestätigungen, ohne aus diesem ausbrechen zu können oder zu wollen. Johannes Paul II. lehrte ohne Diskussion seine Wahrheiten in einem protokollarisch adäquaten Rahmen vor den Seinen und für die Seinen. Sein Charme und auch sein Charisma werden auf diese Weise völlig von dem Amt vereinnahmt, das er innehat.

Das bringt Vorteile mit sich. Die symbolische Repräsentation einer weltweiten religiösen Richtung, des römischen Katholizismus, in einer einzigen Person führt ja dazu, daß diese eine Konfession – und ihre Probleme wie Scheinprobleme – mehr als andere, bescheidener agierende, öffentlich wahrgenommen wird.

Ihre Mitglieder, wenigstens die Getreuen unter ihnen, bekommen zudem eine konkrete Identifikationsmöglichkeit frei Haus geliefert. Gläubige können ihre Treue an einem einzigen Menschen festmachen. Das beruhigt und sichert die Besuchten – und den Besucher.

Johannes Paul II. braucht sich daher nur auf die Seinen und auf deren weithin vorkritisches Bewußtsein zu verlassen, das nicht selten mit dem Glauben eins ist. Dann fällt es ihm leicht, abweichende Denkrichtungen, Lebenshaltungen und Hoffnungen suspekt zu machen und neuzeitliche Fragestellungen der Tradition des selbstbewußten Widerstands Roms zu opfern. Allerdings wird so ein Gespräch des einen mit den vielen oder gar mit allen unmöglich. Die sogenannten Abständigen und Indifferenten oder die Kritiker fühlen sich gar nicht erst ernst genommen.

Aber auch der Kreis der praktizierenden Katholiken erscheint relativ klein. Müssen sich bereits die besuchten Ortskirchen auf kurze Grußworte ihrer Repräsentanten (der »ehrwürdigen Brüder im Bischofsamt«) beschränken, bevor der Papst zu seinen ungleich längeren Lehrmonologen ansetzt, kann selbst das zugeladene Volk kein echter Dialogpartner sein. Es ist nur der Adressat der Belehrungen.

Nicht einmal die mit geistlichem Aufwand gefeierten Eucharistien machen eine Ausnahme. Auch da zelebriert ein Oberhirte vor dem Volk seinen Gottesdienst und legt bei dieser Gelegenheit zugleich den zum Mitfeiern eingeladenen Massen die richtige Interpretation des Geschehens vor. Damit wird die Gefahr verstärkt, daß die Wirklichkeit der Eucharistie nicht erlebt, sondern einem Geschehen pastoral hinzugeredet wird.

Die Menge muß bei Wojtyla vor allem in eine Glaubensschule gehen und Nachhilfeunterricht nehmen. Johannes Paul II. erklärt ihr, was vor ihren Augen geschieht, was das Lehramt der offiziellen Kirche dazu zu sagen hat und sogar, was sie am tunlichsten bei dem heiligen Ritus empfindet. Die Realität des Mahls erlebt die Mehrzahl so gut wie nicht, solange ein offiziell geordneter Festritus vor ihr abläuft und niemand dessen Inhalte oder Formen mitbestimmen darf.

Was übrigbleibt, sind die von den meisten Menschen als überholt betrachteten Formen einer patriarchalisch anmutenden Service-Kirche. Gerade die Volkstümlichkeit Wojtylas bürgt nicht für dessen Volksfreundlichkeit. Das Angebot des Dialogs zeugt noch nicht von der Bereitschaft, einen solchen auch mit allen zu führen.

Es nimmt nicht wunder, daß sich nicht alle Menschen in dem besuchten Land der kirchenoffiziellen Nachbereitung anschließen können, wie sie – im Falle der Bundesrepublik – von den Kardinälen Ratzinger und Höffner angeboten wurde. Diese Oberhirten sprachen seinerzeit davon, die päpstliche Visite habe »neuen Glaubensmut, Begeisterung und Freude an der Kirche« hinterlassen.

Wie wir inzwischen wissen, war an diesen Elogen wenig wahr. Die Zahlen der Kirchenaustritte sprechen eine realistischere Sprache. Auch alle einschlägigen Meinungsumfragen sind im Vergleich mit dieser bischöflichen Prognose lebensnah. Und wo bleibt die von Wojtyla soeben in seinem Buch beschworene »qualitative Erneuerung«? Spielt sie sich in Europa nur in den fundamentalistischen Zirkeln ab?

Viele konnten sich aufgrund ihrer Erfahrung eher noch der Interpretation Heinrich Bölls anschließen, der wie gesagt angeraten hatte, am besten über Wojtyla zu schweigen – trotz oder gerade wegen seiner Gesprächsofferten.

3

EINE ARG MESSIANISCHE BASIS

Was den Hintergrund einer Hoffnung ausmacht

Das soeben erschienene Buch soll nach Meinung des Journalisten Messori »nicht nur den zeitgenössischen Kommentatoren, sondern auch künftigen Historikern« dazu dienen, »das erste polnische Pontifikat« zu verstehen (SH 22). Es ist wohl nicht vermessen, wesentliche Elemente eines Glaubens an den Glauben, wie Karol Wojtyla ihn lehrt, zuerst in der polnischen Biographie dieses Mannes zu suchen. Seine pflichtbewußte Glaubensstärke wird nicht zuletzt auf den bestimmenden Einfluß des Vaters zurückzuführen sein; seine Mutter erwähnt er überhaupt nicht.

Bei seinem Vater erlernte er beispielsweise das Beten: »Ich erinnere mich, daß mir mein Vater eines Tages ein Gebetbuch gab, in dem das Gebet zum Heiligen Geist stand. Er trug mir auf, es täglich zu beten. Und seit jenem Tag versuche ich, dies zu tun« (SH 169). Und: ». . . die Worte meines Vaters haben eine entscheidende Rolle gespielt, weil sie mich dazu gebracht haben, ein wahrer Anbeter Gottes zu sein . . . « (SH 170).

Der Vater, ehemaliger Offizier, dem der Wojtyla-Biograph Rainer A. Krewerth pädagogische Leitsätze wie »Das ist unsere Christenpflicht« und »Das Leben ist eine ständige Auseinandersetzung« bescheinigt hat, schickte den »körperlich wie geistig diszipliniert lebenden Jungen« mitunter in ein ungeheiztes Zimmer, damit er sich abhärte.

Krewerth: »Das ist keineswegs so schrecklich brutal, wie es heute aussieht. Viele, die im katholischen Milieu großgeworden sind, kennen diese harte Schule der Kasteiung, die einst als gutgemeintes, probates Mittel gegen Flausen und Flapsereien pubertierender Jugendlicher angesehen wurde. Für Vater Wojtyla ist das Training im kühlen Raum eine Selbstverständlichkeit nicht nur, weil er vom Militär stammt. Es erinnert ein wenig an mönchische Enthaltsamkeit.«

Wojtyla selbst über seinen Werdegang und dessen Abhängigkeit von den »Zügen großen Heldenmutes« der Kriegszeit (Warschauer Aufstand von 1944): »Auch ich gehöre dieser Generation an und meine, daß die Heldenhaftigkeit meiner Altersgenossen mir bei der näheren Bestimmung meiner Berufung geholfen hat« (SH 147).

Später geriet der junge Mann aufgrund seiner Entscheidung für das Priestertum in die geölte Maschinerie theologischer Disziplin. Zwar existierte im besetzten Krakau seinerzeit kein offizielles Priesterseminar, sondern nur ein vom damaligen Erzbischof Sapieha persönlich geleitetes Untergrundunternehmen. Auch stand diesem Experiment nur die zweite Garnitur von Professoren zur Verfügung, da die Nazis die Intelligenz verfolgt und vernichtet hatten. Doch war die Mentalität der an Rom ausgerichteten Klerikerbildung ungebrochen: Alles trug die römische Soutane, hielt sich an die vorgeschriebene geistliche Tagesordnung, studierte die zugelassene Literatur. Die von Wojtyla zustimmend zitierten Professoren, die ansonsten unbekannt geblieben sind, und die polnischen »romantischen Traditionen« (SH 148) haben sein Denken offensichtlich bis heute geprägt.

Daß sich damit Engführungen in der Glaubenswissenschaft wie in der klerikalen Disziplin nicht vermeiden ließen, wird niemand jener Theologengeneration zum Vorwurf machen. Die Beschränkung auf das Wesentliche erschien unter den gegebenen Umständen unumgänglich. Wojtyla grundsätzlich und pauschal über die Jugendlichen: »Sie brauchen Führungspersönlichkeiten und möchten diese in ihrer Nähe wissen. Wenn sie bei Autoritätspersonen Beistand suchen, so tun sie es deshalb, weil sie in ihnen warmherzige Menschen vermuten...« (SH 149).

In jenen Jahren entwickelte sich die Hoffnung, eines Tages aus dem Untergrund auftauchen und in Freiheit ein befriedigendes Amt im Dienst an allen Menschen versehen zu können.

Daher muß auch der Seelsorger »das lieben, was für die Jugendzeit wesentlich ist« (SH 149). Noch immer scheint der Papst jene Zeit zurückzusehnen, da »tätiger Einsatz« statt »eine von anderen erkämpfte Freiheit« die Jugend prägte (SH 148). Die gegenwärtige Konsumgesellschaft kann da nicht Schritt halten, und die Tatsache, daß sich der jugendliche Idealismus in Kritik äußert, wird hoffentlich nicht das letzte Wort sein.

Die jungen Seminaristen durften damals zumindest damit rechnen, aufgrund der am eigenen Leib erfahrenen Nöte bei den Menschen Glauben zu ernten. Ihr eigenes Bekenntnis inmitten der allgemeinen Leiden ihres Volkes schuf die besten Bedingungen für diese alle Einwände überwindende Zuversicht der Eingeschlossenen.

Nach der Befreiung seines Vaterlandes studierte Karol Wojtyla an der Dominikanerhochschule in Rom weiter und fand das dort vorgetragene Lehrsystem der Scholastik, das sich durch eine heilige Ordnung der Glaubenswissenschaft auszeichnet, nach seinem eigenen Bekunden »außerordentlich klug und schön«. Über diesen sogenannten Thomismus, der sich strikt an die unverfälschte Lehre des Thomas von Aquin (1225–1274) halten wollte und übrigens erst vom Zweiten Vatikanum – zum Mißfallen vieler Fundamentalisten – als nicht mehr zeitgemäß charakterisiert wurde, sagte Wojtyla seinerzeit, ein solches System zeige, »daß das Denken in seiner Tiefe nie viele Worte benötigt. Vielleicht ist das Denken je größer, desto weniger Worte es braucht.«

In seinem Buch wiederholt der Papst auffallend oft und nachdrücklich, wie sehr er bedauert, daß der Dominikanertheologe Thomas von Aquin, »der Meister des philosophischen und theologischen Universalismus« (SH 59), gegenwärtig außer Mode ist und seine »Summa Theologica« heutzutage »leider wenig Beachtung findet« (SH 57). Es läge Wojtyla viel daran, wenn sich diese, wohlbemerkt vom Konzil nicht eben geschätzte, Denkrichtung wiederbeleben ließe. Das ist ein wichtiger Hinweis auf die theologisch konservative Fundierung eines Denkens: Scholastische, »zeitlose« Metaphysik ist bei Wojtyla statt des »einseitigen Rationalismus« (SH 59) gefragt. Descartes und die von ihm ausgehende Philosophie (SH 65, 78 f.) sind vergleichsweise so uninteressant für diesen Papst, daß er sie als unbrauchbar abtut: »Der Rationalismus der Aufklärung hat den wahren Gott und insbesondere den Erlösergott in Klammern gesetzt« (SH 81).

Allerdings bedauerte Wojtyla auch einmal, daß er eigentlich nie habe die »normale« Philosophie studieren können, wie sie an den Universitäten der Welt üblich sei. Von daher gesehen ist die Meinung seines Landsmanns Tadeusz Nowakowski voreilig: »Der erste Papst aus einem slawischen Land ist ein vielbegabter Intellektueller. Er könnte jederzeit an einer beliebigen Universität nicht nur Theologie, Philosophie, Soziologie, Jurisprudenz oder Geschichte, sondern auch Literaturwissenschaft lehren.«

Ein Professor der Soziologie in Bremen namens Wojtyla, ein Professor der Rechtswissenschaft mit Namen Wojtyla in Berlin, ein Tübinger Theologieprofessor namens Wojtyla, ein Professor der Philosophie mit Namen Wojtyla in Frankfurt sind wohl kaum vorstellbar.

Wer die Neuzeit und ihr Denken unter dem Kürzel »positivistische Denkungsart« (SH 60, 65) abhandelt und ihr gar bescheinigt, zu den »Schulen des Argwohns« zu gehören, die neuerdings »ihre Blüten getrieben haben«, wird außerhalb des Pferchs zurecht kaum Zuhörer finden. Warum Wojtyla wohl so penetrant auf seine eigenen Bücher und Studien verweist (SH 225)? Der Satz »Wir sind Zeugen einer symptomatischen Rückkehr zur Metaphysik (Philosophie des Seins) durch die ganzheitliche Anthropologie« (SH 63) entstammt allein dem Wunschdenken seines Erfinders.

Unbestritten dürften die Fähigkeiten Wojtylas auf einem anderen Gebiet sein. Er hat sich stets mit der mystischen Tradition auseinandergesetzt – und mit einer Arbeit über den großen spanischen Mystiker Johannes vom Kreuz 1951 sogar promoviert. Ihn zitiert er denn auch oft in seinem Buch, und stets zustimmend (z.B. SH 46, 114, 169 f., 212).

Diese Ausrichtung leitet sich nicht zuletzt von den Erfahrungen her, die Jan Tyranowski, ein mystisch veranlagter Krakauer Schneider, dem jungen Karol vermittelt hatte. Der

Papst heißt ihn einen »wahren Mystiker« (SH 169). Dieser Mann hat damit, so Johannes Paul II. selber, eine Weichenstellung bei dem empfänglichen Jugendlichen vorgenommen: Ihm verdankt Wojtyla die Erfahrung von der Tiefe des einfachen Glaubens und auch die Beobachtung, wie sieghaft gerade dieser schlichte Glaube im Alltag wirken konnte. Beide Grundzüge prägen den Papst noch heute.

Seine Überzeugung, die wahre Lehre des von der Kirche schlicht und unverfälscht tradierten Evangeliums setze sich gegen alle Widrigkeiten der neuzeitlichen Gesellschaft und insbesondere gegen die Bedrohungen durch die Systeme des Unglaubens durch, gründet allem Anschein nach auch und gerade in den Erlebnissen jener frühen Zeit. Formen und Inhalte eben dieser Tradition, die Wojtyla sich da – von der Welt abgeschlossen – zu eigen gemacht hat, sind noch näher zu klären.

Ungelöst bleibt freilich die – allein von Wojtyla selbst hinreichend zu beantwortende – Frage, warum ein von der Mystik beeinflußter Papst sich so ausschließlich mit dem lehrhaften Strang der mystischen Tradition identifiziert.

Weshalb nur interpretiert Johannes Paul II. die Mystik so offensichtlich als konservatives Wertesystem, als Glauben an bestimmte Inhalte, statt deren unbestreitbar »närrischen« Charakter aufzugreifen und den weiten Bereich etwa der Phantasie, der Utopie und der Ekstase zu verkünden?

Warum spricht der Papst überhaupt nicht von jener Gruppe von religiösen Träumern, von Sehern und Narren, die eine – wenn auch immer wieder von der sogenannten Orthodoxie unterdrückte – Hoffnung auf Revolution aufrechterhalten haben? Bedeutet ihm das Erscheinen jener Mischung von Heiligem und Revolutionärem denn wirklich nichts, die Ignazio Silone für nötig hielt, um die Welt vor sich selber zu retten? Sind nur Johannes vom Kreuz und Theresia von Avila (SH 114, 169 f.) ernst zu nehmen? Passen nur sie in Wojtylas Konzept des Christentums?

Und, ein Seitenhieb in eine andere Richtung: »Die Mystik der Karmeliten setzt da an, wo die Reflexionen Buddhas und seine Hinweise für das geistliche Leben aufhören« (SH 115).

Der römische Papst erledigt unter anderem mit diesem einen Satz die Lebensstruktur von Millionen in Ost und West. Offensichtlich muß er seine eigene verteidigen, zumal das Christentum »einer gewissen Ausbreitung des Buddhismus im Abendland« (SH 113) begegnet.

Solchen Entwicklungen eines »in erheblichem Maß ›atheistischen‹ Systems« muß Wojtyla widerstehen. Er sagt: »Es ist daher nicht falsch, jene Christen zu warnen, die sich voller Begeisterung beispielsweise gewissen Vorschlägen, z.B. den Techniken und Methoden der Meditation und der Askese widmen, die den religiösen Traditionen des Fernen Ostens entstammen. In gewissen Kreisen ist dies zu einer Art Mode geworden, die auf recht unkritische Weise angenommen wird« (SH 117 f.).

Unkritisch, modisch? Harte Worte gegenüber vielen Menschen. Diese könnten zurückfragen: Sollen wir lieber das eigene »geistige Erbe« (SH 118), sprich: den Katholizismus, unkritisch akzeptieren? Es fällt schwer, in diesem Zusammenhang nicht an die übliche Säuglingstaufe zu erinnern. Hält der Papst diese nicht für eine Art Mode?

Sieht er nicht, daß die christliche Kultur des Abendlandes, auch wenn sie in mancher Hinsicht als hochentwickelt zu gelten hat, in anderer Hinsicht grauenhaft unterentwickelt ist, da sie zu viele langweilige Menschen hervorbrachte, deren Fähigkeit zu Vision und Ekstase elend verkrüppelt ist?

Kennt er das Wort von Antonin Artaud nicht? »Einer der Gründe für die erstickende Atmosphäre, in der wir leben . . ., liegt im Respekt vor dem Geschriebenen, Formulierten oder Gemalten, vor dem, was Gestalt angenommen hat, als wenn schließlich nicht aller Ausdruck am Ende wäre, nicht an dem Punkt angelangt wäre, an dem die Dinge bersten müssen, wenn es einen neuen Aufbruch und einen neuen Anfang geben soll.«

Und warum ist das Wort des amerikanischen Theologen Harvey Cox für Karol Wojtyla so fremd? »Die Menschen beklagen heute nicht bloß, daß sie aus Verstandesgründen nicht mehr an Gott glauben können . . . Das Problem besteht darin, daß die Menschen Gott nicht ›erfahren‹, ihm nicht ›begegnen‹. Die religiöse Sprache einschließlich des Wortes ›Gott‹ wird erst wieder einen Sinn gewinnen, wenn die verlorengegangene Erfahrung, auf die solche Worte verweisen, wieder zu einem empfundenen Sachverhalt in der menschlichen Wirklichkeit wird. Wenn Gott wiederkommt, dann müssen wir ihm möglicherweise zuerst im Tanz begegnen, ehe wir ihn in der Lehre definieren können.«

Wäre hierin keine Hoffnung zu begründen, die wirklich die Schwelle überschreitet? Johannes Paul II. hat jedoch seinen Glauben niemals auf solche Narreteien gesetzt, sondern auf das Bewährte, auf die Tradition, auf die althergebrachte Lehre, wie er sie deutet.

Das wäre nicht von vornherein nötig gewesen, denn bereits der Anfang des Pontifikats im Oktober 1978 war eine Neuerung. Nach der Wahl des Polen Karol Wojtyla ins höchste Kirchenamt hatte der 87jährige Kardinal Pietro Parente gesagt: »Das ist das Ende. Die Zeit für einen ausländischen Papst ist noch nicht reif. Und noch dazu ein Pole aus einem kommunistischen Land. Wo soll das hinführen?« Wir wissen mittlerweile, daß »es« nicht in die Richtung führte, die diesem alten Kurialen verdächtig erschienen war, sondern in jene, die dem harten Kern im Vatikan nur recht sein konnte. Wie konnte es dazu kommen?

Mit der Wahl Wojtylas hatte sich die bei weitem größte Sensation der neueren Papstgeschichte ereignet: Kein Pacelli oder Montini, kein Colonna oder Farnese leitete künftig die Geschicke der Weltkirche Roms, sondern ein schlicht erscheinender Mann mit einem fast unaussprechlichen bürgerlichen Namen. Zum erstenmal seit dem Tode des aus Utrecht stammenden Hadrian VI. am 14. September 1523 war wieder ein Nichtitaliener auf den Stuhl des Petrus gelangt, und vor allem die italienische Presse mußte sich wohl oder übel umorientieren. Sie hatte immer wieder die Meinung vertreten, auch der nächste Papst müßte unbedingt ein Landsmann sein, zumal er Bischof von Rom sei und die innenpolitische Lage des Landes eine starke Hand gegen das Anschwellen des Kommunismus brauche, einen Kenner und Beherrscher eben der Verhältnisse Italiens.

Doch ein Pole war Papst geworden, ein Mann aus einem

vergleichsweise fernen Land, wie Wojtyla selbst sagte, als er zum ersten Mal zu den vielen Italienern auf dem Petersplatz sprach. Die herkömmlichen Bindungen des römischen Papsttums an die italienischen Vetternwirtschaften, Sitten und Abmachungen waren damit fürs erste dahin – glaubten viele.

Es wäre schon erstaunlich gewesen, wenn ausgerechnet dieser erste nichtitalienische Papst seit gut viereinhalb Jahrhunderten sein langjähriges und intensives Wirken innerhalb einer Volkskirche wie der polnischen hätte leugnen können, die seine Sprech- und Argumentationsweise, sein Christus-, Marien- und Kirchenverständnis geprägt hatte.

Die theologischen und kirchenpolitischen Gründe für die Wahl eines mit den besonderen Verhältnissen Italiens kaum vertrauten Kardinals waren im Konklave augenscheinlich höher bewertet worden als vordergründig tagespolitische Argumente. Neben dem Gesichtspunkt »Seelsorger«, der bereits bei der Wahl des Vorgängers Luciani eine Rolle gespielt hatte, waren die Kardinäle auf weitere Kriterien gestoßen, die für ein Abrücken von der traditionellen Linie sprachen: Zum einen Wojtylas Vertrautheit mit den Problemen der Universalkirche als solcher – und nicht nur mit denen der römischen Kurienwelt, andererseits die unangefochten erscheinende Glaubensstärke des Kandidaten wie die persönliche Integrität des bisherigen Erzbischofs von Krakau, von der Kenner berichtet hatten.

So wichtig die politische Ausrichtung eines Papstes ist – und dies gerade im Fall Wojtylas: Ausschließlich politische Deutungen verkennen den wichtigen Unterschied zwischen einem römischen Konklave und allen sonstigen Wahlen. Ist ein neuer Papst gewählt, und dies auf Lebenszeit und ohne die geringste Möglichkeit irgendeiner Abwahl, dann ist er nämlich keineswegs derjenige, der die Mehrheit der Stimmen erhalten hat, während die überstimmte Minorität in die Opposition geht, um ihn und seine Wähler zu korrigieren und auf eine eventuelle Neuwahl bei passender Gelegenheit zu hoffen. Vielmehr ist der Gewählte vom Zeitpunkt der Annahme der Wahl der oberste Hirte aller Gläubigen, die Wahlakte bleibt definitiv geschlossen, und die Kardinäle haben anschließend einmütig dem neuen Bischof von Rom zu huldigen. Ein Zurück gibt es nicht mehr. Die Weltkirche tut vielmehr gut daran, sich auf eine solche Entscheidung einzustellen. Sie muß mit dem Neuen leben.

Kardinal Wojtyla hatte nach dem siebten Wahlgang unter dem 16. Oktober, dem Tag der in Polen hochverehrten heiligen Hedwig, in sein Arbeitstagebuch notiert: »Gegen 17.15 Uhr Johannes Paul II.« Und sein Freund, der polnischstämmige Kardinal Krol aus Philadelphia, zeichnete ein bewegendes Bild von dem soeben gewählten Papst, der den Kopf in den Händen vergraben, nach vorne gebeugt einsam am Tisch unter Michelangelos riesenhaftem »Jüngsten Gericht« in der Sixtinischen Kapelle saß. Kardinal Hume von Westminster, ein weiterer Augenzeuge, sprach davon, daß er diesen Erwählten »unendlich bedauerte«.

Doch einer mußte eben »die ungeheure Last« auf sich nehmen. Johannes Paul II. selbst scheute sich anschließend nicht zu gestehen, daß er Angst gehabt habe, die Entscheidung seiner Kollegen zu akzeptieren. »Im Geist des Gehorsams gegenüber unserem Herrn und in vollem Vertrauen auf die Mutter Maria« habe er schließlich das Votum übernommen – die Wahl in das schwierigste Amt, das die Kirche Roms zu vergeben hat. Dieses Bekenntnis beeindruckte die öffentliche Meinung. Nur wenige mochten sich daran erinnern, daß das Lamento vom »Opfergang« berufsspezifisch ist, längst zum Standard gehört und eine Standespflicht erfüllt, nicht mehr. Die vatikanische Legendenbildung tut freilich das Ihre, um ein bestimmtes Papst-Image zu pflegen und eventuelle Hagiographien vorzubereiten.

Doch noch mehr als das professionelle Lamento war das selbst in Italien veraltet klingende »Gelobt sei Jesus Christus« zustimmend aufgenommen worden, mit dem der neue Papst die wartende Menge auf dem Petersplatz begrüßt hatte. Die Anrufung der Madonna gar, eine Frucht der speziellen Marienverehrung gerade des polnischen Katholizismus, hatte scheinbar viele von den Qualitäten Wojtylas überzeugt.

Der neue Mann war fromm, das ließ sich bereits jetzt feststellen. Kardinal Jósef Slipyi aus Lemberg, der 18 Jahre lang in Gefängnis und Verbannung verbracht hatte, drückte diese

Haltung so aus: »Der neue Papst ist Verkünder eines Glaubens, der hier inzwischen so gut wie unbekannt geworden ist. Die Kirche wird dadurch neue Lebenskraft empfangen.« Die Zeichen für die Zukunft standen nicht schlecht. Wenigstens für den konservativen Flügel der Weltkirche. Das zeichnete sich bereits am ersten Tag des neuen Papstes ab.

Polen, die Heimat des Erwählten, geriet außer sich vor Freude. Es schien, als ob ein Teil der Erniedrigung, die das Land im Laufe seiner Geschichte hatte hinnehmen müssen, mit dieser Wahl hinweggenommen worden wäre. Nun war es soweit. Überall läuteten die Kirchenglocken, in Krakau versammelte sich auf dem Platz vor der ehemaligen Bischofskirche Wojtylas eine riesige Menschenmenge, und die meisten weinten. Die unvergessene Prophezeiung des polnischen Dichters Juljusz Slowacki (1805 – 1849), der – zur Rettung der Welt – einen slawischen Papst vorausgesagt hatte, war nach einhundertdreißig Jahren des Wartens und des Hoffens offensichtlich in Erfüllung gegangen.

Gerade an den im Leid der Unterdrückung entstandenen Traum eines ganzen Volkes zu erinnern, ist in jenen Tagen nicht unterlassen worden. Es handelte sich nicht um eine bloß historische Reminiszenz. Auch die Kirche des Landes hatte auf bestimmte Grundlinien des polnischen Messianismus zurückgegriffen. Die Hoffnungen von Juljusz Slowacki, von Zygmunt Krasinski (1812–1859) und vor allem von Adam Mickiewicz (1798–1855) waren nie untergegangen, die Polen nicht zuletzt unter dem Einfluß der apokalyptischen und mystischen Literatur als den gekreuzigten Christus der Nationen gesehen hatten.

Ein phantastisches religiöses Dogma blieb somit am Leben, das Elemente des katholischen Mystizismus, des nationalen Messianismus und des antirussischen Revolutionarismus in sich trug. Immer wieder sprach aus den nationalen Äußerungen der führenden Polen ein spezifisch christliches Sendungsbewußtsein.

Mickiewicz drückte es einmal so aus: »Sie verstehen, in welche Völker wir unsere philosophische Hoffnung setzen können: in die, die für die Wahrheit leben und leiden . . . Jetzt werden auch Sie erkennen, warum die polnische Nation näher bei der Wahrheit steht als irgendein anderes slawisches Volk, weil die Offenbarung Christi immer der Maßstab für alle die sein wird, die ihm folgen, weil es bloß einen Weg zur Wahrheit gibt: den Weg des Kreuzes. Sie kennen das Volk, das seit langer Zeit diese Via dolorosa beschreitet . . .«

Späte Auswirkungen dieser Auffassung von der Auserwählung einer zum Leiden bestimmten Nation durch Gott finden sich noch in einem Hirtenbrief des polnischen Episkopats, der den Besuch Johannes Pauls II. im Jahre 1979 vorbereiten sollte: »Es gab eine Zeit, da man sich über unsere Religiosität lustig gemacht hat, daß sie rückständig sei, nicht konzilsgemäß, traditionell, zu gefühlsbetont und zu sehr marianisch. Aber wir haben mit kindlichem Vertrauen auf Gott und die Kirche geglaubt, indem wir die Hand unserer Mutter hielten. Durch sie und mit ihrer Hilfe haben wir im Glauben unserer Väter überdauert, da Maria uns immer zu Christus führte und uns auftrug, das zu tun, was ihr Sohn befiehlt... Und so wenden sich die Augen der Welt plötzlich nach Polen inmitten der Qual dieser Erde, der Zerrissenheit der menschlichen Familie, wo überall die Verweltlichung um sich greift, wo der Wohlstand der satten Länder Sehnsucht nach dem Nichts hervorruft, wo die Jugend zugrunde geht und sich im Leben ohne Glauben und Ideale verliert, wo in so vielen Ländern Kriege toben. Wenn das ein Land ist, so wurde gesagt, das durch Kämpfe und Verfolgungen, durch Qual und Leiden seinen Glauben bewahrt hat, so möge aus Polen der Mensch in die Hauptstadt Petri kommen zur Hilfe für die allgemeine Kirche, zur Rettung der ganzen bedrohten menschlichen Familie . . .« Das war deutlich.

Damit hatten die Bischöfe Polens die Not der Welt wie die Erlösung durch den Papst aus Krakau in die – theologisch interpretierte – Geschichte der eigenen Nation eingebunden. Genau dieses Vorgehen hat in Polen Tradition. Wojtyla selbst weiß darum.

Hans Kohn hat 1956 in seinem Buch *Die Slawen und der Westen* darauf hingewiesen, wie oft im 18. Jahrhundert Polen vom Westen wegen seiner Rückständigkeit und gleichzeitigen Vornehmtuerei »bemitleidet und verspottet« worden war und wie erst die vielen Freiheitskämpfe dieser Nation extreme Sympathien für die polnische Sache geweckt und entgegengesetzte Emotionen freigesetzt hatten. Es war also ein beschwerlicher Weg, bis das Land »fast kritiklos zum Favoriten der fortschrittlichen Parteien in ganz Europa erhoben« wurde und »deutsche, französische und andere Dichter die Kämpfe und Hoffnungen der unglücklichen Nation feierten«.

Schließlich war es soweit: Nach jeder Niederlage stand Polen als das heilige Opfer der revolutionären Sache da, und immer wieder floß das polnische Blut, wie Frankreichs revolutionär-katholische Zeitung *L'Avenir*, das Organ von Lamennais und Montalembert, es am 9. Juni 1831 ausdrückte, »für Christus und die Freiheit«. Wiedergeburt hieß das religiöse Schlagwort der polnischen Sehnsüchte. Die Polnische Demokratische Gesellschaft zum Beispiel, 1832 gegründet, verfocht entschieden die Meinung, daß das »wiedergeborene Polen die demokratische Idee unter den Slawen verbreiten« müsse. Denn Polen »hat sich seine einfachen schlichten Tugenden bewahrt, es ist rechtschaffen, aufopferungsfähig und religiös und darum Westeuropa überlegen«. Dem westlichen Lebensstil überlegen? Die Reden des Papstes sind, bewußt oder unbewußt, geprägt von diesem polnischen Pathos.

Daß solche Messianismen aber früher oder später auf die Ansprüche und die reale Gewalt der Nachbarvölker Polens treffen würden, konnte kaum wundernehmen. Nicht ganz so einsichtig war dem gegenüber die ziemlich ahistorische Auffassung vieler Polen, die eigentliche Gefahr für die eigene Nation komme nicht auch aus dem Westen, sondern ausschließlich aus dem Osten. Da sich jedoch, von etlichen Ausnahmen abgesehen, eine militärische Lösung dieses Ostproblems nicht verwirklichen ließ, verfielen nicht wenige polnische Denker auf den naheliegenden Ausweg, den Russen nicht nur die moralische Überlegenheit, sondern auch das Slawentum überhaupt abzusprechen. Schon Mickiewicz hatte in seinem berühmten Gedicht »Totenfeier« die ewige Feindschaft zwischen Polen und Russen beschworen.

Es muß dahingestellt bleiben, ob der romantische Nationalismus, die Glorifizierung der Nation, die mangelhafte Berücksichtigung der Gegenwart, die poetische Schwülstigkeit und die hehren Wahnvorstellungen, die Hans Kohn solchen Ansichten bescheinigt hat, nicht gerade dann besonders gefährlich werden können, wenn ihnen einmal reale Macht entspricht.

Die polnische Überlieferung erhielt sich so oder so, und noch kann niemand sagen, ob sich nicht diese Art von Geschichtsdeutung behaupten wird, wie sie sich bis heute – bewußt oder unbewußt – auch und gerade in kirchlichen Kreisen Polens antreffen läßt.

Polen zwischen Ost und West, ein Brudervolk ohne genau auszumachende und zu lokalisierende Brüder, so ist das Dilemma dieser immer wieder geteilten Nation zu umschreiben. Es muß aber der künftigen Geschichtsschreibung überlassen bleiben, die Stellung Wojtylas zwischen diesen beiden Polen genauer zu bestimmen.

Karol Wojtyla, Erzbischof von Krakau, hatte sich während der Auseinandersetzungen der sechziger und siebziger Jahre um den historischen Standort Polens im Hintergrund gehalten und im polnischen Bischofskollegium keine Stellung bezogen, die sich eindeutig werten ließe. Der Wiener Kardinal Franz König hat Wojtyla nicht von ungefähr »einen der schweigsamsten Bischöfe Polens« genannt. Als Papst aber hat Wojtyla 1979 bei seinem Besuch in Polen Farbe bekannt und den damaligen polnischen Primas Kardinal Wyszynski, den er vor den offiziellen Vertretern Volkspolens sogar einen »Mann außergewöhnlichen Formats« nannte, in Schutz genommen. Diese Stellungnahme war nicht unwichtig, denn sie bereitete die eigene Standortbestimmung vor.

Diese totale Bejahung eines einzelnen Menschen und seiner Aktivitäten ist durchaus beachtet worden. Und sie hat auch Gegenliebe gefunden. Wyszynski selbst hatte schon kurz nach der Wahl Wojtylas diesem eingeschärft, wie der polnische Episkopat und dessen Primas Person und Amt des neuen Papstes zu interpretieren gedächten: »Auch wenn du jetzt auf dem Stuhl Petri sitzt, bleibst du doch ein polnischer Bischof, und wir versichern dir auf den Knien, daß wir dir stets nahe sein und dir mit unseren Gebeten beistehen werden. Polen wird alles tun, dem Papst keinerlei Probleme zu bereiten.«

Beruft Johannes Paul II. sich umgekehrt auf die nationale Vergangenheit, ist es selbstverständlich, daß er die spezifisch polnischen Werte und die besondere Mission des Vaterlandes nicht ausnimmt: »Die Kirche hat Christus nach Polen gebracht, das heißt den Schlüssel zum Verständnis jener großen und grundlegenden Wirklichkeit, die der Mensch ist. Der Mensch ist nämlich ohne Christus nicht zu begreifen. Der Mensch kann ohne Christus weder verstehen, wer er ist, noch worin seine wahre Würde besteht, noch welches seine Berufung, noch was seine endgültige Bestimmung ist. Deshalb darf man Christus auch nirgendwo auf der Erde aus der Geschichte der Menschen ausschließen. Ihn auszuschließen, wäre ein Akt, der sich gegen den Menschen selbst richtet.«

In Gniezno hat Johannes Paul II. diesen Christus-Bezug aus der Vergangenheit in die Gegenwart weitergedeutet: »Will Christus nicht vielleicht, fügt es nicht der Heilige Geist, daß dieser Papst, dem sich die Geschichte der eigenen Nation von ihren Anfängen an so tief eingeprägt hat, dazu die Geschichte der Bruder- und Nachbarvölker, ihre Präsenz in der Kirche und ihren Beitrag zur Geschichte des Christentums in unserer Epoche auf besondere Weise sichtbar macht und bekräftigt? Daß er die Entwicklungen aufzeigt, die gerade hier, in diesem Teil Europas, die Architektur des Tempels des Heiligen Geistes bereichern?«

Wojtyla spricht vom »Hauptweg unserer geistlichen Geschichte und zugleich von einem der großen Wege der geistlichen Geschichte aller Slawen sowie einem der wichtigsten Wege der geistigen Geschichte Europas«. Er ruft vor Krakauer Studierenden die Polen insgesamt zum Handeln auf: »Ihr habt die ganze gewaltige Erfahrung der Geschichte, die mit dem Namen ›Polen‹ verbunden ist, in die Zukunft zu tragen. Eine schwere Erfahrung. Wohl eine der schwersten in der Welt, in Europa, in der Kirche. Doch fürchtet die Mühe nicht. Fürchtet allein Leichtsinn und Kleinmut. Aus dieser schweren Erfahrung, die mit dem Namen ›Polen‹ verbunden ist, läßt sich eine bessere Zukunft gewinnen, doch nur unter den Bedingungen von Ehrlichkeit und Nüchternheit, von Glauben, Geistesfreiheit und Überzeugungskraft.«

Welche Richtung dieser politische Papst dem Handeln zu geben und wie er das Dilemma einer Nation zwischen Ost und West zu lösen gedachte, machte er vor den polnischen Bischöfen klar. Dabei fiel auf, daß der Papst zwar vom Christentum sprach, jedoch nur den Katholizismus meinen konnte: »Europa, das im Verlauf seiner Geschichte viele Male geteilt wurde, Europa, das der furchtbare Weltkrieg gegen Ende der ersten Hälfte dieses Jahrhunderts tragisch gespalten hat, Europa, das unter seiner heutigen anhaltenden, systembedingten, ideologischen und ökonomisch-politischen Zerrissenheit nicht aufhören kann, nach seiner grundlegenden Einheit zu trachten, muß sich dem Christentum zuwenden. Ohne Rücksicht auf Unterschiede der Tradition, wie sie im europäischen Raum zwischen seinem östlichen und westlichen Teil bestehen, ist es doch dasselbe Christentum, das sich von dem einen und selben Christus herleitet, das dasselbe Wort Gottes annimmt, das an dieselben zwölf Apostel anknüpft. Dieses Christentum findet sich an der Wurzel der Geschichte Europas. Dieses Christentum bestimmt seine geistige Herkunft . . . Der polnische Episkopat und alle Episkopate und Kirchen Europas haben hier eine große Aufgabe zu bewältigen. Angesichts dieser vielfältigen Aufgaben erkennt der Heilige Stuhl, was daran in Übereinstimmung mit dem besonderen Charakter des Petrusamtes gerade ihm zukommt. Als Christus zu Petrus sagte: ›Stärke deine Brüder‹ (Lk 22, 32), sagte er damit auch: ›Diene ihrer Einheit!‹«

Polen und das vatikanisch-westliche Rom, nicht jedoch das Christentum schlechthin, werden hier untrennbar zusammengebunden. Diese säuberliche Trennung ist zu beachten, sooft von der Lehre und vom Handeln dieses Papstes gesprochen wird.

Die abendländisch gedeutete Geschichte will es, so Johannes Paul II. selbst, gar nicht anders: »Als im Jahre 1000 in Polen die Grundstruktur für eine hierarchische Verfassung der Kirche entstand, geschah dies von Anfang an in der hierarchischen Einheit mit dem Organismus der ganzen Kirche und speziell mit dem Apostolischen Stuhl. In dieser Beziehung besteht die Struktur der Kirche in unserem Vaterland ununterbrochen bis in unsere Zeit, und ihr verdanken wir es, daß Polen katholisch, daß es ›immer gläubig‹ ist ... Die Kirche in Polen ist für alle Jahrhunderte dieser Katholizität, die eines der Merkmale der wahren Kirche Christi ist, fest und unerschütterlich eingepflanzt.«

Daher wurde auch die hierarchische Verfassung der katholischen Kirche (ein Erbe der Romanisierung des Christentums, die seinerzeit die Christianisierung des Römischen Reiches begleitet hatte) »nicht nur zum Zentrum ihrer eigentlichen pastoralen Sendung«, sie wurde sogar »zu einem sehr deutlichen Halt für das gesamte Leben der Gesellschaft, für die sich ihrer Existenzrechte bewußte Nation, die als eine in ihrer überwiegenden Mehrheit katholische Nation in den hierarchischen Strukturen der Kirche gleichfalls diesen Halt gesucht hat ...«

Diese Aussage, der gegenüber historische Zweifel anzumelden sind, zumal der Vatikan Polen nicht nur einmal aus politischen Gründen im Stich gelassen hat, mußte in einem Land wie Dynamit wirken, welches vom Kindergarten bis zur Universität eine anders gerichtete Geistigkeit propagierte.

Kardinal Wojtyla hatte noch auf der römischen Bischofssynode des Jahres 1976 gesagt: »In Polen ist die Schule dem Einfluß der Kirche völlig entzogen. Das gesamte Schulsystem wie auch die Presse, der Rundfunk und das Fernsehen sind vom Atheismus durchdrungen, der als neue Staatsreligion angesehen wird. Die atheistische Propaganda genießt alle Privilegien.« Jedenfalls weist die Geschichte der Nation noch immer ihre zwei Versionen auf: Die eine, die östliche, deutet das Land als einen vorbildlichen Staat, in dem der neue, der sozialistische Mensch herangebildet wird, während die andere, die abendländische, auf Polen als die Bastion der christlichen Freiheitserziehung verweist.

Vielleicht fühlten sich daher nicht wenige beim Besuch des Papstes an jene Auseinandersetzung erinnert, die sich im Zusammenhang mit der Diskussion der polnischen Bischöfe an die wahre Auslegung eben dieser Geschichte Polens geknüpft hatte. Vielleicht dachten die Polen auch an die Worte Gomulkas, der damals gesagt hatte: »Zur Untermauerung ihres Anspruchs auf die politische Repräsentation des polnischen Volkes und um Polen die Rolle des ›Bollwerkes‹ aufzuzwingen, möchten gewisse kirchliche Würdenträger die wahre, wissenschaftlich fundierte Geschichte Polens durch eine andere Lesart ersetzen, derzufolge die Geschichte der Kirche aufhört, ein Teil der Geschichte des polnischen Volkes zu sein, und umgekehrt die Geschichte des Volkes zu einer Resultante der Geschichte des Katholizismus wird.«

Johannes Paul II. entschied sich für die westlich ausgerichtete Interpretation. Nur an einem vergleichsweise versteckten Platz hat Wojtyla auch Sowjetrußland und dessen historische Taten für Polen und Europa erwähnt. Bei seinem Besuch im Konzentrationslager Auschwitz sagte er vor einer Gedenktafel: »Ich habe noch eine auserwählte Tafel: in russischer Sprache. Wir wissen, von welchem Volk sie spricht; wir wissen, welchen Anteil dieses Volk an dem schrecklichen Krieg um die Freiheit der Völker hatte; auch an dieser Tafel können wir nicht vorbeigehen.«

Die Tafel mit der polnischen Aufschrift hatte er so kommentiert: »Sechs Millionen Polen haben im Zweiten Weltkrieg ihr Leben verloren, ein Fünftel der Nation. Ein Abschnitt mehr des jahrhundertelangen Kampfes dieser Nation, meiner Nation, für ihre fundamentalen Rechte unter den Völkern Europas; ein weiterer lauter Schrei für das Recht auf einen eigenen Platz auf der Karte Europas, eine weitere schmerzhafte Schuld für das Gewissen der Menschheit.«

Als schließlich die Visitation der Heimat beendet war, berichtete die katholische *Herder-Korrespondenz:* »... ganz Polen weinte. In solchen Augenblicken vereinigt sich in Polen das Christliche mit dem Patriotischen und Nationalen, was in unseren Breiten nicht so recht nachempfunden oder gar verstanden werden kann. Und so muß man wohl zum besseren Verständnis hinzufügen, daß diese Papstvisite nicht nur den Glauben und die Hoffnung der Katholiken stärkte, sondern den Polen auch eine Art nationaler Genugtuung anbot – nach zwei Jahrhunderten nahezu ununterbrochener Unterdrückung und Diskriminierung.«

Das heißt im Klartext: Das Angebot einer nationalen Genugtuung war politischer wie kirchlicher Natur. Als abhängig gewordener Volksteil sollten sich die polnischen Katholiken nunmehr noch stärker mit der römischen Zentrale identifizieren. Gegen alle von den Kommunisten ausgehenden Unterdrückungen durfte künftig der römische Papst angerufen werden, der zum einen mit den Regierungen des sogenannten Ostblocks auf der völkerrechtlich-diplomatischen Ebene des Staatsoberhauptes verhandeln konnte, sich andererseits aber auch von Fall zu Fall als eine moralische Autorität ersten Ranges wirksam einsetzen ließ.

Polen hängt einmal mehr an Rom. Und Rom zeigt sich dankbar. Dort, in »der Stadt, die die Vorsehung als Bleibe für den Stellvertreter Christi erwählt hat«, greift Johannes Paul II. immer wieder auf die messianisch eingefärbte Tradition seines heimatlichen Milieus zurück. Er spricht geradezu missionarisch von der »lebendigen, pulsierenden Wirklichkeit des polnischen Glaubens, an der ich auch euch Anteil geben möchte, da sie wie alle echten Ausdrucksformen des Glaubens eine Botschaft des Optimismus und der Hoffnung enthält: ›Christus stirbt nicht mehr; der Tod hat keine Macht mehr über ihn‹ (Röm 6, 9).«

Ohne eine solche Heimat in Polen und in Rom zugleich anzunehmen, bleibt unverständlich, was der Wojtyla-Papst sagt und tut. Freilich handelt es sich bei diesen Beheimatungen nur um zwei Möglichkeiten unter vielen. Theologisch zwingend sind sie nicht.

4

DAS MIT ALLEN EHREN BESTATTETE KONZIL

Weshalb Johannes Paul II. so viele Hoffnungen zu Grabe trug

Johannes Paul II. spricht in seinem Buch auffallend viel vom Zweiten Vatikanischen Konzil. Ähnlich wie die Heilige Schrift zitiert er es, wo immer es ihm in seine Beweisgänge paßt. Hat er aber auch seinen Geist aufgenommen? Vittorio Messori nimmt den Papst vorsorglich schon im Vorwort in Schutz und regt an, daß all jene, die diesen Mann »restauratorischer Absichten« und der »Reaktion auf die Neuerungen des Konzils« bezichtigten, »ihre Auffassung endlich überdächten« (SH 24). Und er bescheinigt allen Andersdenkenden nicht nur »Voreingenommenheit und Kurzsichtigkeit«, sondern will sie auch »Lügen strafen« (SH 193).

Gerne. Da wir bei den Hintergründen sind, die die Gegenwart des regierenden Papstes bestimmen, ist eine Klarstellung nötig: Johannes Paul II. ist kein eigentlicher Konzilspapst.

Das geht schon aus der Tatsache hervor, daß er zwar als Bischof am Zweiten Vatikanischen Konzil teilgenommen hat, damals jedoch noch nicht Papst gewesen ist. Wojtyla: »Ich hatte das ganz besondere Glück, vom ersten bis zum letzten Tag am Konzil teilnehmen zu können« (SH 184). Doch die Teilnahme reicht nicht. Im strikten Wortsinn waren nur die beiden Päpste Johannes XXIII. und Paul VI., auf die der gegenwärtige Amtsinhaber seinen Doppelnamen zurückführt, wirkliche Konzilspäpste.

Ihre Nachfolger bleiben – historisch gesehen – nachkonziliare Päpste und damit Erben der konziliaren Vergangenheit, solange sie nicht von ihrem Recht Gebrauch machen, ihrerseits ein Konzil einzuberufen. Der Wojtyla-Papst weiß dies genau, wenn er seine Aufgabe zu Beginn seines Pontifikats definiert: »Der fruchtbare Samen, den die Väter des Ökumenischen Konzils, vom Wort Gottes genährt, in gute Erde gesät haben (vgl. Mt 13, 8–23), das heißt, die bedeutenden Dokumente und Pastoralbestimmungen sollen im Leben zur Reife gebracht werden.«

Ob Johannes Paul II. wenigstens ein Papst ist, der aus dem Geist wie aus dem Buchstaben des Zweiten Vatikanums sein Amt versieht und sich von diesem leiten läßt, ohne der Versuchung zu erliegen, das Konzil langsam, aber sicher der eigenen Doktrin anzupassen, ist eine andere Frage. Die Äußerungen Wojtylas lassen zumindest den Schluß zu, daß er alles tun möchte, um dem Konzil Achtung und Gehör zu verschaffen. Schon in der zitierten Botschaft an Kirche und Welt zum Abschluß des Konklaves, das ihn gewählt hatte, sagte er: »Vor allem wollen wir an das Zweite Vatikanische Ökumenische Konzil erinnern, das uns zu seiner sorgfältigen Durchführung verpflichtet. Ist denn diese allgemeine Kirchenversammlung nicht ein Meilenstein und ein Ereignis von höchster Bedeutung in der zweitausendjährigen Geschichte der Kirche und infolgedessen in der religiösen Geschichte der Welt und der Menschheitsentwicklung?«

Und in seinem Buch schreibt er: »Das II. Vatikanische Konzil ist ein großes Geschenk für die Kirche und für all jene gewesen, die daran teilgenommen haben. Es war ein Geschenk an die ganze Menschheitsfamilie, eine Gabe für uns alle. Es ist schwer, etwas Neues über das II. Vatikanische Konzil zu sagen« (SH 184).

Wojtyla wählt eine seltsam reservierte Sprache, wenn er von seiner generellen Treue zum Zweiten Vatikanum spricht. Im Gegensatz zu seinen sonstigen Verlautbarungen, die alles andere als zurückhaltend klingen, lehrt er hier nicht apodiktisch, sondern erinnert nur an ein zurückliegendes Ereignis und fragt sogar nach der Bedeutung dieser Kirchenversammlung. Neues weiß er kaum zu sagen. Er beschränkt sich auf die Deutung »Geschenk an alle«. Das wirkt auffällig blaß.

Zudem spricht er verhältnismäßig oft von der Pflicht, die ihm und seinem Amt in bezug auf das angetretene Erbe obliegt: Das Konzil »verpflichtet zu seiner sorgfältigen Durchführung«, und der Papst selbst hält es »für unsere erste Pflicht, die sorgfältige Durchführung der Konzilsdekrete und Bestimmungen zu fördern, was wir in ebenso kluger wie aneifernder Weise tun müssen mit dem Ziel, daß vor allem eine entsprechende Geisteshaltung sich dem Konzil anpaßt, damit seine Bestimmungen in die Praxis überführt werden können« (vgl. SH 186).

Gerade weil er es so ausufernd zitiert und bei jeder Gelegenheit in seinem Buch anführt, hält sich der Eindruck, daß Papst Wojtyla das Zweite Vatikanum als ein unvermeidliches Ereignis deutet, das als »Gabe« auf die Vorsehung Gottes zurückzuführen noch die beste Ausrede ist. Von dieser Kirchenversammlung überzeugt erscheint Johannes Paul II. an keiner Stelle seiner Ausführungen.

Ich frage mich, ob der Bischof Wojtyla nicht zu jenen zählt, die 1959 der Ankündigung Papst Johannes' XXIII., er wolle ein Konzil einberufen, eher abwartend gegenüberstanden. Ein Vorbereiter dieses Konzils ist Wojtyla jedenfalls nicht gewesen, ein Anreger, ein großer Mann des Zweiten Vatikanums schon gar nicht. Auch was dieser Papst unter der Rubrik Nachbereitung des Konzils betreibt, relativiert dieses Urteil nicht.

Nun hatte der Krakauer Oberhirte im Konzilsplenum nicht weniger als acht Ansprachen gehalten. Das ist eine relativ hohe Zahl. Selbst im ersten Konzilsjahr, als sich viele seiner Mitbrüder noch nicht recht hervorwagten, trat Wojtyla zweimal auf und äußerte sich zu Problemen der Liturgie wie zu der Frage nach den Quellen der Offenbarung. Im zweiten Jahr sprach er dann zur Struktur des neuen Schemas über die Kirche, im dritten wie im vierten je einmal zur Erklärung über die Religionsfreiheit und zum berühmt gewordenen »Schema XIII« über die Kirche in der Welt von heute, außerdem im dritten Jahr noch zum sogenannten Laienapostolat.

Zu diesen Ansprachen vor dem Plenum kamen dreizehn schriftliche Interventionen aus Wojtylas Hand, darunter mehr oder weniger ausgeformte Texte wie auch Listen von Verbesserungsvorschlägen. Fünf von ihnen betrafen die Dogmatische Konstitution über die Kirche (davon drei das Kapitel über die Gottesmutter), vier das Schema XIII, drei die Religionsfreiheit und eine die sozialen Kommunikationsmittel.

Alles in allem ein erklecklicher Beitrag, auch wenn deutlich wird, daß der Bischof wesentliche Problemstellungen des Konzils ausgeklammert hat. Über den Ökumenismus, über die katholischen Ostkirchen, über die Hirtenaufgabe der Bischöfe, über die Ausbildung der Priester, über die zeitgemäße Erneuerung des Ordenslebens, über die christliche Erziehung, über das Verhältnis der katholischen Kirche zu den nichtchristlichen Religionen wie über die Missionstätigkeit äußerte sich Wojtyla nicht.

Dieses Schweigen mag mit der internen Rollenverteilung innerhalb des polnischen Episkopats erklärt werden, nach der bestimmten Bischöfen feste Themenbereiche zur intensiven Ausarbeitung zugewiesen wurden. Doch ist kaum anzunehmen, daß ein aufstrebender Mann wie Wojtyla, dessen Platz im Plenum im Verlauf der Versammlung nach vorne gerückt wurde (SH 185), davon ausgeschlossen worden wäre, ein von ihm vorgeschlagenes Thema zu bearbeiten.

Seine Auswahl geschah wahrscheinlich bewußt. Die Themen »Kirche in der Welt von heute«, »Kirche als solche« und »Religionsfreiheit heute« müssen ihm besonders lohnenswert erschienen sein. Seine Theologie beschäftigte sich so oder so immer wieder mit einer Welt, die sich überhaupt noch mit der Kirche Roms einlassen wollte.

In der Debatte über die Kirche meldete sich der Krakauer Weihbischof erstmals am 21. Oktober 1963 zu Wort. Seine Ausführungen über »das Volk Gottes, insbesondere die Laien« verrieten nun aber nicht nur die herkömmliche – und nicht unbestrittene – Trennung von Klerus und Laienschaft, sondern darüber hinaus eine ziemlich rückständige Haltung: Wojtyla sprach gegen den Ehrennamen »Volk Gottes« und zog diesem die Interpretation der Kirche als eine in der sogenannten übernatürlichen Ordnung begründete »societas perfecta« vor.

Der wenn auch bescheidene Fortschritt der Theologie, von einem juristisch starren und statischen Begriff der vollkommenen Gesellschaft mit deren Unter- und Überordnungen loszukommen und den biblischen vom Gottesvolk aufzunehmen, der jeder hierarchischen Unterscheidung vorangeht, war von Wojtyla nicht nachvollzogen worden.

Er schreibt zwar: »Zu Beginn befand ich mich, weil ich eben jung war, in einer Art Lernphase; nach und nach vermochte ich jedoch einen reiferen Beitrag zu leisten und mich schöpferisch am Konzil zu beteiligen« (SH 185). Doch ob er Wesentliches lernte?

Obgleich aus seinen sonstigen Darlegungen nicht geschlossen werden kann, er sei ein Vertreter der ausschließlich rechtlich orientierten Ekklesiologie der Vergangenheit geblieben, hatte er augenscheinlich nicht alle Konsequenzen der neuzeitlichen Theologie wahr- und aufgenommen.

Wer wie Wojtyla das neue Kirchenverständnis von der »Gemeinschaft aller von Gott zum Heil Berufenen« – die sämtliche Einteilungen in Hirten und Herden für weniger wichtig hält –, im 20. Jahrhundert noch mit der reichlich antiquierten Ansicht einiger Juristentheologen des 19. Jahrhunderts von der »societas perfecta« zusammenbringen wollte, war kaum als ein Wegbereiter eines in die Zukunft der Menschheit weisenden Konzils anzusehen. Von einer Zukunft des Glaubens kann hier keine Rede sein.

Mittlerweile schreibt er über das Konzil, dieses »Seminar des Heiligen Geistes« (SH 186): »Auf der einen Seite sollte der Auseinanderentwicklung der Christenheit, wie sie das gesamte zweite Jahrtausend gekennzeichnet hat, ein Ende gesetzt werden; auf der anderen Seite sollte an der Schwelle zum dritten Jahrtausend soweit wie möglich eine gemeinsame Verkündigung des Evangeliums in Angriff genommen werden« (SH 188).

Half Wojtyla mit? Nicht weniger unzeitgemäß als seine frühen Beiträge zum Konzil wirkten die Stellungnahmen, die der inzwischen zum Erzbischof von Krakau Aufgestiegene zur Religionsfreiheit abgab. Am 26. September 1964 sagte er, es müsse gegenüber dem Anspruch des Atheismus, den Menschen von der Entfremdung durch Religion zu befreien, festgehalten werden, daß sich keine weltliche Macht in die Beziehungen zwischen Gott und Mensch einmischen dürfe. Das Recht auf Religionsfreiheit sei nämlich eng verbunden mit dem Recht, die Wahrheit – und nur diese – zu erkennen, anzuerkennen und allen anderen ungehindert mitzuteilen. Auch die eher mittelalterliche Auffassung von der Wahrheit als solcher und nur als solcher war zu dieser Zeit nicht eben wegweisend.

Am 22. September 1965 sprach Wojtyla – auch im Namen der polnischen Bischöfe – davon, daß zwischen Freiheit und Verantwortung eine unlösbare Verbindung bestehe: Wenn schon die Religionsfreiheit proklamiert werde, so sei es nicht weniger notwendig, die sittliche Verantwortung bei der Ausübung dieses hohen Rechts hervorzuheben, damit nicht »der Anschein von Indifferentismus oder Liberalismus erweckt« werde. Auch seien Kriterien festzulegen, aufgrund derer die öffentliche Ordnung zur Einschränkung der Religionsfreiheit befugt sei, um deren Mißbrauch zu verhindern: »Nur eine Tat, die moralisch böse, also gegen das Sittengesetz gerichtet ist, kann als Mißbrauch der Religionsfreiheit betrachtet werden . . .«

Daß bei diesen Interventionen die Erfahrungen des polnischen Episkopats mit einer sich als atheistisch verstehenden öffentlichen Ordnung eine gewichtige Rolle gespielt haben, ist einsichtig. Wojtyla befürchtete, einem sich nach seiner Meinung hinter der Maske der legitimen Staatsgewalt verbergenden Willkürregime mit Hilfe einer allzu permissiven Konzilserklärung Tür und Tor zu öffnen. Daher wollte er ein solches Regime an die Zügel einer – vom Konzil selbst näher zu umschreibenden – sittlichen Ordnung legen.

Nach einer Untersuchung von Jan Grootaers weist der endgültige Text der Konzilserklärung zur Religionsfreiheit einige Spuren der Tätigkeit Wojtylas auf. Allerdings betreffen diese nur eingefügte Nebensätze oder Adjektive zur »gerechten« öffentlichen Ordnung.

Daß als das eigentliche Thema dieser Erklärung jedoch weder die Wahrheitsfrage als solche noch das Gottesverhältnis des einzelnen Menschen noch direkt die äußere Freiheit der wahren Kirche gelten, ist nicht dem Konzilsvater Wojtyla zu verdanken. Dieser trug kaum dazu bei, daß die Konzilserklärung die namentlich von einer bestimmten Richtung der konservativen Theologie stereotyp wiederholte These »Nur die Wahrheit, und zwar die der römischen Kirche, hat ein Recht, der Irrtum hingegen hat keinerlei Rechte« entschieden außer acht ließ. Diesem zukunftweisenden Hauptproblem hatte der Krakauer Erzbischof so gut wie keine Beachtung geschenkt.

Beobachter würdigten freilich Wojtylas Interesse an den zur

Diskussion stehenden Problemen der zeitgenössischen Philosophien des Humanismus und des Marxismus sowie seine aktive Teilnahme an den entsprechenden Gesprächen. Zwar war er auch nicht gerade jener theologischen Richtung zuzurechnen, die dem Aufbau der Welt als der Vorbereitung des Gottesreiches besonderen Wert zumaß. Eher hing er jener Auffassung an, die die Vergänglichkeit dieser Welt lehrte, und er betonte deswegen immer wieder die Aufgabe der Kirche als einer rettenden Heilsinstanz, vor allem im Hinblick auf die Endzeit. Sein theologischer Vertikalismus kann jedoch nicht als steril bezeichnet werden.

Zumindest sah Wojtyla seine Aufgabe darin, die Konzentration des Zweiten Vatikanums auf eine in westlich-fortschrittsgläubigen Begriffen eingeschlossene Problematik um der Realitäten der Kirchen des Ostens willen zu durchbrechen. Polen, dessen Kirche nach eigenem Bekunden seinerzeit um das Überleben zu kämpfen hatte, durfte so oder so in einem Schema über die Kirche in der Welt von heute nicht übergangen werden. Auch seine Wahrheit zählte. Gleichwohl haben weder Polen noch Wojtyla den Gang oder die eigentlichen Inhalte des Konzils bestimmt.

Das mag bis zu einem bestimmten Grad bedauerlich sein, denn es wäre zu wünschen gewesen, daß auch jene Stimmen einflußreicher gewesen wären, von denen bis zur Einberufung des Zweiten Vatikanums so wenig zu hören war, obgleich sie unbestreitbar zur Weltkirche gehörten.

Doch kommt die Interpretation des Konzils nicht an den Wirklichkeiten der Kirche vorbei: Von einem »polnischen Konzil« oder gar von einem »Konzil Wojtylas« zu sprechen wirkte nur lächerlich. Die Polen mochten auf dem Hintergrund ihrer Messianismen alles etwas anders sehen, die Realität trafen sie nicht. Alles in allem blieb die Kirchenversammlung anderen Theologien verpflichtet. Die Themenvorlagen wie deren Ausführung lagen in anderen – in westlichen – Händen. Die polnische Theologie vermochte sich nur auf Randgebieten zu behaupten. Sie verfügte weder über die großen Namen noch über hinreichende Erfahrungen, die dazu angetan gewesen wären, die Vormacht der entwickelteren Westtheologie zu brechen.

Was aber Polen damals nicht schaffte, konnte bei der autoritären und zentralistischen Struktur der katholischen Kirche ein polnischer Papst in den folgenden Jahren relativ mühelos bewirken: die Wende zurück zur Theologie vor dem Konzil. Johannes Paul II. erreichte dieses Ziel nach relativ kurzer Zeit.

Seine Strategie zeichnete sich schon bald ab. Zuerst mußte der Widerstand der beamteten Theologie gebrochen werden. Gleichzeitig waren die freiwerdenden Bischofsstühle mit genehmen Kandidaten zu besetzen. Und zum dritten hatte der Papst selbst jede Gelegenheit zu nutzen, öffentlich die neue Lehre, die die ganz alte war, vorzutragen. Die Herde würde bereits früh gehorchen und alles hinnehmen, was aus dem Vatikan kam.

Wojtyla, der schon in auffallend jungen Jahren die Wissenschaft als Profession aufgegeben hatte, weil er Bischof in Polen geworden war, hatte in den Tagen des Zweiten Vatikanums gewiß in der Auseinandersetzung mit den renommierten Theologen der Welt hinzugelernt, wie er jetzt selbst bezeugt (SH 186). Ob diese Erfahrung tief genug ging, bleibt jedoch schon nicht mehr offen: Nicht von ungefähr verweist der polnische Oberhirte die Anstrengungen dieser Theologie auf den zweiten Platz und reserviert den ersten brav dem bischöflichen Lehramt.

So hatte er schon 1966 in bezug auf das Schema XIII des Konzils gesagt, es habe eine zweifache Autorenschaft aufzuweisen: »Urheber der Ideen waren die Konzilsväter, Autoren der Texte dagegen die Theologen.«

Das ist ein vorschnelles Urteil, vor allem, wenn die Tatsache mitbedacht wird, daß auch die Bischöfe Schüler von Theologen waren und sind und ihre eigene Theologie bei niemand anderem gelernt haben als bei den Theologen. Um so nachhaltiger hält sich der Eindruck, Wojtyla habe als Papst den Theologen einen Maulkorb nach dem anderen verpaßt.

Die eigentliche Dankesschuld will der Krakauer Kardinal gar nicht einzelnen Menschen gegenüber abtragen. In einer Arbeitsstudie macht er dies deutlich: »Wenn wir uns fragen, mit wem das zu entrichtende Entgelt vereinbart wurde, so gelangen wir auf dem Weg über alle Personen, Aussagen,

Gesinnungen, Haltungen, Perspektiven, auf dem Weg über die ganze sichtbare Konzilswirklichkeit zu dem Unsichtbaren, der unablässig die Verheißung erfüllt, die er einst den Aposteln im Abendmahlssaal gegeben hat: Der ›Heilige Geist ... wird euch alles lehren und euch an alles erinnern, was ich euch gesagt habe‹ (Joh 14, 26).« In diese Theologie paßt seine Deutung des Konzils als einer bloßen »Gabe« (SH 184) genau hinein.

Zwar ist es theologisch bedenklich, die erwähnte Verheißung, die im übrigen kaum als authentisches Wort des Jesus von Nazareth anzusehen ist, als nur an die Bischöfe – und nicht an die gesamte Kirche, das Volk Gottes – ergangen zu deuten, doch wird in diesen Worten Wojtylas ein wesentlicher Grund für dessen Inpflichtnahme durch das konziliare Erbe sichtbar.

Der Geist Gottes selbst hat die Bischöfe, die Nachfolger der Apostel, als Zeugen verpflichtet. Sie sind ins Wort genommen, kein Jota von diesem ihrem Geisteserbe aufzugeben, sondern den Schatz ihrer Wahrheit unverkürzt und unverfälscht zu tradieren. In dieser wortgetreuen Weitergabe gründet ihre eigene Identität.

Die Auffassung Wojtylas steht außer Zweifel: Gerade der Anspruch der Adressaten auf eine eindeutige Wahrheit begründet den Dienst der Kirche im allgemeinen wie den speziellen der Bischöfe.

Am 26. Januar 1979 hat Johannes Paul II. dies vor der Generalversammlung der lateinamerikanischen Oberhirten in Puebla betont: »Die Wahrheit, die wir dem Menschen schulden, ist vor allem auch eine Wahrheit über ihn selbst. Als Zeugen Jesu Christi sind wir Vorläufer, Sprecher und Diener dieser Wahrheit, und wir dürfen sie nicht zu Grundsätzen eines philosophischen Systems oder zu reiner politischer Aktivität reduzieren; wir dürfen diese Wahrheit nicht vergessen oder verraten ...«

Der Theologe Alfred Läpple hat die Betonung von Kontinuität und Identität bei Papst Johannes Paul II. eine »bedeutsame Perspektive« gerade dieses Pontifikats genannt und zugleich auf die besonderen Wurzeln dieser Haltung aufmerksam gemacht: »Bereits aus der Geschichte des polnischen Volkes ergibt sich die Bedeutung, die die Erhaltung und Verteidigung der nationalen und religiösen Identität mit der gleichzeitigen Erhaltung und Verteidigung der nationalen und religiösen Tradition und Kontinuität hatten.«

Wojtyla sieht in der Kontinuität die eigentliche Voraussetzung für kirchliche Identität. Die von ihm mit Vorliebe gebrauchten Worte »Pflicht«, »Treue« und »Dienst« wurzeln in dieser Auffassung. Unter Kontinuität versteht der Papst den dem Geist Gottes geschuldeten Respekt vor dem gottgeschenkten Ursprung und vor der geistgewirkten Tradition der Glaubenswahrheiten.

Wehe also dem Hirten, der es wagte, das sakrosankte Erbe nicht ohne Abstriche weiterzugeben! Ein solcher Bischof nähme die übernatürliche Realität der Kirche und die in dieser wirksam werdenden Führungen des Gottesgeistes nicht ernst, sondern unterwürfe sie seinem eigenen – notwendigerweise verkürzenden oder gar verfälschenden – Menschenurteil.

Was passieren kann, wenn Menschen über Gott zu Gericht sitzen, schildert das neue Buch auf mehreren Seiten (SH 88-95). Wojtyla wäre nicht der Papst und nicht ein solcher Papst, säße er nicht seinerseits über solche Menschen und ihre »Überheblichkeit und heimtückische Verschwörung« (SH 93) zu Gericht.

Der Papst reagiert aus innerster Verantwortung gegenüber einem Amt, das – wie das römische Papsttum – selbst in einer zweitausendjährigen Überlieferung verankert ist und sich ebenso wie die Kirche (SH 37) auf die lückenlose apostolische Nachfolge beruft, deren Kontinuität ihm seine Identität sichert, fast allergisch auf alle Neuinterpretationen und Aktualisierungen wie Anpassungserscheinungen, die sich nicht mit dem angeblich heiligen Erbe vereinbaren lassen.

Nicht von ungefähr handelt Johannes Paul II. in einem der beiden eigentlichen Konzilskapitel seines Buches (das eine hat ganze vier Seiten, das andere drei) auf zwei Seiten den Weltkatechismus ab, jenes »unentbehrliche« Buch, das den »Reichtum des kirchlichen Lehramtes« bezeugt (SH 191). Im Geiste des Konzils, selbstverständlich, aber doch sehr eigenständig, wie alle ernst zu nehmenden Kommentare feststellten. Wojtyla ist gerade an dieser Stelle seines Buches auffällig stolz: Er spricht nicht nur vom riesigen Verkaufserfolg des Katechismus, sondern auch davon, daß dieser »ein Beweis für die große Nachfrage nach dieser Art Lektüre« gewesen sei (SH 191). Denn nach dem »Niedergang des Kommunismus« (SH 201) »der Ideologien überdrüssig, öffnet sich die Welt der Wahrheit« (SH 191).

Der Papst wird einmal mehr zum Gefangenen seiner Wunschträume: Nur eine verschwindend geringe Minderheit wird mit ihm annehmen, daß sich die Welt, des Kommunismus ganz leidgeworden, des Kapitalismus noch nicht, ausgerechnet auf den Römischen Ratgeber des Kardinals Ratzinger freut.

Ein weiteres Beispiel für den Umgang des Papstes mit dem Erbe – die Mahnung Wojtylas in Puebla an jene, die der lateinamerikanischen Befreiungstheologie anhängen – mag genügen, um diesen Sachverhalt zu klären: »Das Verständnis von Christus als Politiker, Revolutionär und Umstürzler von Nazareth läßt sich mit der Verkündigung der Kirche nicht in Einklang bringen ... Jedes Verschweigen, jedes Vergessen, jede Verkümmerung oder unangemessene Überbetonung der vollständigen Geheimnisse Jesu Christi, alles, was abweicht vom Glauben der Kirche, kann nicht gültiger Bestandteil der Evangelisation sein.«

Ich wundere mich unter diesen Umständen nicht, daß Vertreter der vermeintlichen Befreiungstheologie (wann hätte Theologie befreit?) inzwischen so weichgeklopft sind, daß sie Solidaritätsadressen an diesen Papst senden.

Auch sind die Zeiten längst dahin, da Erzbischof Oscar Arnulfo Romero aus El Salvador sich mit sachlichen Begründungen gegen die wenig revolutionäre vatikanische Politik in Lateinamerika wandte. Dieser Märtyrer der gerechten Sache, 1980 am Altar ermordet und auffallend selten von Johannes Paul II. erwähnt, hatte sich im übrigen noch 1979 in die vordersten Reihen drängeln müssen, um von Wojtyla überhaupt bei der Audienz wahrgenommen zu werden ...

Wo kirchliche Kontinuität nach eigenem Gutdünken selektiert oder mißachtet wird, wird – so der jetzige Papst – die Identität der Kirche – und damit der genuine Auftrag der Kirche im Dienst an allen Menschen – gefährdet oder ganz preisgegeben. Da sich Kontinuität und Identität gegenseitig bedingen und zugleich tragen, haben fremdartige Meinungen, Scheinprobleme und selbst unfruchtbare Diskussionen, die die Gläubigen nur verwirren, in der Kirchendoktrin keinen Platz.

In seinem Schreiben über die Katechese sagte Johannes Paul II. dies schon 1979 unmißverständlich: »Damit die Opfergabe seines Glaubens vollkommen sei, hat jeder Jünger Christi das Recht, ›das Wort des Glaubens‹ nicht verstümmelt, verfälscht oder verkürzt zu empfangen, sondern voll und ganz, in all seiner Macht und Kraft. Wer die Vollständigkeit der Botschaft in irgendeinem Punkt aufgibt, entleert in gefährlicher Weise die Katechese selbst und setzt die Früchte aufs Spiel, die Christus und die Gemeinschaft der Kirche mit Recht von ihm erwarten ... Daher ist auch kein wahrer Katechet berechtigt, nach eigenem Gutdünken das Glaubensgut aufzuteilen und zu trennen zwischen dem, was er für wichtig hält, und anderem, was ihm unwichtig erscheint, um dann das eine zu lehren und das andere zu unterschlagen.«

Daß der Wojtyla-Papst sich nicht wundert, wenn solche von der – von ihm selbst definierten – Totalität der kirchlichen Wahrheit (die wohl nur eine Teiltradition darstellt) abweichenden Haltungen gerade in der nachkonziliaren Epoche der Kirchengeschichte anzutreffen sind, macht er selbst deutlich.

Sein Buch negiert die »politischen und nicht-religiösen Streitereien zwischen ›Progressiven‹ und ›Konservativen‹, auf die einige das Konzil haben reduzieren wollen« (SH 189), hebt jedoch im Gegensatz dazu den echten Stil und Geist des Konzils hervor.

Offensichtlich hat das Zweite Vatikanische Konzil nach Meinung des Papstes wie ein Katalysator gewirkt und bisher verborgene unkirchliche Haltungen freigesetzt, die sich seither in aller Öffentlichkeit produzieren. Sie verhindern, daß das Konzil, welches doch die Tore weit aufmachte, »damit die Menschen von heute in die Kirche eintreten« (SH 193), Erfolg hat. Die »sozusagen instinktive Hinwendung zur Religion« (SH 201) wird abgebremst.

Da der Papst davon überzeugt ist, daß es vor allem die Mißbräuche des Progressismus sind, die selbst die an sich treuen Fundamentalisten zur Abweichung provoziert haben, ist es verständlich, daß den progressistischen Fehlhaltungen an allerersten Stelle Tadel und Korrektur des Lehramts gelten müssen. Wojtyla findet in dieser Lehramts-Politik gewiß vehemente Zustimmung bei den Getreuesten. Sie spielen sich öffentlich immer wieder die passenden Stichworte zu.

Der frühere Kölner Erzbischof J. Höffner bezog sich beispielsweise 1980 ausdrücklich auf den »verhängnisvollen Traditionsbruch«, der nach dem Zweiten Vatikanum eingetreten sein soll, und deutete zugleich die Lösung aller Krisen an, als er sich an den Wojtyla-Papst wandte: »Es ist providentiell, daß Sie, Heiliger Vater, gerade in dieser geschichtlichen Stunde, die für die Kirche Chance und Herausforderung ist, zu uns gekommen sind. Wir erwarten von Ihrem Pastoralbesuch neue, helfende Impulse. Ihr Glaube stärkt unseren Glauben. Ihr Mut macht uns Mut. Sie scheuen das Ärgernis und die Torheit des Kreuzes nicht. Die Gestalt des Gekreuzigten leuchtet in einem Papst des Widerspruchs auf, aber nicht in einem Nachfolger Petri, der sich überall anpassen würde . . . Sie sind Zeuge und Bürge der Reinheit unseres Glaubens.«

Johannes Paul II. hat diese Erwartungen an seine Autorität wohl auch jetzt wieder erfüllt, wenn er in seiner Antwort auf eine Frage Messoris schreibt: »Sie behaupten zu Recht, daß der Papst ein Geheimnis ist. Sie haben auch recht, wenn Sie sagen, daß er ein Zeichen des Widerspruchs, eine Herausforderung ist. Der alte Simeon sagte über Christus selbst, er ›werde ein Zeichen sein, dem widersprochen wird‹ (vgl. Lk 2,34)« (SH 39).

Wojtyla hatte seinerzeit den deutschen Bischöfen besonders jene beiden Gruppen anempfohlen, deren nachkonziliare Haltungen für so viel Verwirrung bei den treuen Gläubigen sorgen sollten: »Einmal sind es jene, die aus den Impulsen des II. Vatikanischen Konzils den falschen Schluß gezogen haben, der Dialog, in den die Kirche heute eintritt, sei unverträglich mit der eindeutigen Verbindlichkeit kirchlicher Lehre und Norm, mit der Vollmacht des unverfügbar aufgrund der Sendung Christi der Kirche eingestifteten hierarchischen Amtes. Zeigt, daß beides zusammengehört: Treue zur unverfügbaren Sendung und Nähe zum Menschen mit seinen Erfahrungen und Fragen. Die andere Gruppe: jene, die – teilweise aufgrund ungemäßer oder zu unbedacht gezogener Konsequenzen aus dem II. Vatikanischen Konzil – in der Kirche von heute sich nicht mehr beheimatet fühlen oder sich gar von ihr abzuspalten drohen. Hier gilt es, mit aller Entschiedenheit, aber zugleich mit aller Behutsamkeit diesen Menschen die Erfahrung zu vermitteln, daß die Kirche des II. Vatikanums und des I. Vatikanums und des Tridentinums und der ersten Konzilien die eine und selbe Kirche ist.«

Die Tatsache, daß Johannes Paul II. hier die Identität der Kirche auf die Kontinuität zwischen dem Zweiten Vatikanum und den eigens genannten beiden vorangegangenen Konzilien gründet, ist nicht ohne Bedeutung für das grundsätzliche Kirchen- und Konzilsverständnis dieses Papstes.

Das zitierte Erste Vatikanum (1869/70) hatte die Unfehlbarkeit des päpstlichen Lehramtes definiert, und das durch und durch gegenreformatorisch geprägte Konzil von Trient (1545–1563), das viele Glaubenssätze über die Kirche, deren Hierarchie und Organisation verkündet hat, gilt vielen noch immer als die dogmatisch bedeutsamste Kirchenversammlung der Neuzeit.

Johannes Paul II. kennt dies Erbe seiner Kirche und ist nicht bereit, das letzte Konzil von rechts oder von links als ein – dogmatisch etwa weniger ergiebiges – »Pastoralkonzil« interpretieren zu lassen, das sich womöglich indirekt von den früheren Definitionen der Glaubenswahrheit distanziert hätte – im Gegenteil. Wojtyla deutet auch das Zweite Vatikanum trotz seines angeblich anderen, »anomalen« Geistes und Stils (SH 188 f.) als ein Konzil, das wichtige Aussagen gerade zur Kirche selbst gemacht hat, die ihrerseits nicht von der Tradition früherer Kirchenversammlungen abgelöst werden können, ohne daß die Identität der Kirche selbst tangiert würde.

In Mexiko City hat Wojtyla am 26. Januar 1979 gesagt: »Das Zweite Vatikanische Konzil wollte immer vor allem ein Konzil über die Kirche sein. Nehmt die Konzilsdokumente zur Hand, vor allem die Dogmatische Konstitution über die Kirche ›Lumen gentium‹, studiert sie mit liebevoller Aufmerksamkeit im Geist des Gebets, um zu erkennen, was der Geist der Kirche sagen wollte. Ihr werdet dann auch entdecken, daß es jetzt nicht – wie einige behaupten – eine ›neue Kirche‹ gibt, die von der ›alten Kirche‹ verschieden ist oder ihr gar entgegensteht. Das Konzil hat vielmehr mit größerer Klarheit die eine und einzige Kirche Jesu Christi, zwar unter neuen Aspekten, aber als in ihrem Wesen noch immer die gleiche darstellen wollen.«

Aus einer Zielsetzung, die auf der Annahme gründet, Heiligung und Rettung der Menschheit geschähen allein durch Wahrheit – und zwar durch die von der wahren Kirche unverkürzt tradierte und lehrhaft vorgetragene –, lassen sich die Konkretisierungen der sogenannten Konzilswirklichkeit erklären, die Johannes Paul II. schätzt.

Wojtyla hatte bereits 1968 in Krakau zur Erneuerung in Wahrheit gesagt: »Es ist bezeichnend, daß das Programm der Erneuerung der Kirche in seiner Grundlage zutiefst theologisch ist. Die Erneuerung – Notwendigkeit und Programm der Erneuerung – ist die Folge der Erkenntnis in der Erfahrung der Kirche an so vielen Fronten und Abschnitten ihres Lebens. Die Erneuerung ist also in erster Linie eine neue Art des Verständnisses, eine neue Art, die ewigliche, geoffenbarte Wahrheit zu sehen. Sie ist in erster Linie Theologie – denn die Theologie bestimmt die neue Reife beim Studium des Evangeliums und beim lebenswichtigen Übermitteln . . . Es findet das Hervorheben eines Schatzes aus dem Verborgenen statt. Dabei darf man nicht vergessen, daß sich das Wort ›Erneuerung‹ von dem Wort ›Reform‹ unterscheidet – es hat wohl einen tieferen Inhalt als das andere, und wenn es auch weniger radikal erscheint, so ist es doch in einem stärkeren Maße integral.«

Damit diese augenscheinlich von der Reform abgesetzte Erneuerung, die »in erster Linie Theologie ist« und damit ihre von der hierarchischen Verfassung gezogenen Grenzen der Wahrheit kennt, nun aber keine Irrwege einschlägt, legt Wojtyla besonderen Wert auf die – eben vom Lehramt vermittelte – Tradition: »Die Theologie muß darauf achten, in welchem Verhältnis sie zum Glauben der Kirche steht. Nicht uns selbst verdanken wir den Glauben, er ist vielmehr ›auf das Fundament der Apostel und Propheten gebaut, der Schlußstein ist Jesu Christus selbst‹ (Eph 2, 20). Auch die Theologie muß den

Glauben voraussetzen. Sie kann ihn erhellen und fördern, aber sie kann ihn nicht produzieren . . . Das Lehramt gibt es nur, um die Wahrheit des Wortes Gottes festzustellen, vor allem, wo es von Entstellungen und Mißverständnissen bedroht ist. In diesem Kontext ist auch die Unfehlbarkeit des kirchlichen Lehramtes zu sehen . . . Sie ist in gewisser Weise der Schlüssel zu jener Gewißheit, mit der der Glaube bekannt und verkündet wird, wie auch zum Leben und Verhalten der Gläubigen. Wenn man nämlich diese wesentliche Grundlage erschüttert oder zerstört, beginnen sich zugleich auch die elementarsten Wahrheiten unseres Glaubens aufzulösen.«

Gerade die konziliare Erneuerung steht somit nach Johannes Paul II. in ihren wesentlichen Gehalten unter der unabdingbaren Aufsicht der von der Kirche unfehlbar vorgetragenen Wahrheit. Ohne eine solche Bindung an das Lehramt stellt sie zwar auch eine Art Reform dar, doch keine, die den Anspruch auf Authentizität erheben könnte. Früher oder später wird sie sich sogar totlaufen, das heißt, sich vom Gesamt der orthodoxen Kirchengemeinschaft abspalten und häretisch werden. Läßt sich die gewünschte Erneuerung hingegen vom Lehramt beaufsichtigen und führen, dem allein der Geist Gottes zugesagt ist, so reiht sie sich ein in die lange Reihe der Kontinuität – und bekommt auf diese Weise ihre Zukunft.

Wojtyla ist sich ganz sicher. Seine Interpretation des Zweiten Vatikanums wankt nicht. Sie bestätigt alles, was die Kirche schon vor dem Konzil wußte. Und die Kirche weiß daher auch, auf welchen Schultern eine solche rückwärts gerichtete und rückgebundene Erneuerung ruht: allein auf denen der im Geiste der wahren Überlieferung erzogenen Kleriker und Hierarchen. Die kirchliche Erneuerung bleibt damit amtsgebunden. Sie kommt nicht von unten. Sie stammt nicht aus dem Volk. Sie geht vielmehr von oben auf das Volk zu, das sich von seinen Hirten erneuern lassen muß. Johannes Paul II. hat folgerichtig in seinem Schreiben an die Bischöfe zum Gründonnerstag 1979 gesagt: »Das kraftvoll erneuerte Leben der Seminarien in der ganzen Kirche wird die stärkste Probe für die Verwirklichung jener Erneuerung sein, die das Konzil in der Kirche eingeleitet hat.«

Millionen von Menschen, die ihre Hoffnung auf diesen Papst setzten, sind mittlerweile enttäuscht von ihm abgerückt. Sie hätten sich nicht vom Jubel der ersten Jahre blenden lassen, sondern auf die in vielen Jahrzehnten bewiesene Kontinuität Wojtylas achten sollen.

Johannes Paul II. hat sich eine bestimmte Auffassung von Glaube, Moral, Lehre, Tradition, Kirche zurechtgelegt. Sie gefällt nicht wenigen ebensogut wie ihm. Aber sie stellt keine Hoffnung für Millionen dar; dafür ist sie zu eng gefaßt. Sie bedient nur eine bestimmte Menge und eine bestimmte Qualität von Psychen.

5

DER FREUNDLICHE FUNDI

Warum Karol Wojtyla konservativ bis auf die Knochen blieb

Schon die einleitenden Fragen, die Vittorio Messori aufwirft, bereiten das sorgsam abgeschottete Milieu vor, in dessen Schutz der Papst antworten darf. Dieses Milieu bleibt konservativ, gerade weil sich der Fragende und der Antwortende auf jene Probleme beschränken, die sie selbst als »Grundlagen des Glaubens« (SH 19) definieren. Alle anderen Themen sind ausgeklammert: Über »das Priestertum für Frauen, über die Seelsorge für Homosexuelle oder Geschiedene, über geopolitische Strategien des Vatikans« (SH 19) muß unter diesen Umständen erst gar nicht gesprochen werden.

Die Interviewpartner haben sich auf eine »Rangordnung der Dinge« geeinigt, die »heute häufig sogar in katholischen Kreisen auf den Kopf gestellt« (SH 19) wird. Also ist vordringlich, wenn nicht ausschließlich von Gott, Jesus Christus, Maria, Kirche die Rede. Diese Beschränkung tut gewiß bestimmten Köpfen und Herzen gut. In eben diesen katholischen Kreisen ist Johannes Paul II. geistig zu Hause. Da wird laufend, garniert mit Bibel- und Konzilszitaten, Gott selbst beschworen, und alles klingt furchtbar einsichtig, heilig, hoffnungsvoll. Das ganze Buch Wojtylas atmet diese selige Selbstzufriedenheit. Zweifel werden zwar pro forma angesprochen, dienen dem Papst aber nur als willkommene Stichworte, mit der satten »Wahrheit« zuzuschlagen und allen Andersdenkenden den Schwarzen Peter zuzuschieben. Wer wirklich fragt und sich nicht auf die Stichwortfragen Messoris beschränkt, bleibt gerade nach der Lektüre dieses Buches hungrig. Von der Würde des menschlichen Zweifels haben die beiden Interviewpartner keine Ahnung.

In diesem Milieu fällt es nur wenigen auf, daß sich hinter den scheinbar grundsätzlichen Fragen, die der Papst in seinem Buch beantwortet, die wirklichen Probleme der Menschen nicht verbergen lassen und der Teufel auch hier im Detail steckt. Auch der Zusammenhang von angeblich abgehobener Theorie und alltäglicher Praxis von Papst und Vatikan wird nur vertuscht, nicht aufgehoben. Dabei böte gerade die Alltagspraxis Wojtylas genug Angriffsfläche. Ich werde sie noch ansprechen.

»Ist das, was Katholiken glauben und wofür der Papst der höchste Bürge ist, wahr oder nicht wahr?« (SH 20) Schon die Frage entlarvt sich als unredlich vorgetragenes Scheinproblem: Wahrheit kann nicht von jenem als Wahrheit erkannt werden, und noch weniger als Nicht-Wahrheit, der als ihr eigener Bürge in die Frage miteingeführt ist. Soll der Papst schon Bürge der Wahrheit sein, höbe er sich und sein Amt auf, erklärte er seine Wahrheit auch nur in Randfragen für Irrtum.

Niemand wird im Ernst von Johannes Paul II. verlangen, er solle »die katholische Identität hintansetzen« (SH 23). Doch kann auch niemand erwarten, daß sein Buch jene Schwelle der Argumentation überschreitet, die Messori einen »einzigartigen Mix« nennt, ein wahrlich seltenes Sammelsurium von »persönlichem Bekenntnis, geistlichen Überlegungen und Ermahnungen, mystischen Meditationen, Aussagen über Vergangenes und Zukünftiges sowie theologischen und philosophischen Spekulationen« (SH 23).

Unter Menschen, die die Wahrheit suchen, ist es ungewöhnlich, die päpstliche Methode zu übernehmen und das mit einem »Mix« zu beantworten, was bereits der Fragende beantwortet hatte: Im Papst liegt die Wahrheit der Welt. Und der Papst hat lediglich, was er immer schon besitzt, nochmals vorzutragen und mit buntgemischten Zitaten jeglicher Herkunft zu schmücken, damit alle Menschen hoffen und glauben. Ich wundere mich, mit welch simplen Methoden dieses Buch vorgeht – und für wie dumm es seine Leser hält. Auch wenn es sich noch nicht in den einschlägigen katholischen Kreisen herumgesprochen hat: Die Frage nach der Wahrheit kann längst nicht mehr mit bloßen Autoritätsbeweisen beantwortet werden. Sonst drehen sich Frage und Antwort regelmäßig im Kreis.

Eben dieses Verfahren ist nicht neu. Wojtyla daher einen »Papst der Überraschungen« (SH 14) zu nennen, bleibt dem Hofjournalisten vorbehalten. Dieser spricht allein für die Klientel, für den engsten Pferch, in dem ein »tiefes Bedürfnis nach spiritueller Legitimation und moralischem Anspruch« (SH 17) besteht. In dieser Optik gilt denn auch die Behauptung als Wahrheit, der Heilige Stuhl verfüge über ein »wachsendes und unbestrittenes Ansehen« (SH 17). Ich frage mich, in welcher Welt solche Leute leben. Offenbar sind sie nicht nur einäugige Beobachter der Welt, sondern schließen gleich beide Augen, wenn es um die Menschen geht.

Johannes Paul II. hat trotz der Ankündigung am Abend seiner Wahl, einen neuen Anfang machen zu wollen, in seiner so perfekt durchorganisierten Kirche nichts bewegt, sich selber ausgenommen. Wojtyla, der zu allem entschlossene Nicht-Reformer. Diese Einschätzung ist schon in die Nähe eines Gemeinplatzes gerückt. Nur Schafe, die alles und jedes für Wahrheit halten, was aus dem Vatikan kommt, sind anderer Ansicht. Sie sind einfach nicht fähig, das fast einhellig anderslautende Urteil über Johannes Paul II. zur Kenntnis zu nehmen. Ein Urteil, das im übrigen auch die Rezensionen des neuen Buches fällen. Von Wojtyla mag vieles zu erhoffen sein, Überraschungen gewiß nicht.

Warum hat dieser Papst nichts bewegt? Weshalb hat er die Hoffnungen von Millionen enttäuscht? Warum bleibt er sich darin auch in seinem Buch treu? Ein Papst von seiner Qualität muß Gründe haben, das Rad der Entwicklung zurückzudrehen statt Schrittmacherdienste für eine Welt zu leisten.

Der italienische Ex-Abt Giovanni Franzoni, einmal ein führender Kopf der kirchlichen Dissidenten, hatte eine Erklärung gesucht und schon 1978 zu Recht auf die kirchenpolitische Herkunft Wojtylas aufmerksam gemacht: »Seit einiger Zeit wird das Wort ›Revolution‹ zu Unrecht verwendet, wenn es um Kirchenprobleme geht... Ich habe auch gar nicht vor, die Wahl Wojtylas als ›revolutionär‹ zu bezeichnen. Es ist gewiß eine Wahl, die aus dem Denken der Kurie herausfällt, zumindest fürs erste... Als Luciani, Johannes Paul I., gewählt wurde, wollte man ein Bild der Kirche bieten, das Bild einer stillen Insel, eine lächelnde Fassade, hinter der man alle Streitfälle der Menschen schlichtet. Die Wahl von Papst Johannes Paul II. aber ist anscheinend eine Wahl jener Kardinäle, die noch im August 1978 nachgegeben hatten . . . Man hat den Horizont erweitern wollen, doch nur indem man einen Mann wählte, welcher der polnischen Kirche entstammt und deshalb der römischen Tradition ausreichende Treuegarantien bietet.«

Andere Interpretationen als diese, die sich auf die polnische Überlieferung der Messianismen stützt, machten eine auffällige Parallele zwischen Wojtyla und dem iranischen Revolutionsführer Khomeini aus. Sie wiesen auf das sogenannte Ajatollah-Phänomen hin, wie es sich im Vatikan und in Teheran zugleich gezeigt haben soll.

Es fällt in der Tat schwer, keine Übereinstimmung zwischen diesen beiden Erscheinungsbildern religiöser Anziehungskraft zu sehen. Es gibt zu denken, daß ein Theokrat wie Khomeini aus der äußersten Ohnmacht der Mittel heraus einen hochgerüsteten Alleinherrscher wie den Schah hinwegfegen konnte, ja, daß ein Geistlicher die längst verloren geglaubte weltliche Gewalt über ein Volk zurückzuerobern vermochte.

Es gibt auch zu denken, daß ein Patriarch des Konservatismus unwidersprochen den Terminus Revolution für sich in Beschlag nahm und begeisterten Gehorsam fand, gerade weil er so vollkommen unzeitgemäß war und nichts anderes als eine Rückwärts-Bewegung forderte. Khomeinis Siegeszug läßt auch in der römischen Kirche nach Parallelen suchen – gerade unter der Regierung Karol Wojtylas.

Nach dem Erfolg des islamischen Fundamentalismus merkte der Vatikan, daß sich gesellschaftliche Auseinandersetzungen zur Zeit nicht unbedingt entlang von Vernunftgründen entwickeln und lösen, sondern immer häufiger im Rahmen irrationaler, im »Glauben« wurzelnder Massenbewegungen. Katholisch gesprochen: auf der Basis der Ideologie von Hirt und Herde. Das Selbstverständnis Johannes Pauls II. läßt sich gewiß nicht hinreichend aus dem Phänomen Khomenei erklären. Anders mag es um die implizierte Hirtenideologie stehen.

Der Papst weiß, daß sich eine Renaissance des Glaubens, wie sie den Militanten vorschwebt, kaum auf eine europäische Version des Khomeini-Fiebers des Iran gründen läßt, da sie in der Wirklichkeit des sogenannten christlichen Abendlandes keine Stütze findet. Der Vatikan mußte seine Folgerungen ziehen. Johannes Paul II. beklagt den Fundamentalismus des Islam (SH 122), von dem eigenen spricht er wohlweislich nicht.

Wojtyla hat sich klugerweise von jeder Militanz distanziert und seiner Kirche die »armen Mittel des Geistes« zugeordnet. Diese Lehre und ihre Praxis sind, betrachtet man die Kirchen- und Papstgeschichte auch nur oberflächlich, im Kirchenfürstentum unüblich. Doch gegenwärtig muß ein Papst so reden: Von Herrschaft, von äußerem Zwang gar, schweigt er besser.

Jetzt wagt Wojtyla vielmehr die Behauptung, seine Kirche habe »noch nie geleugnet, daß auch ein Nichtgläubiger rechtschaffen und edel handeln kann« (SH 214). Dieser Satz schlägt den Millionen, die eben diese Kirche allein wegen ihres Andersdenkens über Jahrhunderte hinweg blutig verfolgte, mitten ins Gesicht. Stellt Johannes Paul II. fest, der Mensch dürfe »nicht zur Annahme der Wahrheit gezwungen werden« (SH 216), so ist das zwar sachlich richtig, doch historisch falsch. Allzu viele Opfer lasten auf dieser Kirche. Der Papst ehrt sie mit keinem einzigen Wort in seinem Buch. Er hat Wichtigeres zu tun.

Angesichts der politischen Ausrichtung und Praxis dieses Papstes klingt Wojtylas Beteuerung gewagt, »das Reich sei nicht von dieser Welt«. Eine bloß fromme, von den Wirklichkeiten dieser Welt überholte Sicht ist Johannes Paul II. sonst nämlich fremd. Obgleich sich die Meinungen Wojtylas in vielen Punkten mit denen des verstorbenen Traditionalisten Marcel Lefebvre decken (ich komme gleich darauf), ist der Papst nicht wie jener Erzbischof der Ansicht, es müsse noch heute »eine mit den Gesetzen der Kirche übereinstimmende bürgerliche Gesetzgebung herbeigeführt und die Bestellung katholischer Vertreter unterstützt werden, die entschlossen sind, die Gesellschaft zu einer offiziellen Anerkennung des Königtums Unseres Herrn in der Gesellschaft hinzulenken«.

Der Papst schöpft aus anderen Quellen. Das immer wieder gezeichnete Bild eines kämpferischen Politikers auf dem Stuhl des Petrus stimmt nicht ganz. Und aus der Parallelität der jubelnd begrüßten und von Gehorsamsbezeigungen aller Art begleiteten Religionsführer Khomeini oder Wojtyla können noch keine weiterreichenden Folgerungen gezogen werden.

Selbst jene Kongruenz, wie sie zwischen Wojtyla und Lefebvre punktuell auszumachen ist, reicht kaum für eine abschließende Beurteilung des gegenwärtigen Pontifikats aus. Allerdings fällt es in diesem Bereich ungleich schwerer als etwa im direkten Vergleich mit dem Ajatollah, die persönlichen Konturen Wojtylas nachzuzeichnen.

Johannes Paul II. hat sich ja immer wieder, unter Lächeln, zum Fürsprecher bestimmter fundamentalistischer Lehren und Haltungen gemacht. Zwar warnte er auch vor einem fruchtlosen Konservatismus, zumal »wir nicht vom Ruhm unserer christlichen Vergangenheit leben können«, wie er 1979 in Irland sagte. In seinem Lehrschreiben über die Katechese erklärte er, Konservatismus führe zu Stillstand und Lethargie. Und sein Verständnis von der Kirche, der er vorsteht, ist nach seinem eigenen Bekunden durchaus von der Neuzeit geprägt: »Es gehört zum Wesen einer recht verstandenen Tradition, daß man auch die ›Zeichen der Zeit‹ richtig deutet, nach denen es gilt, aus dem reichen Schatz der Offenbarung ›Neues und Altes‹ hervorzuholen.«

Doch betonte Johannes Paul II. sogleich, daß gerade das letzte Konzil »sich recht oft an das ›Alte‹ hielt, an das, was aus dem Erbe der Väter stammt und Ausdruck des Glaubens und der Lehre der seit so vielen Jahrhunderten geeinten Kirche ist«. Auch hat er die Integralisten, denen es – nach Lefebvre – um die Beibehaltung des lateinischen Meßopferritus geht, nur beiläufig in seine Kritik einbezogen.

Er warf ihnen allein Ungehorsam gegenüber liturgischen Normen vor, gegenüber Vorschriften also, die »einige Änderungen« mit sich gebracht haben, »als deren Folge sich die heutige Meßliturgie in gewisser Weise von jener unterscheidet, die man vor dem Konzil kannte«. Diese Änderungen erschienen dem Papst, wie er 1980 in seinem Schreiben über die Eucharistie ausführte, nicht wichtig: »Wir wollen nicht von ihnen sprechen; es ist fürs erste angebracht, beim Wesentlichen und Unveränderlichen der Eucharistiefeier zu verweilen.« Damit hatte Johannes Paul II. seiner Ansicht nach das Problem erschöpfend behandelt. Doch in Wirklichkeit fängt das Thema erst an spannend zu werden.

Kurz darauf spricht er nämlich im gleichen Lehrschreiben von anderen Äußerlichkeiten. Diesmal unterzieht er alle Abweichungen von den Normen, wie sie auf seiten der sogenannten Progressiven vorgenommen werden, einer unverhältnismäßig harten Kritik. Ähnlich scharfe – und moralisch desavouierende – Worte fand Wojtyla gegenüber dem Ungehorsam auf integralistischer und fundamentalistischer Seite noch nie. Im Gegenteil. Johannes Paul II. nimmt diese, wenn auch in der nebensächlich erscheinenden Frage nach der Form des Eucharistieempfanges, regelrecht in Schutz, während er die nachkonziliare Form der sogenannten Handkommunion recht reserviert betrachtet.

Lefebvre hatte 1972 ähnliche Bedenken geäußert: »Welch ein Mangel an Ehrfurcht liegt bei jenen vor, welche Teilchen der Eucharistie an ihren Händen haben können und an ihren Platz zurückkehren, ohne ihre Hände ehrfurchtsvoll zu reinigen . . . Diese Teilchen bleiben in den Händen der Gläubigen: dies bedeutet eine gotteslästerliche Mißachtung der Gegenwart Unseres Herrn.«

Daß der Wojtyla-Papst die Gewichte in dieser Frage zugunsten einer kleinen Minderheit verteilt, ist seine Sache. Doch fällt auf diesem Hintergrund sein rigoroses Einschreiten gegen die Abweichler von links um so stärker ins Gewicht, als er für deren Verhalten keine Entschuldigung aus dem Glauben akzeptiert.

Sie werden vielmehr – wie in einer päpstlichen Ansprache von 1979 an die Bischöfe Frankreichs – als eine Gefahr für die Einheit der Kirche betrachtet: »Diese Gefahr besteht darin, daß man auf vielerlei Weise entsprechend dem aktuellen ›Entwicklungsstand‹ sich der Welt ›gleichmachen‹ will. Wir aber wissen, wie radikal sich dieser Wunschtrend von der Lehre Christi unterscheidet . . . Dennoch fehlt es weder an ›Pionieren‹ noch an ›Propheten‹ dieser Ausrichtung des ›Fortschritts‹ in der Kirche . . .«

Fundamentalisten, die im Vorfeld des letzten Konklave lautstark – und nicht zuletzt in Richtung gegen die Person des verstorbenen Papstes Paul VI. – einen »katholischen« Papst verlangt hatten, signaliserten nicht ohne Grund ihr Einverständnis mit Wojtyla. Offensichtlich waren sie mit Johannes Paul II. zufrieden.

Wer die Kirche wanken sah, wer aus schierer Angst um sein Seelenheil versuchte, selbst die Kontrolle über die entstandene Lage zu übernehmen und festzustellen, was »katholisch« sei und was nicht, konnte sich fortan beruhigt zurücklehnen.

Hier, in der Person des Papstes Wojtyla, wurde die Schwelle der konservativen Hoffnung überschritten. Mit einem so gut funktionierenden Papst hatte kaum ein Fundamentalist gerechnet. Johannes Paul II. erfüllte von seinen ersten Worten an die Hoffnungen dieser Schicht. Sein Denken und sein Handeln blieb auch seither höchst irrtumsfrei und konsequent – zumindest aus fundamentalistischer Sicht.

Der amerikanische Jesuit Vincent O'Keefe faßte seine Befriedigung über die Amtsführung Johannes Pauls II. in die Worte: »Er, der einzige wirkliche Führer dieser Welt, formuliert die Werte, für die zu leben es sich lohnt.«

Und auch die Mitglieder der einflußreichen Organisation Opus Dei, die sich für die Wahl des Erzbischofs von Krakau zum Papst eingesetzt hatte, sind mit Wojtyla im reinen. Viele von ihnen hat der Papst in Audienz empfangen. Sie bedürfen keines eigenen Buches, das als »Privataudienz« beworben wird. Sie wissen, was darin steht. Ihr Gründer, der spanische Kleriker J. Escrivà de Balaguer y Albas, hatte in den Seinen Menschen gesehen, die »zum Führertum geboren« sind, Entschiedene, die einen »Kreuzzug des Mannestums« führen, der »die wilden Umtriebe jener beseitigt, die glauben, der Mensch sei eine Bestie«, treue Jünger, denen die Trias »heilige Unverschämtheit, heilige Unnachgiebigkeit und heiliger Zwang« vor Augen stehen soll. Das ist mannhaft patriarchalisch. Das vermittelt den richtigen Zeitgeist. Wenn auch den einer verblichenen Epoche.

»Die neuen Bewegungen ... sind eher auf eine Erneuerung der Person ausgerichtet. Der Mensch ist das erste Ziel allen sozialen und geschichtlichen Wandels, doch um diese Rolle ausüben zu können, muß er sich selbst in Christus, im Heiligen Geist erneuern. Dies ist eine für die Zukunft der Kirche sehr vielversprechende Richtung« (SH 194 f.).

Johannes Paul II. distanzierte sich nicht von bestimmten Katholiken und ihren inhumanen Doktrinen. Im Gegenteil: Escrivà de Balaguer wird von Wojtyla nicht nur immer wieder zustimmend zitiert. Dieser Papst sprach den Gründer von Opus Dei auch selig, einen Mann, dessen nach Ansicht seiner Herde »revolutionäre« Denkleistungen in Sätzen wie diesem kulminierten: »Die Ehe ist für den Großteil des Heeres Christi, nicht aber für seinen Führungsstab.« Mannhaft, patriarchalisch, zeitgeistig, diszipliniert, elitär.

Wer weiß, wie der Medienprunk von Selig- und Heiligsprechungen auf schlichtkatholische Gemüter wirkt, wie sehr Kanonisationen eine bestimmte Mentalität, einen bestimmten Zeitgeist ausdrücken, wie (kirchen-)politisch sie bestimmt sind, vermag einzuschätzen, was Johannes Paul II. sich hier, und nicht nur hier, leistete.

Kein einziges Buch hebt eine solche Praxis auf. Predigten lehren nur, Gesten überzeugen. Und Hoffnungen werden nicht in Buchstaben greifbar, sondern in Handlungen. Wir sollten diesen Papst nicht nur beim Wort nehmen, sondern bei seinen Taten.

Doch augenscheinlich stützt Opus Dei Wojtylas Amt und Glauben, gerade wenn dessen Mitglieder, nach dem Urteil von Yvon le Vaillant, »strammstehend vor ihren Vorgesetzten, aber höchst herablassend gegenüber den anderen, Fechter Gottes, leistungsfähig und entpersönlicht, diszipliniert bis zum äußersten, intolerant und inquisitorisch« sein sollen ... Erklärte uns der Papst je, warum er seine Hoffnung auf solche Streiter setzt? Er spricht von »qualitativer Erneuerung«, vom »Erwachen und Wachsen« der »Bewegungen mit religiösem Charakter« nach dem Konzil (SH 194). Nimmt er an, mit der selbsternannten Elite ließe sich auch nur eine einzige Schwelle der Hoffnung überschreiten? Wenn er das glaubt, muß er es – in einem weiteren Buch? – noch genauer sagen. Und hoffen, daß er Gehör findet, auch wenn die internationalen Medien seine Wahrheit »möglicherweise entstellend wiedergeben« (SH 197).

Auch Lefebvre hatte – als ein Mann, der im Gegensatz zu den sogenannten Progressiven in der Kirche, die er so heftig befehdete, nicht aus Ungehorsam, sondern aus Gehorsam aufmüpfig zu sein schien – den neuen Papst lebhaft begrüßt. Das hatte wohl kaum seinen Grund allein darin, daß Wojtyla wie er selbst zu einer Generation von Bischöfen gehört, die noch aus den Tagen des autoritären Pius XII. stammt.

Zwar wird dieser Tatbestand oft übersehen, doch wurde auch Wojtyla noch im Todesjahr des Papstes Pacelli zum Weihbischof ernannt. Sein weiterer Aufstieg hing wiederum mit Papst Paul VI. zusammen, der ihn 1963 zum Erzbischof von Krakau und 1967 zum Kardinal erhob, während der Pontifikat des Papstes Johannes XXIII. fast spurlos an dieser Karriere vorüberging. Die Hoffnung eines Pius XII. war freilich zum Fürchten. Der Glaube, das Kirchenverständnis und das Menschenbild dieses Papstes hatten keine Zukunft, es sei denn, allein Fundamentalisten beurteilten dies.

Erzbischof Lefebvre konnte sich auch auf andere Gründe für seine Wojtyla-Sympathie berufen. Was ihn selber betraf, so war er der genuin römischen Überlieferung in manchem gehorsamer geblieben als einige unter deren gegenwärtigen Vertretern, die sich, wohl dem Ereignis Konzil zuliebe, ein wenig Liberalität zulegten – fürs erste zumindest und nach außen.

Lefebvre verteidigte, typisch fundamentalistisch, das seit Jahrhunderten gültige Modell einer Kirche der totalen Vereinnahmung. Das bedeutete die Konzeption einer nach innen wie nach außen strikt disziplinierten Gruppe, die stets mit einiger Schadenfreude auf all die anderen herabblickte, die da von Pluralismus und Toleranz faselten. Er war der Meinung, es gebe nur ein Alles oder Nichts, ein Entweder-Oder, ein Sich-Ausliefern oder ein Draußen-Stehen. Und er hatte seine Freude an dem eine ähnliche Haltung ausdrückenden Wahlspruch des Bischofs – und Papstes – Wojtyla, dem »Totus Tuus«, »ganz der Deine«, das uns Johannes Paul II., darüber später, eigens deutet (SH 237 ff.).

Johannes Paul II. sprach schon 1978 davon, daß er »über das Konzil hinaus zur Treue gegenüber dem Amt, das wir übernommen haben, in seiner ganzen Breite verpflichtet« sei, was sich nur durchführen lasse, »wenn wir den Schatz des Glaubens unversehrt bewahren«. Damit gab er nichts anderes wieder als die gängige Schulmeinung einer bestimmten, freilich höchst eng gefaßten Tradition in der Kirche. Über das Konzil hinaus? Das ist deutlich.

Die Überlieferung spricht in den wechselseitigen Zitationen ihrer Traktate davon, daß der Institution Kirche ein geschlossenes Glaubensgut, das »depositum fidei«, anvertraut sei, das diese unverfälscht zu konservieren und zu tradieren habe. Doch nicht genug, daß diese Art Kirche den objektiven Inhalt der sakrosankten Doktrin gegen neues Wissen und Umdeutungen zu sichern hat. Es obliegt ihr auch die Sorge um die willige Annahme der Überlieferung durch alle Menschen der Erde. Mission ist damit eine geheiligte Aufgabe der Kirche. Das sollte nicht vergessen werden. Wojtyla spricht die Mission, wenn auch unter dem scheinbar abschwächenden Titel »Evangelisation«, sehr oft an (z.B. SH 133-145).

Johannes Paul II. sieht geradezu eine »missionarische Dimension der Predigt der Kirche und des Papstes« (SH 52). Denn »die Kirche evangelisiert, die Kirche verkündet Christus, der der Weg, die Wahrheit und das Leben ist; Christus, der einzige Mittler zwischen Gott und den Menschen. Trotz menschlicher Schwächen ist die Kirche in dieser Verkündigung unermüdlich. Die große Missionswelle des vorigen Jahrhunderts ist auf alle Erdteile und vor allem auf den afrikanischen Erdteil übergegangen... Vielleicht werden eines Tages die Worte von Kardinal Hyacinthe Thiandum in Erfüllung gehen, der die Möglichkeit der Evangelisierung der Alten Welt durch schwarze und farbige Missionare in Aussicht stellte« (SH 139).

Gerade dann nicht sollte die uneingeschränkte Pflicht zur »Mission« übersehen werden, wenn der Papst in seinem Buch auffallend häufig von Dialog, Versöhnung, Freiheit des Menschen spricht. Die Doktrin Johannes Pauls II. ist, genauer betrachtet, nicht im geringsten bereit, auf ihren Missionsauftrag zu verzichten. Diese Schwelle überschreitet sie nie. Auch wenn sie sich hinter einem angeblichen Bedürfnis versteckt, hinter der vermeintlichen Nachfrage: »Heute besteht also eindeutig ein Bedürfnis nach Neuevangelisierung: das Bedürfnis nach einer Neuverkündigung des Evangeliums, die den pilgernden Menschen begleitet und sich mit der jungen Generation auf den Weg macht. Ist nicht ein solches Bedürfnis an sich schon ein Symptom des heranrückenden Jahres 2000?« (SH 144)

Die angeblich gottgewollte Hierarchie der Institution, die sich aus dem innersten Kern der Überzeugten rekrutiert und eigentlich kaum Ausnahmefälle kennenlernte, erhebt den Anspruch, die einmal als wahr und irrtumsfrei erkannte Lehre in griffige Formeln fassen zu können, um alle Randunschärfen und Zweideutigkeiten zu vermeiden. Auch hierüber läßt Wojtyla nicht mit sich reden. Er sägt den Ast nicht ab, auf dem er so gut sitzt wie seine vielen Mitbrüder im Bischofsamt. Dem Menschen da unten bleibt nur der Gehorsam gegenüber den Weisungen des Papstes und gegenüber jenen Bischöfen, die kein Jota von diesem Nachfolger Petri abweichen. Wojtyla entspricht hierin bis ins Detail der Argumentation hinein der Auffassung der Traditionalisten und Fundamentalisten. Johannes Paul II. weiß, für wen er spricht und wessen Interessen er zu vertreten hat.

Einer solchen Gehorsamsgewalt gegenüber muß selbst der Anflug von Demokratisierung peinlich wirken, »wenn auch nicht für die gesamte Kirche, die Gott immer schützen wird, so doch für Millionen ratlos gewordener und vergifteter Seelen, denen Ärzte nicht zu Hilfe kommen«, wie der Fundamentalist Lefebvre 1968 sagte. Lebenshilfe für ratlose Menschen und Arznei für vergiftete Seelen? Genau dies ist die erklärte Absicht eines Papstes, der die Schwelle der Hoffnung überschreiten will. Doch welche Hoffnung genau, welche Medizin, welche Hilfe für das Leben der Menschen? Diejenige, die sie brauchen? Oder einmal mehr diejenige, die sich im Schatzkästlein des fundamentalistischen Denkens findet?

Fast ist es müßig, sich noch einmal dieser Frage zu stellen und den Papst beim Wort zu nehmen. Schon als Krakauer Oberhirte hatte Wojtyla an den französischen Schriftsteller Michel de Saint-Pierre, den Vorsitzenden der größten Traditionalistenvereinigung Credo, geschrieben und diesen zu dessen Buch *Les fumées de Satan* beglückwünscht, in dem die

Mißbräuche der Reformer hart gebrandmarkt worden waren. Zur Erinnerung: Dies geschah zu Weihnachten 1977, also ein knappes Jahr vor der Wahl zum Papst.

Tat er Vergleichbares je für die andere Seite? Wagte er, die Schwelle zur Hoffnung der Mehrheit hin zu überschreiten?

Auch ein Gespräch zwischen Wojtyla und Lefebvre soll in einem – im Vergleich mit den Zeiten Pauls VI. – entspannten Klima der Verständigung stattgefunden haben. Offenbar war es nicht einmal durch die unerlaubten Priesterweihen getrübt, die der amtsenthobene Traditionalist kurz zuvor gespendet hatte. Von einer kritischen Reaktion des Papstes Wojtyla auf diesen neuerlichen Fall eklatantesten Ungehorsams gegenüber dem Vatikan ist nichts bekannt: keine Distanzierung, keine Mahnung, keine öffentliche Zurechtweisung. Vielmehr äußerte sich Lefebvre zuversichtlich, er habe »Vertrauen zum neuen Papst«, ja, er glaube, alles füge sich schon bald zu seinen eigenen Gunsten, da die Kirche »aus den sich häufenden Trümmern« der Gegenwart zum Heil der Seelen wiedergeboren werde – in eine gläubigere Zukunft der Erde hinein.

Mag auch dieser eine Traditionalist nach seinem Tod nicht mehr die Schlagzeilen beherrschen, seine Mentalität breitet sich unter dem gegenwärtigen Namen »Fundamentalismus« immer weiter aus. Und der Papst sieht zu. Offenbar erhofft er von dieser Seite, gegenteilige verbale Beteuerungen hin oder her, Beistand für sein Amt.

Integralismus, Traditionalismus, Fundamentalismus wechseln unter unseren Augen ihre öffentlichen Namen. Ihre Geisteshaltung bleibt. Sie ist von einer grundsätzlichen Gegnerschaft gegen das Zweite Vatikanum und dessen Umfeld geprägt. Dies ist immer wieder am Beispiel des Erzbischofs Lefebvre zu belegen, der den Weg für viele gewiesen und bis heute keinen ähnlich einflußreichen Nachfolger gefunden hat.

Wer meint, dieser Mann und sein Denken seien überholt, täuscht sich über Gegenwart und Zukunft der Kirche. Sehr viele Anzeichen deuten darauf hin, daß die Kirche sich in den nächsten Jahrzehnten dem reaktionärer werdenden Zeitgeist anpassen und noch fundamentalistischer ausgerichtet sein wird, als wir uns das heute schon vorstellen können.

Der Prozeß, den manche, wenig human, Gesundschrumpfen nennen, wird dazu führen, daß auch die letzten Reformwilligen aus der Kirche ausziehen und, neben der nach wie vor uninteressierten Mehrheit im Pferch, nur noch ein »heiliger Rest« verbleibt. Eben dieser wird fundamentalistisch engagiert sein – und in Kirchenlehre, Kirchenpolitik und weltlicher Politik seine Chance nutzen und handeln. Das ist kein Zerrbild, keine bloß pessimistische Prognose, keine Phantasie. Wir sollten uns nicht einfach überraschen lassen.

Ein konservativer Papst wie Johannes Paul II. verwischt die eigenen Grenzen zum fundamentalistischen Denken. Seine anderslautenden Bekundungen sehen zu sehr nach Pflichtübung aus. Er gehört mit höchster Wahrscheinlichkeit zu denen, die die schlimme Entwicklung in eine fundamentalistisch geprägte Zukunft hinein mit vorbereiten und die schon jetzt am Zustand der katholischen Kirche heute wie morgen schwer schuldig sind.

Der Charme täuscht: Auch ein lächelnder Papst, der seine angeblich nicht hinterfragbar knallharten Wahrheiten in freundliche Floskeln verpackt, kann ein ausgekochter Fundamentalist sein. Gerade er. Bestattung des Konzils? Das bedeutet nicht nur Lösung von der damaligen Geistigkeit, Beerdigung der Reformansätze, Begraben von Hoffnung. Die Kehrseite heißt: Betonung der Lehrautorität des einzelnen, des Papstes, zu Lasten der Gemeinschaft, des gemeinsamen Suchens nach Wahrheit.

Lefebvre hatte folgerichtig vorgeschlagen, »ganz einfach die Schriften Pius XII. zu Rate zu ziehen und ein Konzil zu haben, das dem, das wir tatsächlich hatten, unendlich überlegen gewesen wäre«, da jener Papst alle Probleme der heutigen Zeit und Welt »mit all seiner Weisheit, all seinem theologischen Wissen und all seiner Heiligkeit behandelt« hätte. Pius XII., ein Vorbild. Die wahrste Wahrheit, die unbefleckteste Doktrin, die persönlich vorbildliche Heiligkeit. Was sonst?

Und derselbe Oberhirte hatte ausdrücklich erklärt, das Zweite Vatikanum sei »ein pastorales, nicht ein dogmatisches Konzil« gewesen und damit nichts anderes als »eine Predigt, die an sich keine Unfehlbarkeit beanspruchen kann«. Aus dieser Annahme hatte er den Schluß gezogen, daß die der Tradition Getreuen »das Recht haben, das Konzil mit Vorsicht und Zurückhaltung zu beurteilen«. Vorsicht, Zurückhaltung? Das bedeutet nichts anderes als verkappte Zurückweisung. Hunderttausend Engagierte denken genauso. Mitten in der Kirche des Papstes Wojtyla.

Es war nur konsequent, daß sich die Lefebvre-Gruppe diesem Konzil – und damit auch der gegenwärtigen Kirche der von jenem vorübergehend überzeugten Hierarchie – gegenüber abkapselte und in ein selbstgewähltes Getto zurückzog, aus dem es vielleicht gar kein Entrinnen mehr geben wird.

Hunderttausende von Gleichgesinnten taten es ihr nach. Wer einen bundesdeutschen Bischof befragt, erfährt auf Anhieb von den Sorgen, die lautstark fundamentalistische Gruppierungen überall bereiten. Von dem latenten Fundamentalismus eines Papstes wagt freilich kein Bischof zu sprechen. Aber das Gespür für die Gefahr, die subtil und still von Wojtyla ausgeht, läßt sich hin und wieder ausmachen.

Augen auf! Während Kirchengemeinden im normalen Sonntagstrott vor sich hin werkeln, sind wesentlich engagiertere Menschen und Gruppen am theologischen und politischen Werk. Mit Verbissenheit und, selbstverständlich, unter Anwendung von Aggressionsvokabeln mit militärischem Hintergrund wie »Täuschungsmanöver« oder »Unterminierung« werden – unter Angriff gegen »die gesamte kommunistische, protestantische und progressistische Presse« – vorkonziliare Glaubenshaltungen propagiert. Sie zielen nur scheinbar auf das Wesentliche ab. Sie haben in Wirklichkeit, wenigstens fürs erste, Äußerlichkeiten zum Gegenstand.

Das Festhalten etwa an dem Meßritus des heiliggesprochenen Papstes Pius V. (1566–1572), ein Thema, das wie kein zweites in apologetischer Breite behandelt wird, soll nach dem Anspruch dieser Variante des Integralismus in der Kirche ausschlaggebend für den allein wahren Glauben sein.

Damit wird das konservative Grundbedürfnis nach Kontinuität, Identität und Sicherheit pervertiert, eine auf Vordergründiges fixierte und realitätsblinde Frontstellung innerhalb der Kirche in Kauf genommen, wenn nicht ausdrücklich gewünscht. Dieser Ungehorsam richtet sich auch gegen das »häretisierende« Lehramt selbst, welches sich, freilich mehr und mehr halbherzig, zum Zweiten Vatikanum bekennt.

Für die im Innersten geschichtslosen Traditionalistengruppen zählt nur noch das unbedingte – und einem sehr selbstgerechten Urteil unterworfene – Festhalten an den eigenen unveränderlichen Norm- und Wertehierarchien. Vom Zeitgeist ist keine Rede. Dieser wird, von Papst Wojtyla in vorderster Linie, nur zitiert, wenn es sich um gegenwärtige Erscheinungen handelt. Es wird geflissentlich übersehen oder verwischt, daß sich in Dogma und Moral der Kirche wie des Papsttums nichts anderes als der Zeitgeist früherer Epochen konkretisierte. Kein Grund zur Hoffnung. Keine Basis für Vertrauen.

Wer von den Ergebnissen früherer Epochen der Kirchengeschichte abzuweichen wagt, wird in der Sprache der Inquisition als nichtkatholisch abgestempelt und künftig als Unperson behandelt.

Das vom Konzil beschlossene Schema von der Religionsfreiheit ist nach Lefebvre nichts anderes als »der Apfel, der Eva gefiel«. Nicht von ungefähr haben allein die Protestanten und die Kommunisten diesem verfänglichen Thema »so großes Interesse entgegengebracht«.

Sonderlich menschenfreundlich wirkt die fundamentalistische Haltung nicht. Es verwundert daher kaum, daß sich bisher nur kleine Gruppen, die sich allerdings als heiliger Rest verstehen, zu dieser Reaktion bekennen. Die große Mehrheit der Kirchengläubigen distanziert sich, wenn auch eher unbewußt, desinteressiert. Offensichtlich ist sie von dieser so inhuman wirkenden Form des Konservatismus noch nicht zu überzeugen. Das kann sich schnell ändern, wenn sich der Wind noch mehr dreht.

Johannes Paul II. hebt sich gewiß in einem entscheidenden Punkt von den dezidiert fundamentalistischen Sekten und ihren Führern ab. Das macht selbst seine konservative Haltung auf den ersten Blick für manche attraktiv. Sein Traditionalismus trägt keine vordergründig unmenschlichen Züge. Er erscheint liebenswürdig und weltzugewandt. Immer wieder betont Wojtyla die Menschenfreundlichkeit seines Dienstamtes wie die der Kirche überhaupt. Seine erste Enzyklika nennt er beispielsweise noch heute »eine große Freude darüber..., daß der Mensch durch Christus erlöst wurde: in der Seele und im Körper« (SH 76 f.). Denn »unser Glaube ist ein zutiefst anthropologischer Glaube ...« (SH 64). Und »der Papst, Zeuge Christi und Diener der Frohbotschaft, ist deshalb ein Mensch der Freude und der Hoffnung, ein Mensch, der den Wert des Daseins, den Wert der Schöpfung und der Hoffnung auf ein künftiges Leben zutiefst bestätigt« (SH 50).

Karol Wojtyla ist ausgesprochen glaubensoptimistisch gestimmt, vor allem wenn er sich seinen Träumen über die nächste Generation hingibt: »... wohin sich der Papst begibt, sucht er die Jugendlichen, und überall suchen die Jugendlichen den Papst« (SH 152). Und »es stimmt nicht, daß der Papst die jungen Leute von einem Ende der Erdkugel zum anderen führt. Sie sind es, die ihn führen« (SH 153). Und: »Zusammenfassend möchte ich unterstreichen, daß die Jugend Gott sucht, daß sie endgültige Antworten sucht... Die Jugendlichen müssen auch die Kirche kennenlernen ...« (SH 154). Und: »Offensichtlich nehmen die neuen Generationen das mit Begeisterung an, was ihre Väter abzulehnen schienen« (SH 140).

Johannes Paul II. verleugnete seine Herkunft ebenso wie sein kirchenpolitisches Credo, weitete er den Optimismus nicht auch politisch nach Osten aus: »In der heutigen Welt, angesichts der Nähe zum Jahr 2000, besteht ein ganz besonderes Bedürfnis nach der Frohbotschaft ... wie beispielsweise die postkommunistischen Länder, in denen die Wahrheit der Frohbotschaft ganz besonders erwartet wird. Und für diese Länder, die auf eine lange christliche Vergangenheit zurückblicken, erscheint eine Art ›Re-Evangelisierung‹ erforderlich« (SH 141 f.).

Den prinzipiellen Pessimismus mancher Traditionalisten teilt Wojtyla in der Öffentlichkeit nur selten. Einen Rückzug in die Sakristei der Getreuen vermag er nicht zu empfehlen, nicht einmal auf dem Hintergrund der erfahrenen Ereignisse unseres Jahrhunderts: »Der Aufbruch im Engagement der Laien für den Heilsdienst am anderen Menschen straft alle Pessimisten Lügen. Wie viele junge Menschen sind doch bereit, diesen Dienst anzutreten! Niemand, der das bedenkt, sollte behaupten, das Evangelium hätte seine Anziehungskraft verloren!« So 1980 in München.

Dieser Papst versteht es ausgezeichnet, seine entschieden konservative Haltung in so verbindlicher Form darzulegen, daß ihm niemand ins Angesicht hinein widersprechen will. Johannes Paul II. scheint auch schon gar nicht mehr ernsthaft mit Widerstand gegen seine Aktivitäten zu rechnen. Offenbar hält er die Kritiker für Menschen schlechten Willens oder für schräge Vögel, die beide keine Auseinandersetzung verdienen und sehr schnell mit den gewohnten »Antworten des echten Glaubens« abgefertigt werden.

»Und nochmals kommt die große Versuchung auf, um mit den Worten Ludwig Feuerbachs zu sprechen, die klassische Reduzierung des Göttlichen auf das Menschliche vorzunehmen« (SH 67). Und: »... der Mensch ist nicht fähig, das Übermaß an Geheimnis zu ertragen« (SH 69). Und: »Wenn ER kein Geheimnis wäre, brauchte man die Offenbarung oder besser, entschiedener ausgedrückt: die Selbstoffenbarung Gottes, nicht« (SH 66). Eben diese Selbstoffenbarung auszulegen, und dies unfehlbar, ist freilich ausschließlich Sache der Kirche, des Papstes. Diese Wahrheit als Zirkelschluß zu deuten, ist »rationalistisch« – und verwerflich. Eine Auseinandersetzung mit derlei überholten Denkformen lohnt sich nicht, wo Päpste argumentieren.

Um so lieber reiht Wojtyla, allerdings unbefragt, alle Menschen »guten Willens« in seine Hörerschaft ein: »Es zeugt von einem instinktiven Wissen um Gottes Güte und um die Bindung der Kirche an Gottes Botschaft«, erklärte er 1980 in Fulda, »wenn auch sogenannte gottlose oder areligiöse Gruppen bei uns, bei der Kirche, die Erfahrung der Güte und des Wohlwollens Gottes suchen.«

Ein sicherlich gewagtes Wort, für das Wojtyla den Beweis schuldig blieb. Doch geht es ihm auch in seinem Buch kaum um stringente Beweisführung. Er ist hinreichend von der ansteckenden Kraft der Botschaft Christi überzeugt. Er macht keinen Hehl daraus, daß er und seine Kirche alle Menschen guten Willens lieben – und daß eben diese Zuneigung auch von den Menschen erwidert wird. Sein unbestreitbarer Erfolg auf den Straßen der Welt, von dem er selbst sprach, gab ihm zunächst nicht unrecht. Oft setzte das Nachdenken erst viel später ein.

Daß Wojtyla auch nicht müde wird, immer wieder in seinem Buch ja zum Zweiten Vatikanischen Konzil zu sagen (SH 183-192), verstärkt den auf den ersten Blick positiven Eindruck bei manchen Hörern. Johannes Paul II. ist weit davon entfernt, sich von dieser Kirchenversammlung und deren Geist zu distanzieren und eine vorkonziliare Kirche zu favorisieren. Das kann er sich noch immer nicht leisten.

Sein Konservatismus lebt aus der geschichtlichen Erfahrung des Konzils. Eine Menge von Äußerungen deutet in diese Richtung. Johannes Paul II. eine klar zutage tretende Konzilsfeindlichkeit zu bescheinigen wäre absurd. Die Beerdigung des Vatikanums findet in aller Stille statt. Wojtyla ist trotz der verblüffenden Übereinstimmungen in den beiderseitigen Verlautbarungen, auf die der Beobachter häufig stößt, kein polternder Lefebvre.

Ob der Papst die Erfahrung des Zweiten Vatikanums, wie die Kirche und er selber sie machten, nicht doch nur ausschließlich in seinem eigenen Interesse rückinterpretiert, ist eine andere Frage. Es genügt vielleicht der Hinweis auf jene Deutung des Konzils, die Wojtyla gerne vorträgt: das Hervorholen des Alten, Vererbten aus dem reichen Schatz der Offenbarung.

Allerdings stellt Wojtyla einen Zusammenhang zwischen diesem Erbteil und der Deutung der Zeichen von heute her. Denn nur eine recht vordergründige Betrachtung weist allein dem sogenannten Progressismus ein lebhaftes Interesse an der Gegenwart oder an der Zukunft zu, während der konservativ geprägte Mensch rückwärts gerichtet sein soll.

Das Gegenteil trifft zu. Der Konservatismus war schon immer ein Ausdruck des Bewußtseins von einer Zeitenwende. Der Konservative fragt nicht weniger als der reformerische Mensch nach Grundlagen und Grundzügen des gegenwärtigen Zeitalters. Er ist sogar darum bemüht, eine schlüssige Theorie der Gegenwart zu entwickeln, aus der heraus er eine Handlungstheorie aufbaut.

Was ihn vom Progressiven unterscheidet, ist nicht die ausgeprägte Neigung, im Bewußtsein eines Umbruchs zu leben und dementsprechend tätig zu werden, sondern die Interpretation dieser Zeitenwende. Er deutet sie als Abfall von einer Urordnung, als Krankheit des Kultursystems. Krank erscheinen ihm fast alle gegenwärtigen gesellschaftlichen Erscheinungen, besonders die Familie, die Keimzelle der Gesellschaft und des Staates wie der Kultur. Und sein Heil sucht er in der Besinnung auf die alte und bewährte Wahrheit, die schon zu allen Zeiten den Abfall zu stoppen, ja in einen Umbruch zum Besseren umzukehren in der Lage gewesen sein soll.

Die moderne Welt ist ja »nicht in der Lage, den Menschen glücklich zu machen«. Sie kann nicht »vom Bösen in all seinen Erscheinungsformen retten: Krankheiten, Epidemien, Naturkatastrophen und ähnlichem. Diese Welt mit all ihren Reichtümern und ihren Mängeln muß gerettet, muß erlöst werden« (SH 84). Damit ist Wojtyla wieder auf eigenem Terrain. Er anerkennt in seinem Nebensatz nicht einmal die gewaltigen Hilfen, die die Welt – und nicht die Kirche! – bietet, um Krankheiten endgültig zu besiegen. Er verliert kein Wort über die Taten der Menschen, so gering sie in seiner Heilsoptik ausfallen mögen, sondern flüchtet auffallend schnell in jene Rettungsmaßnahme, für die er von Amts wegen allein zuständig ist, die »Erlösung«. Hier ist er zu Hause, zumal die Welt, gefangen im »Denken nach der Aufklärung«, absolut nicht »die Realität der Sünde und vor allem der Erbsünde« anzunehmen bereit ist (SH 85).

Der Konservative hat die Erfahrung vom Zerbrechen überkommener Sicherheiten gemacht. Doch reagiert er auf diese schmerzhafte Beobachtung nicht, indem er alle sich daraus ergebenden neuen Chancen bejaht. Er interpretiert die Krisen seiner Zeit als notwendige Übel, die es durchzustehen gilt, weil hinter ihnen schließlich doch wieder die bewährte Tradition und deren Sicherheiten zum Vorschein kommen werden.

Nach konservativer Auffassung, wie sie Karol Wojtyla unermüdlich vorträgt, wird sich die ewige Menschennatur, die zu allen Zeiten einen Sinn für das Stetige und das Sichere bewiesen hat, so oder so wieder durchsetzen. In der Zwischenzeit gilt es, Reservaträume zu besetzen, die eigenen Deutemuster unentwegt zu bestätigen, Geduld zu haben, die aufkommenden Überfremdungsängste niederzuhalten und auf das Gesetz der Wiederkehr, auf die Wiedergeburt schlechthin zu bauen, von der nicht allein die polnischen Messianisten träumten. Hier findet sich die Basis konservativer Hoffnungen.

Konservativ sein bedeutet Dinge schaffen, die zu erhalten sich lohnt. Eines nicht allzu fernen Tages wird die Menschheit sich, zumindest in ihren besten Vertretern, wieder der guten Mächte des Beharrens erinnern. Aufgeben – oder gar reformieren oder revolutionieren – darf die errungenen Werte daher derjenige am allerwenigsten, der von ihrer Zeitlosigkeit überzeugt ist. Führte er Reformen durch, die das Wesen der Überlieferung betreffen, versündigte er sich am Interesse der Menschen.

Von daher gesehen ist die nichtreformerische Haltung des Papstes Wojtyla konsequent. Jene wenigen Neuerungen, die Johannes Paul II. unter dem Beifall vieler Medien durchführte, berühren alle miteinander nicht das Wesen der konservativen Wahrheit: Nicht das aufgelockerte Zeremoniell am päpstlichen Hof, nicht das sportliche Interesse Wojtylas, nicht die Aufstockung der Bezüge der vatikanischen Angestellten. Wer sich daher über den »Papst im Pyjama« freut, wer den Bau eines Swimmingpools in Castelgandolfo begrüßt oder die Trauung eines Paares durch den Papst als revolutionär interpretiert, bleibt an der Schwelle der Deutung stehen. Solche Neuerungen sind unerheblich.

Tieferschürfende finden sich in diesem Pontifikat nicht. Sowohl das 1983 in Geltung gesetzte neue Kirchliche Gesetzbuch (CIC) als auch der Weltkatechismus des Papstes Wojtyla zehn Jahre darauf blieben in allen Einzelheiten der hergebrachten Weltsicht treu. Nicht ohne Grund lobt er sich und seinen Katechismus ganz besonders laut (SH 190 f.).

Neuerungen waren auch kaum zu erwarten. Johannes Paul II. hält sie weder für notwendig noch für angebracht. Andere Deutungen der Zeitzeichen als die konservativen werden verworfen: »Der Papst, der die Welt von der menschlichen Sünde zu überzeugen sucht, wird aufgrund dieser Haltung zur persona non grata« (SH 85).

Dabei, so der Papst 1980 in einer Ansprache an die französischen Bischöfe, bedarf es »einer wirklich universellen Sicht der Kirche und der Welt, und präzise möchte ich sagen, einer ›ohne Irrtum‹«. Daß diese irrtumsfreie Gesamtschau allein dem – gegenüber der faktischen Demonopolisierung von heute nach wie vor monopolistisch gedeuteten – Lehramt der Kirche Roms gegeben ist, steht für Wojtyla fest.

Er setzt, um seine Meinung weltweit zu verfestigen, nicht auf katholische Staaten wie einst seine Vorgänger, sondern auf die innere Überzeugungs- und Durchschlagskraft des wahren, sprich: des päpstlichen Glaubens. Unter diesen Umständen leuchtet den Getreuen auch die von einem optimistischen Glauben an die Kraft früherer Symbolwelten getragene Aufforderung Johannes Pauls II. an die Menschen ein, die er bei seiner Amtseinführung vortrug: »Habt keine Angst, Christus aufzunehmen und seine Herrschergewalt anzuerkennen! Helft dem Papst und allen, die Christus und mit der Gewalt Christi dem Menschen und der ganzen Menschheit dienen wollen! Habt keine Angst! Öffnet, ja reißt die Tore weit auf für Christus! Seiner rettenden Macht öffnet die Grenzen der Staaten, die wirtschaftlichen und politischen Systeme, die weiten Bereiche der Kultur, der Zivilisation und des Fortschritts. Habt keine Angst! Christus weiß, ›was im Innern des Menschen ist‹.«

In seinem Buch wiederholt er diese Aussage so oft und nachdrücklich, daß der Eindruck aufkommt, er habe dies auffallend nötig. Nicht von ungefähr sind auch Hunderte von Worten und Sätzen im Druck als seine Unterstreichungen hervorgehoben. Manchmal finden sich auf einer Seite fast mehr unterstrichene Stellen als normal gedruckte. Ein Zeichen von Stärke? Von Hoffnung?

Johannes Paul II. sieht sich offenbar veranlaßt, »in jeder Hinsicht für den Sieg des Guten zu kämpfen: Und aus diesem Kampf um den Sieg des Guten im Menschen und in der Welt entsteht das Bedürfnis zu beten« (SH 51).

Es verwundert nicht, daß es Johannes Paul II. trotz oder gerade wegen dieser aggressiven Wortwahl noch immer gelingt, viel mehr Menschen anzusprechen, als dies bei seinem Vorgänger Paul VI. der Fall war. Dieser sichtlich angstvolle Papst hatte es wie kein zweiter verstanden, seine befreienden Wünsche an die Fessel beschwörender Warnungen vor dem Ungeist der Zeit zu legen.

Wojtyla lebt in der durch nichts zu erschütternden Überzeugung des genuin Konservativen, alle Widrigkeiten der Zeit würden sich früher oder später wieder zum Besseren fügen, und der Glaube als solcher werde schon noch seine siegreiche Dynamik im »Kampf um die Seelen« (SH 140) erweisen, vorausgesetzt, er werde ohne Abstriche vom Evangelium und von der Tradition wirken. Wojtyla lebt sehr zufrieden in einer ruhigen Ausbreitungs- und Missionsmentalität. Er setzt seinen Glauben auf dessen angeblich ureigene Durchschlags- und Überzeugungskraft: »Das Christentum ist eine Religion des Heils« (SH 96), die Welt »kann für den Menschen keine Quelle des Heils sein« (SH 98).

Das neue Buch spricht Bände. Die konservative Klientel wird Hoffnung schöpfen. Das Stammpublikum ist erneut bedient. Der ungleich größere Rest der Menschheit bleibt hungrig.

6

DIE IDEOLOGIE VON DEN GUTEN HIRTEN ROMS

Weshalb auch außerhalb des Vatikans Hoffnung gedeiht

Wer es immer noch nicht wissen sollte: Rom ist der von der göttlichen Vorsehung auserwählte Sitz des Statthalters Christi. Schon in seiner Ansprache zur Amtseinführung hatte Karol Wojtyla davon gesprochen: »Rom ist der Bischofssitz des Petrus. Im Laufe der Jahrhunderte sind ihm immer wieder andere Bischöfe auf diesem Sitz nachgefolgt. Heute nimmt wieder ein neuer Bischof Besitz von dieser römischen Kathedra des Petrus, ein Bischof, der von Furcht und Zagen erfüllt, sich seiner Unzulänglichkeit bewußt ist. Wie sollte er nicht erschrecken vor der Größe dieses Rufes, vor der universellen Sendung dieses römischen Bischofssitzes! Die Kathedra des Petrus hier in Rom besteigt heute ein Bischof, der kein Römer ist, ein Bischof, der aus Polen stammt. Aber von jetzt an wird auch er ein Römer. Ja, ein Römer! Auch schon deshalb, weil er ein Sohn eines Volkes ist, dessen Geschichte von ihren ersten Anfängen an und dessen tausendjährige Traditionen geprägt sind von einer lebendigen, ununterbrochenen, bewußten und gewollten Bindung an den Sitz des heiligen Petrus, eines Volkes, das dieser römischen Kathedra immer treu geblieben ist. Wie unerforschlich ist der Plan der Vorsehung Gottes!«

Diese Darstellung eines Polen in Rom, der schon in Polen ein Römer sein wollte, erscheint historisch sehr abgerundet. Den Fischer Petrus, »der guten Willens und flammenden Herzens war« (SH 35), in Rom anzusiedeln, zudem als dessen Bischof, gar als ersten Papst, als einen, der Nachfolger suchte, ist arg an der Realität vorbeigepredigt. Petrus war nie Bischof von Rom. Daran besteht für die kritische Theologie und Geschichtswissenschaft kein Zweifel. Sogar sein Aufenthalt und Tod in Rom blieben unbewiesen. Die römische Bischofsliste für die ersten Jahrzehnte ist bare Willkür, nachträglich gefälscht.

Darf Wojtyla, nur weil er Papst ist, behaupten, was noch nie zu belegen war? Welche Entrüstung erhöbe sich, behauptete ein Kritiker historische Unwahrheiten gegen die Kirche? Riefe nicht alles nach Beweisen? Ist ein Papst von solcher Sorgfalt entbunden? Den Papst ficht dies alles nicht an. In seinem Buch hantiert er mit Petrus-Zitaten, als seien diese weder bibeltheologisch bestritten noch im Hinblick auf andere christliche Konfessionen verdächtig (SH 35 f.). Entweder kennt der frühere Professor Wojtyla dies alles nicht, oder er unterschlägt es bewußt, wenn er zu seiner Klientel spricht. Gerade die Petrus-Passagen in seinem Buch sind alles in allem haarsträubend unwissenschaftlich, reine Predigt eines Hirten für den kleineren, unkritischen Teil des Pferchs. Worte und nicht weniger legendäre Taten Petri gehen bunt durcheinander, werden als nicht zu hinterfragende Fakten zitiert.

Auch was die Aussagen zur tausendjährigen Einheit von Polen und Rom betrifft, sind sie nicht von Faktenkenntnis getrübt. Die behutsamen Einwände, die 1966 vom Ökumenischen Rat Polens geäußert wurden, scheint der frühere Krakauer Oberhirte nicht zur Kenntnis genommen zu haben: »Wir wollen darauf aufmerksam machen, daß die Christianisierung Polens jahrhundertelang andauerte und daß die Einheit (kirchlich, staatlich, national) nicht unbestreitbar war. Aus diesem Einheitsschema folgt ja noch ein anderes Schema, nämlich jenes, das die polnische Nationalität mit dem Katholizismus, und zwar dem römischen Katholizismus, verbindet. Wir verstehen sehr gut, daß die römisch-katholische Hierarchie sich der Identität von Polentum und Katholizismus rühmen kann. Doch ist hier eben nicht eine Revision notwendig? Hält dieses Schema einer geschichtlichen Analyse stand?«

Ein wenig realistischer als die stark von kirchenpolitischen Interessen geprägte Interpretation der einen, nämlich der polnischen Komponente, fällt bei Johannes Paul II. die Deutung der anderen Seite, nämlich der Bischofsstadt des Papstes aus: »Ich bin mir sehr wohl darüber im klaren«, sagte Wojtyla in seiner Begrüßungsansprache an den Klerus von Rom, »was Evangelisierung und Seelsorge in einer Stadt bedeuten, deren historisches Zentrum reich ist an Kirchen, die niemand mehr besucht, während gleichzeitig neue Stadtteile und Siedlungen entstehen, für die man, oft unter Kämpfen, sorgen muß, damit sie neue Kirchen, neue Pfarreien und die anderen Grundvoraussetzungen für die Verkündigung des Evangeliums erhalten ...«

In der Tat ist die Heilige Stadt des Papstes fast durchweg säkularisiert: Die Zahl der sonntäglichen Kirchenbesucher ist verschwindend gering, ebenso die Zahl der aus Rom stammenden Neupriester. Die Päpste, Bischöfe von Rom, haben, das beweisen die nüchternen Fakten, relativ wenig in Sachen Evangelisierung der eigenen Stadt erreicht. Johannes Paul II. beklagt diese Erscheinung zurecht. Sie ist kein Ruhmesblatt.

Der Wahrheit die Ehre: Auch Wojtyla hat in der Stadt nicht die geringste Besserung bewirkt. Sein Buch streift diese Tatsache aus guten Gründen nur ganz am Rande. Wo Wojtyla sich zuerst, also vor allen Ausflügen in die weite Welt, hätte als Seelsorger beweisen können und müssen, versagte er. Wenig Grund zur Hoffnung. »Hic Rhodos, hic salta!«

Wojtyla wollte von Grund auf etwas ändern. Aber er dachte keineswegs in die Zukunft. Er griff auf eine Tradition zurück, die doch desavouiert war, und nutzte die alten Methoden, um eine gewandelte Welt auf seine Kirche einzuschwören. Hätte es noch eines Beweises bedurft, wie wenig hilfreich eine gescheiterte Hoffnung ist, hier wäre er erbracht.

Dieser Papst rief seine Priester mit alten Vokabeln zu neuen Anstrengungen auf und lehnte alle wegweisenden Reformen als Verwässerung der Botschaft ab: »Die Menschen hier brauchen uns, brauchen uns über alle Maßen, nicht als Teilzeit-Priester wie einen Halbtags-Angestellten. Wir sind notwendig als diejenigen, die Zeugnis geben und in den anderen das Bedürfnis wecken, Zeugnis abzulegen . . . Bilden wir uns also nicht ein, es wäre ein Dienst am Evangelium, wenn wir unser priesterliches Charisma zu ›verwässern‹ suchen durch ein übertriebenes Interesse für das weite Gebiet der irdischen Probleme; wenn wir unseren Stil des Lebens und Handelns verweltlichen möchten; wenn wir auch die äußeren Zeichen unserer Priesterberufung vermischen. Wir müssen uns den Sinn für unsere einzigartige Berufung bewahren, und diese Einzigartigkeit muß sich auch in unserer Kleidung zeigen. Schämen wir uns ihrer nicht! Gewiß leben wir in der Welt! Doch wir sind nicht von der Welt!«

Diese auf Totalität der Berufung abzielenden Aussagen, wie Wojtyla sie oft gebraucht, machen den Priester zu einem hauptberuflichen Amtsträger. Diesem wird das Evangelium Jesu vor Augen gehalten; das ist eine Pflichtübung. Im Klartext verlangt der Papst ein anderes Engagement: Der Hirte muß existentiell und sozial mit dem Kirchensystem verbunden, von diesem abhängig und an dessen Aufbau, Ausbau und Fortbestand interessiert sein.

Schon durch seine Kleidung und durch seinen Zölibat, den der Papst 1979, im ersten Jahr seiner Regierung, eine »apostolische Lehre« nannte, soll der Hirte als ein von den gewöhnlichen Lebensweisen der Herde ausgenommener Mensch erscheinen. Johannes Paul II. scheint überzeugt, daß die Wirksamkeit dieses Typs von Amtsträger mit äußeren Kennzeichen steht und fällt.

1991 lehrt Wojtyla, Jesus selbst habe den Zölibat »mit Freude angenommen«. Die durchweg verheirateten Apostel wären zwar höchst erstaunt gewesen über diese Unwahrheit. Doch über zwei Tatbestände kann keine Diskussion mehr geführt werden, wenn man die katholische Kirche unter Johannes Paul II. betrachtet: Sie muß die Ehelosigkeit ihrer Hirten offiziell beibehalten. Und sie muß damit fertig werden, daß in verschiedenen Teilen der Erde die wenigsten der von diesem Gesetz Betroffenen sich normgerecht verhalten.

Die immer wieder auflebende Zölibats-Diskussion erscheint mir unter diesen Umständen anachronistisch. Es gibt wahrhaftig wichtigere Probleme auf Erden. Über die priesterliche Ehelosigkeit zu diskutieren, ist hoffnungslos. Wojtylas Befrager hat denn auch keine diesbezügliche Frage gestellt, und der Papst brauchte sich nicht zu wiederholen.

In Irland hatte der Papst, typisch konservativ, einmal gar die Treue zu einer geschichtlich gewordenen und durch Anpassung an die Lebensformen von ehedem entstandenen Berufsauffassung mit der Treue zu Christus gleichgesetzt: »Was die

Menschen von euch mehr als alles andere erwarten, ist Treue zum Priesteramt. Das lehrt sie die Treue zu Gott. Das stärkt sie, in allen Schwierigkeiten ihres Lebens, ihrer Ehe, Christus treu zu bleiben. In einer so unbeständigen Welt wie der unsrigen brauchen wir äußere Zeichen und Beweise für Gottes Treue zu uns und die Treue, die wir ihm schulden. Deshalb schmerzt es die Kirche so sehr, macht es dem Gottesvolk so große, wenn auch schweigende Angst, wenn Priester in der Treue ihrer priesterlichen Verpflichtungen versagen.«

Das Gottesvolk, eine schweigend ängstliche Masse? Wohl nur in der Interpretation eines Papstes. Nähme Wojtyla Meinungsumfragen in Sachen Priestertum ernst, Zölibat und Weihe von Frauen eingeschlossen, käme er zu einem völlig anderen Urteil. Freilich: Wer gewohnt ist, über die Köpfe einer Herde hinweg zu lehren, statt dem Volk aufs Maul zu schauen, wird sich nicht ändern. Er braucht auch keine Religionssoziologie, keine Statistiken. Er bedient sich selbst der Zahlen und biegt sie sich zurecht (SH 130). In diesem Fall sollte er aber auch nicht von Hoffnung für die vielen plaudern. Er kennt die vielen überhaupt nicht. Beruhigend ist, daß es auch außerhalb der Mauern des Vatikans Hoffnung gibt und daß sie gut gedeiht.

Wojtyla sieht dies in seinem Buch nicht, zumal »die Welt« da draußen, außerhalb seines Gesichtskreises, sich sowieso nicht retten kann (SH 84). Oder er nimmt es nicht zur Kenntnis. Inmitten der diagnostizierten nachkonziliaren Rückschläge spricht er unverdrossen von dem großen Glück der Ehelosigkeit, von der privilegierten Sendung der Orden, von der erstaunlichen »geistlichen Fruchtbarkeit« der Nonnen, von der »bräutlichen Dimension der Kirche« (SH 42).

Er erweckt bewußt den irrigen Eindruck, als hätten Ordensleute den sogenannten Laien etwas voraus, und ermahnt 1980 in São Paulo alle Amtsträger, an den »echten und tragenden Werten ihrer Lebensform innerhalb der Kirche festzuhalten«.

Jenen aber, die versuchen, das Ordensleben nicht mehr nur hinter Klostermauern zu verwirklichen, sondern auf die Menschen der Erde zuzugehen und deren Existenzbedingungen zu teilen, widmet er herabsetzende Worte – während er andere Bewegungen »religiösen Charakters« preist, weil sie in sein

System passen (SH 195). Auch das bezeichnet den hoffnungslos in seiner Überlieferung gefangenen Konservativen.

Der Papst ist der Meinung, neue Formen, die ihm nicht ins enge Weltbild passen, seien »vielfach von Partikularismus und Opposition und von einem sozialen wie politischen Radikalismus und einem umweltbedingten Verlust der Religiosität bedroht«, wie er 1980 in Brasilien sagte. Ich frage, ob nicht Wojtyla selbst längst einem derartigen umweltbedingten Verlust von Religiosität erlag. Der Vatikan scheint mir unter allen Orten der Erde das Terrain zu sein, auf dem in der Tat eine solche Gefahr droht. Sollte ausgerechnet im vatikanischen Milieu Hoffnung gedeihen? Geschichte und Gegenwart sprechen stark gegen die Annahme. Die Beispiele drängen sich auf.

Johannes Paul II. setzt alles daran, zu retten, was überhaupt noch zu retten ist. Er will die überkommenen Formen privilegierter Hirtenschaft unter anderem juristisch sichern. Die Praxis der sogenannten Laisierung, der unter seinem Vorgänger Paul VI. verstärkt durchgeführten Rückversetzung von Priestern in den Laienstand, wurde rigoros gestoppt, nachdem Karol Wojtyla Papst geworden war. Hier werden die schönen Worte über Würde und Rechte der Menschen (SH 221 ff.) durch Taten konkret.

Heiratswillige Priester – ihre Zahl geht Jahr für Jahr in die Tausende, auch wenn diese Zahlen ungern genannt werden – bekommen unter dem charmanten Papst keine Erlaubnis mehr, mit dem Segen der Kirche aus ihrem Amt auszuscheiden und eine gültige Ehe einzugehen. Alle Anstrengungen der Theologie, diesem leidvollen Problem eine menschlichere Seite abzugewinnen, waren vergeblich. Dieser Papst blieb hart. Wie unter Pius XII. bleibt Priestern nur die Alternative der Exkommunikation, da der Wojtyla-Papst seine Sorge – an den Neuerungen Pauls VI. vorbei – auch hier wieder ganz in die fünfziger Jahre der Kirche zurückorientiert hat. Bestimmt ist dies Problem nicht das wichtigste der heutigen Kirche, auch wenn viele betroffen sind. Doch bietet die Lösung Wojtylas Hoffnung? Beweist sie im kleinen irgendeinen Mut zum Risiko? Überschreitet sie Schwellen in die Zukunft hinein? Gewiß nicht.

Vergleichsweise wenig kümmert sich Johannes Paul II. auch

um jene Hirten, die seine Mitarbeiter in Rom darstellen und deren Bischof er auch ist, um die geistlichen Mitglieder der Kurie, die eine Art von organisiertem Eigenleben führen. Besonders augenfällig war dieser Zustand in den langen Monaten nach dem Attentat vom 13. Mai 1981, das Wojtyla ans Bett gefesselt und zur Untätigkeit verurteilt hatte. Damals funktionierte der vatikanische Alltag so gut wie eh und je – und dies ganz ohne den Papst. Bischöfe wurden ernannt, eine Kardinalskommission beschäftigte sich mit den Finanzen des Kleinstaates, und der vatikanische Pressechef stellte ersatzweise fest – ein Beispiel von vielen – daß das religionsphilosophische Werk des Jesuiten Teilhard de Chardin, das in aller Welt hochgeschätzt wird, Zweideutigkeiten und schwere doktrinäre Fehler enthielt.

Business as usual. Zwar fehlte der »für das Charisma zuständige Mann«, wie ein Kurienbeamter es ausdrückte, und auf die geplanten Reisen mußte der Papst fürs erste verzichten. Doch blieb die Frage offen, ob damit auch die »Seele Roms« ausgefallen war und ob die Prachtbauten des Vatikans nur noch, so ein spanischer Kleriker, »tote Steine« darstellten, zu denen zu wallfahren ein Unding war. Tote Steine? Im Vatikan? Kaum zu glauben. Denn die ungewollte Stille der Besinnung zeigte noch deutlicher, was schon vorher aufgefallen war: Das System trug sich von alleine. Die vielen Reisen des Papstes Wojtyla, seine fast ständige Abwesenheit von der Kurie hatten den Sachverhalt weniger erzeugt als bezeugt. Rom fühlte und fühlt sich auf sich selbst angewiesen.

Wojtyla hatte sich ohnedies zu keiner Zeit als ein wirklich kurialer Mitarbeiter erwiesen, wie sein Vorgänger Paul VI. einer gewesen war. Paul VI. dachte stets im Sinne der Kurie und bestritt in dieser loyalen Haltung auch sein ganzes Pontifikat. Johannes Paul II. trifft demgegenüber, wenn überhaupt, nur die unumgänglichsten Personalentscheidungen und selbst diese noch innerhalb seines eigenen Kreises. Weite Teile des Bürokratenapparats läßt er fast völlig außer acht. Es sollen sich Aktenberge aufgehäuft haben, weil der Chef sich nicht um sie kümmert.

Ein Versehen, wenn der Journalist Messori dem Papst bestätigt, er habe an seinen Antworten »mit überraschendem

Fleiß« (SH 15) gearbeitet? Ist Fleiß denn bei Wojtyla eine Überraschung? Eine ähnliche gar wie die Feststellung Messoris, Johannes Paul II. verberge im »Plauderton« seines Buches »eine überraschende Tiefe« (SH 23)?

Die Kurie macht sich so oder so ein eigenes Bild. Einem hohen Kurienbeamten, der dem Wojtyla-Papst durchaus nicht kritisch gegenüberstehen soll, wurde in diesem Zusammenhang die Frage gestellt, ob der Zustand nach dem Attentat der Situation ähnlich gewesen sei, die zwischen dem Tod eines Papstes und der Wahl seines Nachfolgers bestehe, jenem Interregnum, das als Sedisvakanz bezeichnet wird. Seine Antwort fiel nicht untypisch aus: »Für viele von uns hat seit der Wahl Wojtylas zum Papst die Sedisvakanz bestanden.«

Die polnischen Bischöfe hatten ihren ehemaligen Kollegen sogar wegen seiner sprichwörtlichen Arbeitsunlust in Schutz nehmen müssen. Sie unterzogen sich freilich ihrer Aufgabe mit wenig Geschick und Sachverstand. Sie nannten Wojtyla schlichtweg »einen Papst, der nicht nur die verschlungene Mentalität der römischen Kurie nicht begreift, sondern sie auch nicht begreifen will, und der statt dessen die glasklare Idee von einer Kirche hat, die in die Geschichte nicht als Machtinstitution eingestiegen ist, sondern als Gemeinschaft der Gläubigen in aller Welt«.

Wer auch nur eine bescheidene Ahnung von den Vorfällen während der letzten zehn, fünfzehn Jahre unter Wojtyla hat, wird an dieser Stelle stocken. Die Oberhirten bleiben weder bei der historischen Wahrheit einer Machtorganisation noch scheinen sie um die Machenschaften im Vatikan zu wissen, die mittlerweile aufgedeckt sind.

Ich werde noch auf Anspruch und Wirklichkeit Wojtylas eingehen und Fakten aus dem Vatikan nennen. Davon abgesehen: Der regierende Pontifex, der lange Zeit vor Vitalität zu bersten schien, ist nach innen so aktiv nicht, und die vatikanische Bürokratie, sein Haus und Hof, die er in erster Linie zu bestellen hätte, spürt dies immer deutlicher. Der »Elan des Vierzigjährigen« (SH 24), den Messori ihm bescheinigt, ist wohl nur mit den Augen des kindlichen Laien zu sehen.

Johannes Paul II. betont immer wieder die einzigartige

Sendung der Kirche und verweist stets von neuem auf spezifisch dogmatische Wahrheiten dieser Kirche, die es treu zu bewahren gelte wie etwa die Hierarchie und das Petrusamt. Doch behandelt er andere äußere Strukturen der Institution nur beiläufig. Allenfalls schärft er seinen Hörern ein, sie sollten diese nicht ganz vernachlässigen.

Niemand wird einem Hochschullehrer eine spekulative Ausrichtung vorwerfen. Doch bedeutet sie im Falle eines römischen Papstes, der einer in Jahrhunderten gewachsenen strafforganisierten und durchdisziplinierten Institution vorzustehen hat, eine nicht ungefährliche Engführung.

Einen solchen Apparat, wie ihn die römische Kirche und im besonderen die Kurie darstellt, vernachlässigt kein Papst ungestraft. Kirche in ihrer herkömmlichen Form, und diese verkörpert Karol Wojtyla nach eigenem Bekunden, spielt sich weniger in den spektakulären Auftritten eines Pontifex als im alltäglichen Geschäftsgang der Bürokratie ab – also in Eheschließungen und in Eheprozessen, in Gnadengesuchen und in Dispenserteilungen, in der Sakramentenspendung und in einer Vielzahl von Riten und Zeremonien, kurz, in alldem, was von den Gesetzen der Organisation des Heils geordnet und am Leben erhalten wird.

Sind dies alles bloß Probleme »kirchenbürokratischen Charakters« (SH 17) und daher zu vernachlässigen? Lebt der Mensch schon nicht allein vom Brot, so doch auch nicht nur von den schönen Worten eines Papstes. Auch wenn die meisten Menschen es erst am eigenen Leib verspürt haben müssen, um dies zu glauben: Hoffnung ist immer konkret, wenn sie etwas taugt. Sie kommt nicht in Predigten vor. Sie ereignet sich im Alltag einer Kirche. Hier, vor Ort, bei Eheproblemen zum Beispiel, bei Fragen von Wiederverheiratung Geschiedener, Zölibat, Ökumene, Geburtenkontrolle, Abtreibungsnot, Kinderelend, wird sichtbar, was von großen Worten zu halten ist. Programmatische Reden von Oberhirten wirken dem Alltag gegenüber eher wie feiertägliche Ereignisse. Sie sind für das Charisma nicht unerheblich, den Werktag der Herde prägen sie nur bedingt. Das gilt, mutatis mutandis, auch für Bücher eines Papstes.

Die Geschichte der Institution beweist die Feststellung, erst die Details machten die Basis einer Hoffnung aus. Gerade hier sieht es hoffnungslos aus. Immerhin hatten Amtsvorgänger Wojtylas versucht, ihre eigene Persönlichkeit und ihr spezifisches Charisma gegen den institutionellen Trott des Alltäglichen durchzusetzen: Cölestin V. etwa, im Jahre 1294 unter den Hoffnungen einer zerfallenden Welt als »Engelspapst« gegen ein Heer von Diplomaten und Juristen gewählt, dann Hadrian VI., der sich 1522 auf dem Höhepunkt der lutherischen Bewegung zur historischen und gegenwärtigen Schuld seiner Kirche zu bekennen gewagt hatte, schließlich Benedikt XIV., dessen lautere Menschlichkeit nicht nur Voltaire beeindruckt hatte, schließlich Johannes XXIII., der gezeigt hatte, daß ein Papst gleichzeitig Vater und Bruder aller Menschen sein könnte, wenn er nur wollte, und auch Johannes Paul I., dessen meteorhafte Erscheinung das vatikanische Klima wenigstens für ein paar Wochen erwärmt hatte.

Doch mißlang der Versuch der Humanität stets gründlich: Cölestin, dessen ungepflegte Erscheinung von seiner Umgebung abstach, der kaum Latein sprechen konnte und keine Ahnung von der eingespielten kirchlichen Verwaltung seiner Epoche hatte, scheiterte früh. Er ging als Papst in die Geschichte ein, der nicht aus der seinem Amt zugesprochenen Machtfülle, sondern aus edler Einfalt zu regieren versuchte. Er wurde von seinem gewalttätigen – und im Gegensatz zu ihm noch von Pius XII. vor Jahrzehnten zustimmend zitierten – Nachfolger Bonifaz VIII. schroff zur Abdankung gezwungen. Und als sei dies nicht genug gewesen, wurde er als Feigling, als ein Versager gegenüber den Realitäten des Papsttums, eingekerkert.

Cölestin V. hinterließ eine Verwirrung, die größer war als diejenige, welche vor seiner Wahl bestanden hatte. Der Traum vom sittenreinen Papst blieb – immer wieder schwärmerisch vorgetragen von den »Ketzern« Hus, Savonarola und Luther – eine Utopie. Durchgesetzt hatte sich die nackte Macht und das Synonym für diese, das kanonische Recht – von Bonifaz VIII. zur schwindelnden Höhe eines absoluten Primats des Papsttums in Kirche und Welt hinaufgelobt. Mehr nicht. Das blieb so für Jahrhunderte.

Hadrian VI., der einen weiteren Versuch gewagt hatte, sich den Wirklichkeiten des Amtes zu widersetzen, starb nach eineinhalb Jahren Regierungszeit. Rom freute sich über diesen Tod ebenso, wie es sich über den Regierungsstil dieses Papstes mokiert hatte. Nach Jakob Burckhardt hatten sich die Kenner der Verhältnisse mit dem Unglücksfall Hadrian abgefunden und das Übereinkommen getroffen, »ihn durchaus nur von der burlesken Seite zu nehmen«. Wiederum warteten Jahrhunderte.

Von Benedikt XIV. spricht kein Verantwortlicher mehr, obgleich dieser auch juristisch gut bewanderte Papst (der letzte, der vor Wojtyla private Bücher schrieb) mehr als eine Erinnerung verdient hätte. Es erging dem – nach dem Historiker Hans Kühner »stark an Johannes XXIII. erinnernden« – Papst nicht viel anders als Papst Johannes selber, der für viele nur noch eine geschichtliche Randerscheinung, für die Mehrheit der kurialen Hirten jedoch einen weiteren Betriebsunfall darstellt. Johannes Paul II. nennt den Vorgänger, im Gegensatz zu seinen Äußerungen über den »unvergeßlichen« Paul VI., auffallenderweise so gut wie gar nie einen Großen . . .

Der vatikanische Alltag holte alle Versuche der Charismatiker wieder ein, und allein das traditionelle Kirchenrecht behauptete sich. In den letzten Jahren wurde mehr und mehr die detaillierte Wahrung des Besitzstandes zum Hauptinhalt der kirchlichen Rechtssorge. An die Stelle reformerischer Absichten traten Durchhalteparolen. All jene können sich bestätigt fühlen, die es immer so und nicht anders haben kommen sehen. Ihre Erwartungen wurden unter dem Hirten Wojtyla Schritt um Schritt erfüllt. Die gewohnten Organisationsmodelle behaupteten ihren Ewigkeitswert.

Im Recht der Institution Kirche ließ sich nichts ändern, was über einige kosmetische Reformen hinausgereicht hätte. Das kam so nicht von ungefähr, sondern wurde bewußt herbeigeführt. Zwar hatte Johannes XXIII. die Revision des kirchlichen Rechts in einem Atemzug mit dem grandiosen Konzilsplan genannt. Er wollte die Ergebnisse des Zweiten Vatikanums nicht in bloßen Deklarationen verkümmern lassen, die immer wieder zitiert werden konnten, doch so gut wie keine Erneuerung des kirchlichen Alltags mit sich brachten.

Doch belastete sich das auf die Seelsorge abzielende Konzil nicht allzusehr mit juristischen Festlegungen. Diese wären ungemein arbeitsintensiv gewesen und hätten die meisten der bischöflichen Konzilsväter überfordert. Die Kleinarbeit, mit der sich kaum ein Bischof befassen konnte oder wollte, sollte aus dem berühmt gewordenen Geist des Konzils gestaltet werden, jedoch von Kommissionen, bei denen die Rechtsexperten von früher das Sagen behielten. Die hinzugeladenen Bischöfe der Weltkirche verstanden einfach zu wenig von der komplizierten Materie.

Papst Wojtyla, der das angeblich neue Kirchenrecht in Kraft setzen sollte, verstand überhaupt nichts. Man kann ihm vieles vorwerfen, aber nicht die Tatsache, daß er kein Experte für kirchenrechtliche Normen ist. Er hat Wichtigeres zu tun. In einer Kirche freilich, die rechtlich geprägt und durchorganisiert ist wie die Catholica, gibt es kaum Wichtigeres . . .

Nun, die Experten blieben unter sich, und eine Reform des Kirchenrechts wurde zugunsten einer in den Bahnen von ehedem verlaufenden Teilrevision aufgegeben. Die ungelöste Frage nach dem nachkonziliar wie neuzeitlich geprägten Recht, ja nach dem Wesen des Rechts einer christlichen Kirche schlechthin, fand unter diesen Umständen kein Interesse.

Diese Hypothek hat Johannes Paul II. übernommen und mit leichter Hand behandelt. Er suchte seine historische Aufgabe zu lösen, indem er den unverändert übernommenen Rechtsbestand neu, also in seinem alten Sinne interpretierte und alle Organisation, alle Macht, alle Ausübung geistlicher Gewalt kurzerhand als »Dienst« deutete. So sagte Wojtyla schon bei seiner Amtseinführung über den Zusammenhang von Macht und Dienst: »In der Vergangenheit hat man vielleicht dem Papst die Tiara, die dreifache Krone, aufs Haupt gesetzt, um durch diese symbolische Geste den Heilsplan für die Kirche Gottes zum Ausdruck zu bringen, daß nämlich die ganze hierarchische Ordnung der Kirche Christi, die ganze in ihr ausgeübte ›heilige Gewalt‹ nichts anderes ist als der Dienst, ein Dienst, der nur das eine Ziel hat: daß das ganze Gottesvolk dieser dreifachen Sendung Christi teilhaftig werde und immer unter der Herrschergewalt des Herrn bleibe, die ihre Ursprünge nicht in den Mächten dieser Welt, sondern im Geheimnis des Todes und der Auferstehung hat.«

Bei dieser Deutung überrascht nicht allein die Unbekümmertheit, mit der ein höchst weltliches Symbol, die von den altiranischen Herrschern entlehnte Tiara, zum Interpretationsmuster für den Heilsplan, für Tod und Auferstehung herangezogen wird. Auch die Unklarheit der Aussagen über das Gottesvolk erstaunt, das zum einen Anteil hat an der Sendung Christi, andererseits aber dieser Sendung durch das Wirken der Hirten erst teilhaftig werden soll.

Am auffallendsten wirkt jene Theologie des Papstes, die dem Volk ohne Konsequenzen für die Machtstrukturen von einst einen heiligen Dienst anbietet, von dessen rechtlichen Details nirgendwo die Rede ist. Auch und gerade in seinem neuen Buch nicht, das an keiner Stelle über Lippenbekenntnisse hinauskommt.

»Das ist der Dienst, den auch dieser Nachfolger Petri leistet, der nach nahezu zwanzig Jahrhunderten immer noch zu denen zählt, die ›Zeugen der Auferstehung‹ sind und wissen, daß ›Jesus aufgenommen wurde in den Himmel‹ (vgl. Apg. 1,22). Und sie sind bereit, es mit ihrem eigenen Leben, mit Worten und vor allem mit Taten zu beweisen« (SH 28). Mit Taten? Vor allem mit Taten? Oder nur mit den sattsam bekannten Beteuerungen, der Papst bestätige den »Glanz der Wahrheit« (SH 40), was immer dies sei? Ein wenig von diesem Glanz hätte sich in den letzten fünfzehn Jahren auch sichtbar über Wojtylas Taten legen können, zumal Wahrheit stets konkret ist und sich nicht in Sätzen erschöpft.

Höchst verdächtig. In einer neuzeitlichen Gesellschaft macht ein solches Schweigen betroffen. Kaum jemand bestreitet, daß es in komplizierten Sozialgebilden auch Substitution, Über- und Unterordnung geben muß. Doch wer kann leugnen, daß es gerade in der Kirche viele Mächtige oder Erben von Mächtigen, einzeln und in Gruppen, gab und gibt, die ihren Besitz an Macht, koste es, was es wolle, zu verteidigen suchen und nicht einen Deut vom Besitzstand der Vergangenheit abgehen? Dabei existiert kirchliche Gewalt, wenn schon von ihr gesprochen werden soll, nicht an sich. Sie ist nicht zur

Befriedigung privater Ansprüche verliehen, sondern von dem, der sie – nach der offiziellen Doktrin – verliehen haben soll, in verschiedene Bedingungen eingebunden.

Macht in der Kirche ist nur möglich, wenn sie sich bindet oder binden läßt – sowohl an ihren Ursprung als auch an ihren alleinigen Zweck. Ohne diese Bindungen gerät Herrschaft außer Kontrolle und wird zum Selbstzweck, auch wenn sie sich als Hirtenschaft und Dienst tarnt.

An diesem Punkt hat vielfache Kritik angesetzt. Denn die Tradition der in der Kirche Mächtigen hat sich des ursprünglichen Dienstes bemächtigt und ihn mit Hilfe ausgesprochen säkularer Modelle der Machtmultiplikation ausgestaltet. So findet sich in der Kirche keine Gewaltenteilung, welche die neuzeitliche Demokratie erst menschenwürdig macht und deshalb in allen totalitären, diktatorischen Systemen fehlt.

Dafür kennen die Hirten der Kirche einen Druck, der die Macher in der Institution dazu zwingt, eine Frontstellung nach Art eines Freund-Feind-Verhältnisses durchzuhalten, um auf diese Weise ihre Entscheidungen zu legitimieren. Nicht von ungefähr heißt das bewährteste aller Rezepte »Roma locuta, causa finita«: Rom hat gesprochen, die Angelegenheit ist als abgeschlossen anzusehen, und der Traum ist endgültig aus. Wojtyla versuchte im Herbst 1994, in der Frage der Ordination von Frauen diesem Prinzip aufs neue Geltung zu verschaffen. Und kurz danach das Problem der wiederverheirateten Geschiedenen zu lösen.

Auf einem derart steinigen Boden keimt wahrscheinlich keine Hoffnung. Diese muß sich fruchtbare Böden suchen. Ich bin sicher, daß sie solche findet.

Die Mächtigen, wie sie sich in den oberen Rängen der Hirtenschaft finden, wo Laien nichts zu entscheiden haben, üben sich auch in einer förmlichen Kodifikationsmanie. Sie regeln und normieren. Sie sagen den Schafen, was zu tun und was zu lassen ist. Viel Hoffnung macht diese Praxis nicht.

Die Hirten selbst entstammen einer Art von Kodifikation: Nicht die unkalkulierbare Wahl durch ein Gremium von Laien, sondern die berechenbare und berechnete Ernennung durch die römische Kurie, eine systemeigene Legitimation, berief sie ins Amt. Diesem Beschaffungsprinzip, einer unpersönlichen, geradezu technisch zu nennenden Solidarität, bleiben sie – als Stützen des Systems – verpflichtet. Sie können diesen Dienst nicht aufgeben, nur weitertragen.

Das Leben aller Christenmenschen bleibt, folgt man den Reden des Papstes, umschlossen von einem feingesponnenen Netz kirchlicher Normen. Die Experten des Systems, Wojtyla an der Spitze, gehen davon aus, daß es dem einzelnen nach wie vor am meisten fruchte, wenn er, als Schutz gegen alle Eventualitäten des Lebens, in der Kirche und von der Kirche möglichst lückenlos umsorgt sei. Das Überschreiten von Schwellen ist nicht vorgesehen. Freiheit gibt es ebenso wie Wahrheit nur innerhalb festgezogener, von Kirche und Papst deklarierter Grenzen. Vom Überschreiten in eine alternative Hoffnung hinein ist keine Rede.

Es steht für Wojtyla außer Zweifel, daß die gesamte Lehre der dogmatischen wie der sittlichen Wahrheiten ebenso wie jede gesetzgeberische oder richterliche Tätigkeit in den Händen der vollen Lehr- und Hirtengewalt, also bei den Bischöfen, liegen muß, ja, daß die nichtgeweihten Laien von jeder »heiligen Dienstgewalt« ausgeschlossen bleiben. So spricht Macht – angstvoll gehütete Macht. Sie wird nur von denen akzeptiert, die entweder kindlich fromme Journalisten und Leser sind oder sich selbst, auf dem Umweg über Opus Dei zum Beispiel, an der Macht haben beteiligen lassen. Wojtyla hat beide Gruppen gern.

An dem seit langem festgeschriebenen Ausschließlichkeitsrecht wird nicht gerüttelt – am wenigsten durch den Papst. Es prägt nach wie vor die Geschäftspraxis seiner Institution, und daran wird sich unter Johannes Paul II. nichts ändern.

Dieser Papst wiederholte 1979 vor der Amerikanischen Bischofskonferenz den althergebrachten, konservativ gedeuteten Grundsatz – und weitete ihn sogar bis zum Ende aller Zeiten aus: »Das Vatikanische Konzil betont die Rolle des Bischofs bei der Verkündigung der vollen Wahrheit des Evangeliums und der Proklamation des ›unverkürzten Geheimnisses Christi‹ … Ich bin sicher, daß meine und eure Nachfolger diese Forderung vertreten werden, bis Christus wiederkommt in Herrlichkeit.«

Der orthodox-katholische Christ weiß, woran er ist, was ihm gestattet ist und was nicht. Sein Glaube und seine Moral sind bis in Einzelheiten hinein genormt. Kommt er in die Verlegenheit, irgendeine Ausnahme von der für alle geltenden Regel in Anspruch nehmen zu müssen, so schafft ein System von Dispensen Abhilfe. Diese beziehen sich nie auf dogmatische Wahrheiten. Sie bewegen sich auf Randgebieten. Die sogenannte Unauflöslichkeit der gültig geschlossenen und geschlechtlich vollzogenen Ehe zum Beispiel gilt als unantastbar. Ausnahmen soll es keine geben. Doch kann vor dem Eingehen einer Ehe Dispens eingeholt werden, wenn etwa Ehehindernisse kirchlichen Rechts wie die Blutsverwandtschaft zwischen Onkel und Nichte im Wege stehen.

Verglichen mit dem tausendfachen Leid geschiedener und wiederverheirateter Gläubiger ist dies eine Bagatelle. Das System weiß, was es tut. Der Papst weiß, warum er vorgibt, nichts ändern zu können. Jede Änderung bedeutete Machtverlust. Im Vergleich mit diesem wiegt Hoffnung gering.

Eine Befreiung von der allgemeinen Norm kommt stets vom kirchlichen Hirten. Selbstdispens ist nicht vorgesehen. Sie machte eine Eheschließung nicht möglich oder gar gültig. Daran gibt es nichts zu rütteln, solange zumindest das Eherecht der Kirche nicht von Grund auf reformiert wird. Doch eben dies versäumte Johannes Paul II. bewußt. Sein Gesetzbuch von 1983 veränderte weder hier noch sonstwo in der Substanz ein Jota. Wieder einmal keine Schwelle überschritten. Doch Lasten auferlegt wie gehabt, Hemmnisse aufgerichtet, Grenzen gezogen, Ängste verstärkt, mit Sünde gedroht.

Damit ist eine Kette von abgestuften Abhängigkeiten geschaffen und die Multiplikation geistlicher Macht bis in den Gewissensbereich des einzelnen hinein ausgedehnt. Die Menschen müssen sich von einer derart multiplizierbaren Barmherzigkeit erdrückt fühlen. Genau dies ist beabsichtigt.

So oder so bleibt der Christ, sooft er sich der Kirche der guten Hirten nähert und irgendeinen Service von ihr fordert, auf deren guten Willen angewiesen: beim Heiraten wie beim Sterben, sonntags und werktags. Andernfalls droht ihm die Nichtigkeit der Rechtsakte – und in manchen Fällen sogar der

Kirchenbann, der Ausschluß von den Rechten in seiner Kirche. Und überall lauert die Sünde. So sieht es aus, wenn Hoffnung in Gesetzesform gebannt ist.

Da der gegenwärtige Papst keine Änderung zuläßt, sondern zu den Fragen, welche die Menschen wirklich beschäftigen, in seinem Buch ausnahmslos schweigt oder Scheinlösungen anbietet, kann davon ausgegangen werden, daß er sich dem Problem gar nicht erst stellen will. Bücher über die Hoffnung und die Zukunft des Glaubens zu schreiben und vermarkten zu lassen, statt konkrete Erleichterungen in der Gegenwart zu schaffen, ist der einfachere Weg. Ihn geht der Papst mit Vorliebe und Charme.

Wojtyla scheint davon überzeugt, daß es sich nicht um eine Anpassung der Kirche an vergangene weltliche Modelle handelt, sondern um ein zeitlos gültiges – und damit irreformables – Eigengut der Institution.

Johannes Paul II. spricht, ein Charakteristikum konservativen Denkens, ohne besondere Differenzierungen von der einen und unabänderlichen Wahrheit der Kirche und von der geforderten absoluten Treue zu dieser. Der Papst gründet seinen Anspruch – wohl auch, um jede Kritik im Keim zu ersticken – auf den verheißenen Beistand des Geistes Gottes. Schon Petrus, der Fels, der »als Mensch vielleicht nur weicher Sand war« (SH 37), sprach kraft des Geistes. Und auch die Kirche spricht ohne Unterlaß im selben Geiste Gottes (SH 35). Und der Papst »betet, wie es ihm der Heilige Geist gestattet« (SH 47).

Was Wunder, daß Wojtyla davon überzeugt ist, daß die Laien ihrerseits »in allen sittlichen Fragen, die die Echtheit des christlichen Lebens betreffen, auf die Bischöfe als ihre Führer, Hirten und Väter blicken«. So 1979 in Dublin. Auf den einfachsten Nenner gebracht heißt dies: Die Hirten sind die Hoffnungsträger der Herde.

Üben die Bischöfe den Dienst an der Gemeinschaft – so die Vorstellung Wojtylas – väterlich aus, geben sie »immer wieder Antwort auf den lauten, nicht immer ausdrücklich formulierten, aber tatsächlichen Ruf der Menschheit: ›Wir möchten Jesus sehen‹ (Joh 12, 21)«. Sie übernehmen ihre »äußerst wichtige

Rolle, der Welt Jesus zu zeigen, ihn authentisch und überzeugend vorzustellen«, ist ein Leitsatz formuliert. Inhaltlich heißt dies: »Der Sünde überführen bedeutet, die Grundlagen für das Heil zu schaffen« (SH 85).

Doch einmal mehr bleiben die Details der Vaterrolle unklar. Würden sie konkretisiert, entlarvten sie sich selbst als paternalistisch. Denn eine patriarchal verbrämte Hoffnung ist schlicht hoffnungslos. Väterliche Lehrer, Ratgeber, Hirten mögen sich gegenwärtig noch über Wasser halten. In die Zukunft weisen sie nicht. Ich nehme sogar an, daß diese Sparte mit der Zeit ausstirbt, weil kaum mehr ein Mensch auf sie hört, der mehr sein will als ein Schaf.

Johannes Paul II. dürfte sich mehr und mehr dieser Zukunft bewußt sein. Seine Reden klingen sehr nach Beschwörung. Er pfeift im Wald. Ob er ängstlicher ist, als er zugibt? »Wir dürfen die Wahrheit über uns selbst nicht fürchten« (SH 33).

Zur Zeit versucht der Papst es mit mehr oder weniger freundlichen, doch immer mahnenden Worten. Er spricht dringlich vom Dienst, vom wahren Dienst, vom einzig wahren Dienst und so fort. Doch die Alltagsrealität der Institution ist mit noch so entschieden vorgetragenen Beschwörungen nicht zu ändern. Ohne eine rechtlich verbindliche Weisung kann keine Organisation von der Größe der römischen Kirche auskommen.

Die Frage bleibt, ob die vielen Appelle an den guten Willen der Herrschenden und der Beherrschten überhaupt notwendig sind. Sie dringen kaum bis in die feinen Verästelungen der kirchlichen Bürokratie vor. Hätte der Papst nicht seinen Führungsstil ändern und wirklich etwas tun müssen, statt nur an das Gewissen oder an den Glauben seiner (bischöflichen) Mitarbeiter in Rom und anderswo zu appellieren?

Hätte er nicht Rechtsnormen diskutieren und erlassen müssen, an denen konkret und hilfreich abzulesen ist, wie seiner Ansicht nach die authentische Vorstellung des Jesus aussieht, wenn es sich um die ganz normale Praxis der Hirten handelt? Die Schwäche dieses Pontifikates zeigt sich gerade in solchen Versäumnissen und Hilflosigkeiten.

Nach allgemeiner Erfahrung, die vor der kirchlichen Institution nicht haltzumachen braucht, ist die Begrenzung von Herrschaft nicht mit Hilfe von moralischen Postulaten zu leisten, so wichtig diese für das Gesamtklima von Kirche und Welt sein mögen. Allzuviel ist ungesund. Wojtyla wiederholt sich immer häufiger. Er ist gezwungen, immer stärkere verbale Drogen zu nehmen, um sein Ziel dann doch nicht zu erreichen. Die Menschen laufen ihm davon. Begrenzung von Macht muß eben rechtlich faßbar sein und sonst gar nichts. Das ständige Gerede vom »Dienst« verfängt nicht mehr. Die Menschen sehen zunehmend hinter die Kulissen. Wojtylas Praxis vermittelt ihnen offensichtlich zuwenig Hoffnung.

Überholte Rechtsmodelle, das heißt Ergebnisse früherer Anpassung an längst suspekte Machtstrukturen der Vergangenheit, können nicht einfach damit verteidigt werden, daß deren Träger an ihr Gewissen erinnert werden. Vielmehr müßten sich Strukturen der Machtausübung finden lassen, die dem neuzeitlichen Verständnis von Demokratie standhalten und dieses sogar – utopisch genug – in einzelnen Punkten in die Zukunft hinein überholen. Hier wären Schwellen zu überschreiten. Wo sonst?

Bleiben die Kirche und ihr Recht wie bisher nur Verwalter einer ehrwürdigen Tradition, werden sie niemals Schrittmacher der Humanität. Und von Hoffnung kann keine Rede sein. Von einer Praxis zum Fürchten schon.

Warum sollte ausgerechnet die innerkirchliche Macht nicht von Zeit zu Zeit zurückgenommen werden? Warum klebt sie förmlich an den Mächtigen – und dies auf Lebenszeit der Hirten? Eine herrschaftsarme Kirche hätte derlei gar nicht nötig. Sie ermöglichte es den Hirten zuzugeben, daß nicht alles so überzeitlich ist, wie die gegenwärtige Hierarchie dies gern sähe. Sie ließe auch mutig auf Macht verzichten und so die eigentliche Schwelle überschreiten . . .

Gewalt in der Kirche müßte zumindest ständig konfrontiert werden, um nicht Selbstzweck zu bleiben; konfrontiert mit Fragen wie den folgenden, von denen in Wojtylas Predigten nichts zu finden ist.

Wie steht es um den Ursprung, die tägliche Ausübung und das konkrete Ziel der Dienstgewalt? Wer kommt überhaupt in der Institution zu Macht? Und wie? Wer ist durch Machtausübung schlicht überfordert, und weshalb ist er es? Wie trennt sich der Mächtige von seiner Gewalt in der Kirche und warum?

Auch abgesehen von diesen Fragen müßte die Herrschaftsmacht in der Kirche um ihre latenten Gefährdungen wissen, denen nicht einmal ein Papst mit bloßer Ethik begegnen kann.

Wie steht es um die Gefahr eines Rechts, das von wenigen Experten ausgedacht und von wenigen Hirten angewandt wird? Während der Rest, die in keinen demokratischen Entscheidungsprozeß miteinbezogene Basis, gehorchen muß, weil sie von alldem nichts versteht? Warum erklärt ihr niemand, was Herrschaft in der Kirche konkret bedeutet? Noch nicht einmal die sonntäglichen Predigten, die dogmatische und biblische – und keine gefährlich kirchenrechtlichen – Themen lieben?

Was ist von einem Recht zu halten, das mit viel Liebe zum Detail umsorgt und ausgebaut wird, zumal Institutionen – wie die Ehe – eben bleiben, während die lebendigen Menschen, für die jene dasein sollten, kommen und gehen? Ist ihm die Institution Ehe wichtiger als das Lebensglück zweier Menschen, so muß der Papst dies sagen. Wiegt die Naturrechtslehre des Papsttums mehr als die individuelle Entscheidung für Empfängnisverhütung, so hat Wojtyla das endlich so zu begründen, daß die Betroffenen es verstehen und nachvollziehen können.

Was gilt für die Zukunft eines Rechts, das Leerformeln fixiert, ohne daß diesen, wie bei den sogenannten innerkirchlichen Menschen- und Christenrechten, einklagbare Tatbestände entsprächen? Menschenrechte zu verweigern, ohne Rechtsmittel bereitzuhalten, ist vatikanische Machtpolitik. Hoffnung schafft diese inhumane Praxis nicht.

Nicht jeder wird die Einsicht in diese Wirklichkeiten der Hirten in bezug auf den Pontifikat Karol Wojtylas für entscheidend halten. Doch ein Papst, der ein Römer sein will und dies unter den gegenwärtigen Umständen wohl auch sein muß, kann sich einer solchen Erkenntnis kaum verweigern. Sonst läuft er Gefahr, sein Charisma vom Buchstaben des Gesetzes einholen und auch überholen zu lassen.

Es sieht nicht so aus, als habe Johannes Paul II. hier

irgendein Problembewußtsein entwickelt. Auch dürfte er kaum die Rechtspraxis des von ihm vertretenen totalitären Systems im Auge gehabt haben, als er in einer Generalaudienz am 8. November 1978 sagte: »Der Mensch kann nicht für ein System dasein, sondern das System muß für den Menschen dasein. Deshalb muß man sich verteidigen, wenn das System erstarrt. Ich denke dabei an die sozialen, die wirtschaftlichen, die politischen und die kulturellen Systeme, die dem Menschen gegenüber sensibel sein müssen, ihm zum Nutzen sein müssen. Sie müssen befähigt sein, sich selbst, ihre eigenen Strukturen umzugestalten zugunsten dessen, was die ganze Wahrheit vom Menschen fordert.«

Ob nun aber nicht doch weniger der Mensch Wojtyla als die wenig charismatische Organisation der Kirche, die wahre Erbin römischer Jurisprudenz, bestimmt, was die vom Papst genannte »ganze Wahrheit vom Menschen« heute und in Zukunft fordert? Könnte der Papst, selbst wenn er wider Erwarten wollte, aus dem Milieu der Hoffnungslosigkeit aussteigen? Selbst einmal das Risiko eingehen, die vatikanischen Engführungen seiner Hoffnung zu verlassen?

Vielleicht gilt die Einsicht, daß die Fähigkeit der Kirche, christliche Sinngehalte in die Zukunft zu tragen und begründete Hoffnungen zu wecken, um so geringer werden wird, je deutlicher der Organisationscharakter des Katholizismus ins Bewußtsein der Menschen tritt. Diese Organisation benutzt ja jeden Papst gleichsam als – von Wahl zu Wahl austauschbare – Galionsfigur des Charismas. Und dies zumindest so lange, bis dieser auch auf dem steinigen Feld der Amtsbürokratie reformerisch tätig wird und sich nicht mehr, ein heiliger Narr des Systems, mit bloßen Deklarationen und Appellen zufriedengibt.

Gerade hier, im eigenen Milieu, hat Johannes Paul II. durch Unterlassungen ohne Zahl versagt. Hoffnung nach innen zu tragen wäre möglich gewesen, hätte Wojtyla je gewollt. Doch er versagte sich. Er zog es vor, einer Welt die Hoffnung zu predigen, die er nicht verwirklichen konnte. In seiner eigenen Kirche, wo er hätte schalten und walten können, wie er wollte, hat er die Hoffnung der vielen begraben.

Wojtyla will, ein elitärer Anspruch, ein Papst der Welt sein und alle Menschen ansprechen. Redlicher wäre es, dieser Oberhirte begnügte sich damit, für seine eigene Kirche dazusein und wenigstens den Menschen im Pferch konkrete Hoffnung zu vermitteln.

7

EIN WOHLMEINENDES WORT – VON OBEN HERAB

Wie sehr eine autoritäre Sprache abschreckt

Papst Wojtyla sollte, so der Interviewer, mit seinem Buch nicht »in den unerbittlichen Mechanismus des Mediensystems« geraten, nicht »in die Gefahr, seine Stimme mit dem chaotischen Lärm der Welt zu vermischen, die alles banalisiert und aus allem ein Spektakel macht, die alles mit gegensätzlichen Meinungen und unerschöpflichem Geschwätz belegt« (SH 12). Ein frommer Wunsch, der sich freilich erledigt, falls die Strategien derer berücksichtigt werden, die das Buch mit »unerschöpflichem Geschwätz« bewerben und unerbittlich vermarkten.

Doch auch der Text beweist seine Tücken. Erneuerung hat ihre Grundlage gewiß nicht in bloßer Geschäftigkeit, nicht im Tun und Machen von Neuem um seiner selbst willen, sondern im Wort der Wahrheit. Der alte Grundsatz der Scholastik »agere sequitur esse«, Handeln folgt aus Sein, hat seine Berechtigung (SH 79). Um so eindringlicher wird zu fragen sein, wie Wojtyla das Wort der Wahrheit interpretiert.

Ist es ihm Träger und Inhalt der Verkündigung – oder stellt es die Wiedergabe einer bestimmten, in Sätze gefaßten Doktrin dar? Stammt seine Wahrheit aus dem Lebensvollzug aller Kirchenglieder oder wird sie von auserwählten Amtsträgern mit dem Anspruch auf Gehorsam gelehrt? Eine Antwort auf diese Fragen findet sich nicht zuletzt bei der Untersuchung des päpstlichen Sprachstils. Hier zeigt sich detailliert, wie Wojtyla mit dem Wort umgeht.

Gewiß stützt sich auch der Papst – und gerade einer, der die Fülle des Wortes so liebt wie Johannes Paul II. – auf Redenschreiber. Doch liegt die Verantwortung für das Wort damit nicht einfach bei diesen Autoren. Vielmehr übernimmt sie derjenige, welcher die vorgelegten Worte zu denen des Papstes macht, indem er sie in der Öffentlichkeit vorträgt. Er hat die Texte in Auftrag gegeben, und man sollte annehmen, daß er auch weiß, was er vorliest. Damit trägt er die Last dieser Worte – und auch die der Reaktionen, die sie hervorrufen. Im Fall seines jetzigen Buches, das er »selbst aus einem Guß niedergeschrieben« (SH 14) hat, gilt dies verstärkt.

Auch der Papst spricht ein menschliches und kein göttliches Wort. Daher ist jedes seiner Worte der Kritik von Menschen unterworfen. Die schweigende Rezeption des Gesagten und Geschriebenen greift in diesem Fall genau so wie sonst auch und ist nicht dadurch außer Kraft gesetzt, daß der Schreiber oder Redner Papst ist. Jede Art von Papolatrie wäre fehl am Platz, und vielleicht gilt auch hier das Wort des Dogmatikers Gotthold Hasenhüttl: »Nicht weil der Papst es gesagt hat, ist es wahr, sondern weil es wahr ist, kann es manchmal auch der Papst sagen.«

Johannes Paul II. hat immer wieder den Menschen Mut zur Wahrheit gemacht – und seine Person dabei nicht von vornherein aus der Suche nach der Wahrheit ausgeschlossen. Gleichwohl fällt es nicht leicht, gegenüber dem so selbstsicher wirkenden Wort, wie Johannes Paul II. es schätzt, Bedenken anzumelden. Wojtyla überzeugt viele nicht zuletzt durch sein theologisches Selbstbewußtsein, das wenig Raum für eventuelle Irrtümer läßt. Sein Buch strotzt von dieser Sicherheit; es ähnelt auf weite Strecken den Darlegungen eines gewöhnlichen Lehrschreibens dieses »Meisters im Glauben« (SH 17).

Der Journalist David A. Seeber hat dem »theologisch gut eingeübten, denkerisch durchweg eigenständigen, mit reicher Lebenserfahrung als Arbeiter, Schauspieler, Seelsorger, Gelegenheitsschriftsteller und -dichter ausgestatteten« Kardinal aus Polen, der ihm als »theologisch und intellektuell führender Bischof seines Landes« galt, eine Sprache bescheinigt, die »eher grundsätzlich« sei: »Sie spricht Prinzipien aus, formuliert Imperative und Maximen. Plauderton und narrative Verkündigung vor einer weltweiten Gemeinde liegen dem Papst fern. Nach anekdotischen Elementen sucht man in den bereits über hundert Ansprachen während der ersten drei Monate vergeblich.«

In der Tat wirkt die Sprache Wojtylas, der durchaus nicht nur das herkömmliche Bild eines über den Massen schwebenden Priesterkönigs bieten will, ausgesprochen hoheitsvoll. Zwar hat Johannes Paul II. auf den vatikanischen Majestätsplural von einst verzichtet. Auch der Papst spricht wieder im Singular. Er ist nicht nur der Vertreter einer sich als unnahbar interpretierenden Institution, sondern er versucht, Mensch unter Menschen zu werden.

Und doch stellt D. A. Seeber zu Recht fest, daß »bei einer so fordernden Sprache wie der Johannes Pauls II. das ›Ich‹ trotz liebenswürdiger Verbindlichkeit noch sehr viel autoritätsvoller erscheint als das distanzierte ›Wir‹«. Vielleicht ist diese Wirkung in einem nach wie vor sakral motivierten Sprachgestus begründet, der sich weder von dem hohen Amt des Sprechers noch von der Person des gegenwärtigen Amtsinhabers ablösen läßt: Wojtyla tritt als jemand auf, der von Amts wegen die Wahrheit, und nichts als die Wahrheit zu bezeugen und die entsprechenden moralischen Forderungen zu stellen hat.

Selbst der »einzigartige Mix« (SH 23) des neuen Buches ist voll von solch hoheitsvollen Passagen; die in der Werbung versprochenen persönlichen Erinnerungen und Erfahrungen, die unter anderem wohl »etwas vom Geheimnis Ihres Herzens mitteilen« sollen (SH 43), nehmen einen relativ knappen Raum ein – und sind selbst wieder lehrhaft ausgefallen. Verständlich, daß den »Theologen und Exegeten des päpstlichen Lehramtes« angeraten wird, das Problem der »Klassifizierung« eines Textes zu behandeln, »der keine Vorläufer hat und damit in der Kirche neue Perspektiven eröffnet« (SH 16). Ob die Herren diesen Rat befolgen, bleibt abzuwarten. Die bisherigen Erfahrungen sprechen eher dagegen.

Dem gestrengen Selbstanspruch Wojtylas gegenüber verbietet sich das bloße Plaudern von selbst: Die Päpste Johannes XXIII. und Johannes Paul I., die oft und gern erzählten statt lehrten, sind kaum ein Vorbild für Johannes Paul II. Der jetzige Bischof von Rom wurde wieder zu einem Lehrer von Wahrheiten, der sich kein Abweichen in Nebensächliches erlauben darf.

Das gilt alles in allem auch für das neueste Buch Wojtylas. Selbst das sogenannte Private ordnet sich immer der Doktrin unter, bietet allenfalls Lehrbeispiele und Appelle an die Klientel, es ähnlich zu machen.

In den Äußerungen des Papstes scheint trotz gegenteiliger Behauptungen stets das sorgsam weltabgewandte Milieu durch, in dem sich der Verfasser bewegt. Karol Wojtyla ist vom Stil einer – auch sprachlich – geschlossenen, klerikal-religiösen Umwelt bestimmt, zu der nicht nur Menschen, sondern auch Bücher und Lehrinhalte wie -methoden gehören. In aller Regel kann der Papst so gut wie keine Erfahrungen über die Redeweise einer säkular gewordenen Welt sammeln. Wojtyla mag sich noch so sehr bemühen. Er und die Seinen bilden ihre eigene Sprachgemeinschaft. Die Welt erleben sie nur von ferne. Ihre Sprache bleibt seltsam feierlich, sogar liturgisch, gerade wenn sie sich mit Weltlichem befaßt. Die »Welt« ist dementsprechend eine Größe, von der sich der Papst dringend abzuheben sucht. Von ihr kommt, das beschwört er gern, keine Rettung (SH 84).

Johannes Paul II. sucht zwar häufig den Kontakt zu den Menschen, wer wollte dies bestreiten? Allerdings fragt es sich, wie beispielsweise die Landarbeiter in Recife solch beschwörende Worte verstehen sollen, die er 1980 an sie – und nicht an Agrarsoziologen – richtete: »Der ländliche Mensch identifiziert sich mit seiner Arbeit, mit seinem Land, aus dem er den Unterhalt für viele Menschen auch in großen Städten hervorbringt. Hier schlägt er tiefe Wurzeln, die sein Wesen unauslöschlich kennzeichnen. Ihn dieser Heimaterde entreißen, ihn zu einem unsicheren Auswandern in Ballungsräume zu veranlassen oder ihm nicht seine Rechte auf legitimen Grundbesitz garantieren heißt seine Rechte als Mensch und als Kind Gottes verletzen. Es bedeutet, ein gefährliches Ungleichgewicht in die Gesellschaft einzuführen.« Die Inhalte der beschwörenden Aussage mögen stimmen, doch wurden sie in einer Form vorgetragen, die weder dem Adressaten noch dem Problem entspricht. Sie klingt auffallend nach Schreibtisch, weil den richtigen Ausdruck wohl nur der findet, der die Welt kennt.

Gleiches gilt für Sätze aus dem neuen Buch, die ich beispielhaft zitiere: »Christus ist das Sakrament des unsichtbaren

Gottes. Das Sakrament schließt Gegenwart in sich ein« (SH 35), Worte, die ein Theologiestudium voraussetzen. Oder: »Wir müssen unseren Blick hinwenden zur Unermeßlichkeit des Guten, das aus dem Geheimnis der Menschwerdung des Wortes hervorgeht, und dürfen ihn gleichzeitig nicht abwenden vom Geheimnis der Sünde, die sich ohne Unterlaß ausbreitet« (SH 51). Oder: »Das Gebet für die Leidenden und mit ihnen ist daher ein wesentlicher Bestandteil dieses großen Schreis, in den Kirche und Papst gemeinsam mit Christus einstimmen: Es ist der Schrei um den Sieg des Guten – auch durch das Böse ...« (SH 53).

Die in einem abgeriegelten Lehrbetrieb erzogenen Verfasser von päpstlichen Verlautbarungen scheinen sich nicht der Tatsache bewußt geworden zu sein, daß in der heutigen Gesellschaft Wortüberflutung und Wortverschleiß verheerend wirken. Wiederholt sich daher auch der Papst und gebraucht er zu allem Überfluß noch stets dieselben Wendungen, wenn er seine Wahrheiten lehrt, so ist die Wirkung gering. Dubletten stumpfen ab und machen in einer reklamegesättigten Umgebung träge. Sie gelten dann nur noch als Teil des »unerschöpflichen Geschwätzes« (SH 12).

Ein Beispiel für viele: Papst Wojtyla hat oft betont, daß er die ganze Welt, alle Völker, Nationen und Menschen liebe. Glaubwürdig wie er vielen erscheint, wird sich die Kritik nicht gegen diese allumfassende Liebe als solche richten, wohl aber gegen deren ständig wiederholte Beteuerung. Vor seinem Abflug nach Polen sagte Johannes Paul II. 1979, er verlasse nunmehr »das geliebte Italien, um das geliebte Polen aufzusuchen«. Damit wiederholte er in einem einzigen Satz ein Adjektiv, das er immer wieder auf alle möglichen Länder anwendet. Inzwischen scheint Wojtyla gar nicht mehr auf diese Bekundung der Wertschätzung verzichten zu können, weil das Fehlen eines entsprechenden Hinweises bereits nach Liebesentzug aussähe.

Dasselbe gilt wohl auch für die an sich sehr sprechende Gebärde, mit der Johannes Paul II. bei seiner Ankunft auf dem Flugplatz den Boden des besuchten Landes küßt. Im Herbst 1994 geschah dies in Kroatien. Doch da Wojtyla nach einer

Hüftoperation gehbehindert ist, ließ er sich die kroatische Erde in einer Schüssel zum Kuß reichen. So weit, so gut. Weniger passend war die durch nichts zu rechtfertigende Geste derer, die die Schüssel hochhielten. Sie knieten vor dem Papst auf dem Boden. Eigentlich wäre anzunehmen gewesen, nach den Jahrhunderten der Fußküsse und Kniefälle, die ein inhumanes Protokoll den Menschen zumutete, die dem Stellvertreter Christi nahekamen, sei mehr Menschlichkeit dort eingezogen, wo ständig von Menschenwürde gepredigt wird... Von daher gesehen wirkte die Geste dieses Kniefalls stärker als die des Bodenkusses. Zum Nachteil des Papstes.

In Brasilien sagte dieser 1980 über seine Gepflogenheit: »Es geschah nicht ohne große und tiefe Bewegung, als ich vorhin die gute und edle brasilianische Erde küßte. Diese Geste, schon dreizehnmal wiederholt – soviel Länder hatte ich bisher als Papst zu besuchen die Freude –, habe ich soeben mit der Wärme und Spontaneität dessen gemacht, der so etwas zum erstenmal tut und folglich mit der Gemütsbewegung, die man beim erstenmal empfindet.« Über die Spontaneität der Geste kann nach hundertfacher Wiederholung kaum diskutiert werden, über die des vorgetragenen Textes noch weniger. Er bietet ein Beispiel für jene Kurialsprache des übertriebenen Gestus, die augenscheinlich auch von Johannes Paul II. bevorzugt wird.

Auch die Redundanz einer Sprache, deren Mittel keine zusätzlichen Informationen an den Hörer weiterleiten, sondern bereits gegebene Informationen sichern, läßt sich an diesem Beispiel belegen. Der Text enthält auf knappstem Raum nicht weniger als zwei sichernde Verdoppelungen. Die Bewegung, die der Papst schildert, ist »groß und tief«, und die Erde Brasiliens, der sie gilt, ist »gut und edel«.

Solche Mängel, die hinter der bombastischen Fassade innere Unsicherheiten verbergen, finden sich immer wieder in den Äußerungen Wojtylas. Da ist die Rede von Hingabe und Liebe zugleich, ebenso von Verzicht und Opfer in einem, von Erhabenheit und Höhe, von Keim und Anfang, von Leichtigkeit und Bequemlichkeit und so fort. Da fallen überflüssige oder gar falsche Adjektive auf, die – je nachdem – unklar gedacht, übersteigert, sentimental, unwahr oder einfach gedankenlos sind: Brasilien zum Beispiel ist in einer einzigen Phrase »geliebt, riesig und wunderschön« zugleich; eine Glaubenswirklichkeit gilt als »wunderbar, überraschend und tröstlich« in einem; Polens Glaube stellt eine »lebendige, pulsierende Realität« dar, und seine Gläubigen bilden eine Schar voll »wogenden, friedvollen, betenden Wartens«.

Soll derlei Überfluß etwa Ausdruck der Entdeckung Wojtylas sein, »der Wert der metaphorischen und symbolischen Sprache« (SH 63) werde neuerdings wieder anerkannt?

Ähnlich überzogen wirken die vielen Superlative, die über die Äußerungen Wojtylas ausgestreut sind. Sie gehören augenscheinlich zum Repertoire des Unsicheren. Auf den wenigen Seiten, die ein paar Ansprachen in Brasilien aus dem Juli 1980 wiedergeben, fallen hintereinander auf: »Äußerste Empfänglichkeit« des Papstes für die ihm erwiesenen Ehren, die Verpflichtung der Kirche, »unaufhörlich« der Jugend die Botschaft von der »völligen« Befreiung zu verkündigen, und dies in »absoluter« Treue zum Evangelium, die »übergroße« Liebe des Papstes zu einer Jugend, die er »niemals vergessen« wird und nach der er die »größte Sehnsucht« mit in den Vatikan nimmt, sowie die Schilderung einer Priesterweihe als der »schönsten« Seite in der Geschichte des Daseins wie als des »höchsten« Moments im Gebrauch der Freiheit.

Die Äußerungen höchster, schönster und größter Totalität überfordern den Zuhörer und nehmen diesem die Lust, noch weiter zuzuhören. Niemand kann auf Dauer nur von Höchstleistungen leben und stets die größtmöglichen Maximalforderungen nach einem optimalen Leben an sich ergehen lassen. Johannes Paul II. tut sich und seinem Amt keinen Gefallen, wenn er so starke Worte verwendet wie das von der »bevorzugten Erwählung«, welches zweimal dasselbe sagt, oder wenn er sich nicht von so entleerten Benennungen für Menschen von heute wie »ehrwürdige Väter« (für Bischöfe) löst.

Gleiches gilt für den Gebrauch von nichtssagenden Floskeln. Von Brasilien sagte er, es sei ein »Land, das im Schatten des Kreuzes geboren« sei und jetzt »in tausend mehr oder weniger annehmbaren Weisen von Leidenschaft glühe«, ohne sich konkreter über die Inhalte zu äußern.

Für Theologen mag der Satz »Christus trägt in sich die ganze geheime Welt der Göttlichkeit, das ganze dreieinige Geheimnis und zugleich das Geheimnis des Lebens in der Zeit und in der Unsterblichkeit« (SH 70 f.) wenig mysteriös klingen, doch kann ich mir nicht vorstellen, daß der neueste Weltbestseller sich ausschließlich an Theologen richten soll.

Selbstverständlich kann der elementare Gefühlswert, der einer Religion zu eigen ist, nicht außer acht gelassen werden, wenn es um die religiöse Sprache geht. Auch ist es verständlich, wenn Wojtyla zu Hause davon spricht, daß »der Besuch des Papstes in Polen ein Ereignis ohne Beispiel nicht nur in diesem Jahrhundert, sondern auch im ganzen Jahrtausend polnischen Christentums« sei, und dies »um so mehr, als es sich um den Besuch eines Polen-Papstes handelt, der das heilige Recht hat, die Gefühle seiner Nation zu teilen«.

Erst recht verlangt niemand den Vortrag ausschließlich dürrer Wahrheiten. Schon gar nicht in Ländern, deren Menschen als emotional ansprechbar gelten. Doch muß sich der Papst fragen lassen, ob sich jede Betroffenheit, jedes Reden aus dem Glauben, jeder Impuls an die Adressaten nur in schmückenden Beiwörtern oder in superlativischen Formeln manifestiert. »Warum muß die Heilsgeschichte so kompliziert sein?« (SH 83) Und weshalb muß der, der über sie einen Traktat schreibt, so komplizierte Worte wählen?

Die Intensität religiösen oder nationalen Erlebens drückt sich nicht in der Wiederholung oder im äußerlichen Mittel der Steigerungsform aus, sondern im verhaltenen Ernst der Gedanken und in der Knappheit der Äußerung. Was nur ist aus der »mystischen Scheu« geworden, die Kardinal König dem Papst bescheinigte? Fiel sie dem Amt zum Opfer?

Allerdings wird ein nüchtern gewordener Sprachstil, der auch eine Art Dienst an den Menschen von heute darstellte, den Vatikan erst dann erreichen, wenn sich in den Reden und Schreiben des Papstes nicht mehr die Floskeln einer nur sentimental zu nennenden Unterwürfigkeit finden, wie Wojtyla sie schätzt: »Maria, ich bin bei Dir, gedenke Deiner und wache«, formulierte der Papst 1979 in Tschenstochau. Und in Krakau forderte er die Studierenden auf, sich »der Mutter der schönen

Liebe«, nämlich Maria, treu zu erweisen und ihr »die eigene Liebe anzuvertrauen, wenn es um die Gründung junger Familien geht«.

Nicht weniger sentimental hörte sich 1979 eine Ansprache an das Volk von Rom an, dem Johannes Paul II. sagte, er wolle auch »der Bräutigam der Kirche« sein. Denn: »Nachdem ich fünfzehn Jahre lang Bräutigam der Kirche von Krakau gewesen bin, hat mich im Alter von 58 Jahren der Herr dazu berufen, der Bräutigam von Rom zu sein. Um ein treuer Gatte zu sein, habe ich begonnen, die Pfarreien zu besuchen. Doch vier bis fünf Stunden Besuch sind zu wenig. Begegnungen wie die unsrige hier sind ein anderer Weg für den Bischof, der Braut seine Liebe zu zeigen.«

Bezeugt diese Sprache wirklich, was Wojtyla bezweckt, nämlich »stets offen« zu sein »für die Welt, ihre Fragen, ihre Sorgen und ihre Erwartungen« (SH 104)? Gibt dieser Papst Antworten auf die »ungelösten Rätsel des menschlichen Daseins« (SH 106), oder gibt schon seine Sprache weitere Rätsel auf?

Formeln wie die zitierten bilden einen abgesunkenen Wortschatz, ein Strandgut früherer Sprachschöpfungen, dem ein heutiger Mensch kaum Verständnis entgegenbringt. Ähnliches gilt für die von Johannes Paul II. verwendeten Bezeichnungen »Apostelfürst« oder »Patron des 20. Jahrhunderts«, also für Benennungen von Heiligen, die einer vergangenen Geistigkeit entstammen, welche noch Fürsten und Patrone kannte. Diese Titel werden entweder aus Gedankenlosigkeit weitergeschleppt oder, was schlimmer wäre, aus Gründen der Sprachlenkung, um eine feudale Tradition in die Gegenwart herüberzuretten. Dasselbe gilt für den erwähnten Gebrauch der päpstlichen Hoheitstitel, vor denen »man sich nicht zu fürchten braucht« (SH 34).

Über die Sprachmängel hinaus fällt in den päpstlichen Verlautbarungen die fehlende Fähigkeit zur Konkretion auf. Diese läßt sich durch keinen noch so großen Wortreichtum ersetzen. Der Hörer oder Leser weiß kaum, ob Wojtyla ihn erinnern, bitten, belehren oder verbindlich anweisen will, da häufig in ein und derselben Äußerung alle Sprachintentionen durcheinandergehen. Der durchschnittliche Adressat hat seine Not mit den Voraussetzungen, die Johannes Paul II. stillschweigend macht, wenn er von den Wahrheiten des Glaubens spricht. Und die hinreichende Direktheit des Wortes fehlt besonders dann, wenn sie geboten wäre.

In Belo Horizonte hat sich Wojtyla 1980 gegen Ende einer längeren Ansprache an die anwesenden Frauen gewandt: »Daß doch die Mädchen den wahren Feminismus finden möchten, die wahre Verwirklichung der Frau als menschliche Person, als integraler Teil der Familie und der Gesellschaft mit bewußter Anteilnahme entsprechend ihren fraulichen Eigenschaften!« Näheres zur Verwirklichung der sogenannten fraulichen Eigenschaften oder zu den Inhalten des wahren Feminismus verriet Johannes Paul II. nicht. Dabei wären gerade diese Details heute, da feministische Theorien zumindest teilweise in die patriarchalen Welten vorgedrungen sind, für viele Frauen und Männer interessant. Die einschlägigen Passagen des Buches, im Vergleich mit den sonstigen ausufernden Darlegungen mit etwas mehr als einer Seite (!) knapp genug ausgefallen, beantworten diese Frage auch nicht.

»Die Achtung für die Frau, das Staunen über das Geheimnis der Weiblichkeit und schließlich die eheliche Liebe Gottes sowie die in der Erlösung zum Ausdruck gekommene Liebe Christi gehören zum Glauben und zum kirchlichen Leben« (SH 242). Historisch und aktuell ist diese Behauptung einmal mehr sehr verdächtig, und das »Staunen über das Geheimnis der Weiblichkeit« darf wohl nicht das letzte Wort eines Papstes bleiben, der in einer zunehmend nachpatriarchalen Welt gehört werden will. Daß die Frau »in unserer Kultur vor allem Genußobjekt« (SH 242) ist, haben wir von anderen besser – und früher! – gehört. Und die Wiederentdeckung des fraulichen »Genius« (SH 242) ist gewiß nicht dem Vatikan zu verdanken.

Der Rückzug Wojtylas ins Allgemeine ist bedauerlich. Er erinnert an den Ausspruch Goethes: »Daß ich über diese Gegenstände mich in allgemeinen Betrachtungen ergehe, ist ein Beweis, daß ich noch nicht viel davon verstehen gelernt habe.«

Sollte dieses Nicht-Verstehen auch auf Wojtyla zutreffen, könnte er dieses ruhig zugeben. Das wäre ungleich hilfreicher, als sich auf generelle Erörterungen zu beschränken und die

Menschen ratloser als zuvor zurückzulassen. Auch ein Papst braucht nicht alles zu wissen. Wer anderes von ihm erwartet, will ihm nichts Gutes. Doch die Sprache Johannes Pauls II. ist selten frei von einer bestimmten Selbstsicherheit in Wissen und Glauben, die – bewußt oder unbewußt – von ihrer Nähe zu einer gewissen Tradition des Papstamtes herrührt.

Diese Überlieferung beansprucht für sich, wie Hans Loy an einem Schreiben Johannes Pauls II. zum Gründonnerstag 1980 nachwies, die Bestätigung von Einheit, Gemeinschaft und Zusammengehörigkeit, während sie der nicht näher bezeichneten anderen Seite Aussagen wie Dissens, Trennung, Auseinanderstreben und sogar Spaltung zuschreibt.

Da ist die Rede von Schmerz und Betrübtsein, wie sie die Wahrheit durchzumachen hat, und von menschlicher Schwäche, von Ungeduld, von Nachlässigkeit, gar von Ärgernis, für das die Irrenden verantwortlich sind.

Dieses Spiel mit Gegensätzen und Sprachbarrieren schafft in den Ansprachen, Hirtenschreiben und Büchern des Papstes jenes Klima, das eine total in sich zerfallene Welt des Denkens, Handelns und Sprechens charakterisiert.

Johannes Paul II. scheint genötigt, trotz der Betonung liebender Gemeinsamkeit dauernd zwischen gut und böse wie zwischen heilig und profan zu unterscheiden. Offenbar entspricht es seinem Amt, sich selber stets auf die richtige Seite zu stellen und diesen Sachverhalt auch deutlich darzutun. Abgrenzungen und Schuldzuweisungen durchziehen seine Äußerungen wie ein roter Faden. Dieses Vorgehen zeugt von Angst.

Im Zusammenhang beispielsweise mit der nach wie vor umstrittenen Geburtenregelung, deretwegen sich der Vatikan im Herbst 1994 auf der Weltkonferenz in Kairo nach Meinung vieler Delegierter ausgesprochen zickig benahm, werden die Theologen der Kirche – in einer von bezeichnenden Adjektiven übersättigten Sprache – auf die Seite der Wahrheit verwiesen: »Das einmütige Zusammenwirken der Theologen in überzeugter Anlehnung an das Lehramt, der einzigen authentischen Führungsinstanz des Volkes Gottes, ist auch deshalb dringend gefordert, weil eine innere Verbindung zwischen der katholischen Lehre zu diesem Punkt und der Auffassung vom Menschen, wie die Kirche sie vorträgt, besteht: Zweifel und Irrtümer auf dem Gebiet der Ehe und Familie führen dazu, daß die ganzheitliche Wahrheit vom Menschen verdunkelt wird, und dies in einer kulturellen Situation, die ohnehin oft genug verworren und widersprüchlich ist.«

Daß sich trotz der suggestiven Wortwahl Wojtylas noch nicht alle Menschen auf die Seite der richtigen Lehre stellten, wird im folgenden Abschnitt klar, der aufs neue zwischen wahr und irrig unterscheidet und konsequenterweise die einen Ehepaare von den anderen abhebt: »Im Licht der Erfahrung so vieler Ehepaare und der Ergebnisse der verschiedenen Humanwissenschaften kann und muß die Theologie den anthropologischen und gleichzeitig moralischen Unterschied erarbeiten und vertiefen, der zwischen der Empfängnisverhütung und dem Rückgriff auf die Zeitwahl besteht. Es handelt sich um einen Unterschied, der größer und tiefer ist, als man gewöhnlich meint, und der letzten Endes mit zwei sich gegenseitig ausschließenden Vorstellungen von Person und menschlicher Sexualität verknüpft ist. Die Entscheidung für die natürlichen Rhythmen beinhaltet ein Annehmen der Zeiten der Person, der Frau, und damit auch ein Annehmen des Dialogs, der gegenseitigen Achtung, der gemeinsamen Verantwortung, der Selbstbeherrschung.«

Jene vielen Ehegatten jedoch, welche die Empfängnisverhütung praktizieren, ohne sich auf die vom Vatikan erlaubte Methode nach Knaus-Ogino zu beschränken, »reißen die Sinngehalte, die der Schöpfergott dem Wesen von Mann und Frau und der Dynamik ihrer sexuellen Vereinigung eingeschrieben hat, auseinander, liefern den Plan Gottes der eigenen Willkür aus, manipulieren und erniedrigen die menschliche Sexualität und damit sich und den Ehepartner, weil sie der Geschlechtlichkeit den Charakter der Ganzhingabe nehmen.«

»Nicht nur bei der Abtreibung, sondern auch bei der Empfängnisverhütung geht es letzendlich um die Wahrheit über den Menschen«, dekretiert der Papst (SH 199 f.). Die Menschen müssen daher »abwägen, welche Last schwerer zu tragen ist: die Wahrheit, selbst dann, wenn sie anspruchsvoll ist, oder aber der Schein der Wahrheit, der moralische Richtigkeit nur vortäuscht« (SH 199). Der Weg des Heils ist nun mal »nicht weit und bequem, sondern eng und schmal«, und »wir haben nicht das Recht, von dieser Sichtweise abzuweichen oder sie zu verändern«.

Wojtyla begibt sich erneut in den biblischen Steinbruch und zitiert im Zusammenhang mit der Lehre über die Empfängnisverhütung ohne Rücksicht auf irgendwelche exegetischen Ergebnisse nicht allein das Matthäusevangelium (Mt 7,13-14), sondern auch den Apostel Paulus (2 Tim 4,2-3), dessen Worte »gerade die heutigen Verhältnisse anprangern« (SH 198). Angesichts solch nachlässigen Umgangs mit der Heiligen Schrift kann man sich nur noch wundern.

Der Text dieses Papstes, dessen inhaltliche Aussagen sattsam bekannt sind, kommt nicht ohne Grenzziehungen aus. Er lebt von einem verbalen Freund-Feind-Verhältnis. Er zieht Gräben und Demarkationslinien, richtet Trennwände auf und bevorzugt Absperrungen – bis in die Adjektive hinein. Gerade die Beiwörter lassen einen solchen Schluß zu. Auf der einen Seite unterstreichen sie die Moral, Größe, Tiefe, Innerlichkeit, Liebe, Ganzheit, Personalität, Vorbehaltlosigkeit, Berufung, Hingabe, Überzeugungskraft, Herrlichkeit, Erhellung und Vertiefung, ja Gott selbst. Auf der andereren zeigen sie Dunkel an, Manipulation, Panik, Gefährdung, Egoismus, Zweifel, Irrtum, Verworrenheit, Widerspruch und Erniedrigung. Auf diese Weise gefährdet Wojtyla seine Intention, die Kirche durchaus nicht nur als Lehrerin, sondern auch als Mutter darzustellen. Hoffnung kann ich in dieser Haltung nicht erkennen. Angst schon.

Dem Abgrenzungszwang Wojtylas entspricht – Form und Inhalt gehen ineinander über – der geradezu zwanghafte Ton der päpstlichen Äußerungen, mit dessen Hilfe Johannes Paul II. die zuvor so wortreich errichtete Antinomie zu bewältigen glaubt. Der Papst nimmt sich und seine Adressaten in die Gewalt einer Normen-Sprache, deren Lehrhaftigkeit alles durchsetzt und beherrscht, was nach Freiheit aussieht.

Doch fällt durchweg auf: Das Gemisch von Norm, Sittlichkeit, Wahrheit, Würde, Vollkommenheit und Radikalität wird nicht mit Freude oder gar Liebe verkündet. Vielmehr fallen

Worte wie Gehorsam, nicht müde werden, guten Willens sein, nicht verbergen wollen und bestimmen. Und dies nicht nur einmal. Auch hier von souveräner Hoffnung kein blasser Schimmer.

Da das viele Müssen sich häuft und Regel wie Gehorsam sich ständig ablösen, fällt es schwer, nicht eine Zwangsidee nach Art jenes autoritären Typus anzunehmen, den Max Horkheimer beschrieben hat: »Der autoritätsgebundene Charakter hält starr an konventionellen Werten auf Kosten jeder autonomen moralischen Entscheidung fest . . . Er hängt dem Schwarz-Weiß-Denken an. Weiß ist die eigene Gruppe, schwarz die andere, fremde Gruppe. Alles Andersartige wird heftig verworfen . . . Er widersetzt sich heftig jeder Selbstkritik, untersucht nie die eigenen Motive, sondern schiebt stets anderen Personen oder äußeren, physischen oder ›natürlichen‹ Umständen die Schuld zu . . . Er denkt in Stereotypen . . . Er betont unveränderliche Merkmale gegenüber sozialen Determinanten . . . Er denkt in hierarchischen Begriffen . . . Er akzeptiert Autorität um ihrer selbst willen und fordert ihre rigorose Anwendung . . . Er betont ständig das ›Positive‹ und lehnt kritische Einstellungen als ›destruktiv‹ ab . . . Er mißt dem Ideal der Reinheit, Ordnung, Sauberkeit und ähnlicher Merkmale übertriebene Bedeutung bei . . . Er bekennt sich zum offiziellen Optimismus: Pessimismus ist ›dekadent‹ . . . Er ist ständig um seinen eigenen sozialen Status besorgt.« Ein zukunftsweisender Glaube? Eine Hoffnung, die Schwellen überschreitet?

Wojtyla weiß gewiß gut, weshalb er sich an einer einzigen Stelle seines Buches geradezu »kategorisch« dagegen verwahrt, einer (sexualneurotischen) Obsession zu unterliegen: »Deshalb muß ich wiederholen, daß ich jegliche Anklage oder jeglichen Verdacht einer vermeintlichen ›Besessenheit‹ des Papstes in diesem Bereich kategorisch von mir weise« (SH 232). Er weiß ebensogut, warum er in sein Klagelied von der »Kultur des Todes« und ihrer »traurigen Wahrheit« (SH 233) auch nicht die geringste Erinnerung an jene tieftraurig tödliche »Kultur« einfließen läßt, für die seine Kirche jahrhundertelang verantwortlich zeichnete. Die Opfer der eigenen Institution erwähnt er aus guten Gründen nicht.

Die der Kirche von Johannes Paul II. in dessen erster Enzyklika zugeschriebenen »Waffen des Geistes, des Wortes und der Liebe« wirken nicht human (wenn Waffen überhaupt menschlich sind). Der angesprochene Mensch fühlt sich eher erdrückt von der normbetonten Wahrheitsliebe Wojtylas als dazu ermuntert, eigenständig nach Wahrheit zu suchen. Die steten Wiederholungen des Muß regen kaum das freie Engagement an, und auch die bei Wojtyla verwandten Bilder aus dem Militärbereich sind nicht dazu angetan, Liebe zu erwecken.

Hat die Kirche »Gott und seine heilbringende Liebe in der Welt gegenwärtig zu machen« (SH 52), so ist ihr dies im Lauf von 2000 Jahren nur sehr dürftig gelungen. Ihre eigene Geschichte stellt alles andere als eine ausschließliche Heilsgeschichte (SH 78) dar. Ob das Evangelium »die vollste Bestätigung aller Rechte des Menschen« (SH 222) darstellt, muß erst noch bewiesen werden. Und die Zeit, »da sich die einigende Liebe offenbart« (SH 180), wird wohl erst noch kommen.

Will der Papst schon vom »Kampf« sprechen, der »zwischen dem Wort Gottes und der Parole des Bösen tobt«, wie er das 1980 in Altötting tat und jetzt wieder tut (SH 51), so wird er wissen, daß sich nicht wenige von einer solch aggressiven Predigt abgestoßen fühlen, und die Gefährdung der eigenen Intentionen durch eine derart streitlustig daherkommende Sprache miteinkalkulieren. Ob er unter diesen Umständen jedoch noch von einem Dialog mit allen Menschen sprechen kann? Eine hoffnungslose Sprache gebiert keine Botschaft der Hoffnung.

Vielleicht bemerkt der Papst dies selbst. Er versucht ja an anderen Stellen, seine Hörer mit Hilfe von ermutigenden Vokabeln aufzurichten. Sein Konservatismus bleibt wie gesagt optimistisch gestimmt, und Johannes Paul II. kennt seine Pflicht. Doch gelingt die Erfüllung der Aufgabe dem Papst nicht immer, zumal die Proklamation des ewigen Lebens, von der er oft spricht, von einer Sprache behindert wird, die ihren eigenen Inhalten kaum adäquat ist. Fürchtet euch nicht? Es ist zum Fürchten.

Was zum Beispiel sollen sich die Hörer unter einem Spruch vorstellen wie dem, den Wojtyla 1980 in München an die Jugend richtete: »Auf dem Weg aus dunkler Vereinsamung hin zum wahren Menschsein nimmt sich Christus, der gute Hirte, in tiefster nachgehender und begleitender Liebe eines jeden Menschen an, insbesondere jedes heranwachsenden jungen Menschen«?

Schafft eine solche Aussage Hoffnung und Vertrauen? Nähert sie sich, Grundbedingung jeder Lehre, überhaupt der Wahrheit? Der Hörer kann seine Zweifel haben, auch wenn er von der offenbar unvermeidlichen Gespreiztheit des Satzes absieht und die Häufung der Beiwörter »tiefst, nachgehend und begleitend« in Kauf nimmt, die sich auf die Liebe Jesu beziehen.

Die in wenigen Worten aufscheinende Hell-Dunkel-Differenz, die Unterscheidung zwischen Vereinsamung und wahrem Menschsein macht nachdenklich. Die Jesus zugeschriebene Liebe, die sich jedem Menschen zuneigt, dann aber insbesondere jedem Heranwachsenden gilt, stößt nicht zuletzt deswegen ab, weil sie ihre Wahrheit in eine – an die Herz-Jesu-Mystik früherer Zeiten erinnernde – Süßlichkeit faßt. Daß sich hinter dem im allgemeinen verbleibenden Satz sogar ein Verdikt über die Jugendlichen und deren moralische Gefährdungen verbirgt, macht nicht viel mehr Hoffnung.

Wojtyla fand im übrigen erst dann keine Worte mehr, als er von einer jungen Frau auf die Konkretionen der Liebe Christi in der Kirche angesprochen wurde: auf die starre Haltung des Vatikans etwa zu den Fragen jugendlicher Sexualität. Johannes Paul II. verstummte damals. Erst nach einiger Zeit ließ sein Kardinalstaatssekretär der Fragerin mitteilen, der Papst nehme ihr solche Fragen durchaus nicht übel (!), verweise jedoch auf die ständige Überlieferung der Kirche auf diesem Gebiet. Damit ist noch keine Kommunikation zwischen dem Papst und einem wichtigen Teil der Menschheit, der Jugend, hergestellt. Von einem Dialog, von der Grundvoraussetzung menschlichen Sprechens, kann keine Rede sein. Da helfen auch die Beteuerungen nicht viel, die Jugend führe den Papst und nicht dieser die Jugend (SH 153).

Johannes Paul II. wird nur wenige Adressaten erreichen: Wer wie er seine Zuflucht zu allgemeinen Sätzen nimmt und dem zupackenden Nachfragen des Gesprächspartners ausweicht, nimmt sich selbst die Chance der Sprache. Er beweist nur seine Angst.

Eine Episode als weiteres Exempel. Der Papst sagte 1979 in Krakau zu Jugendlichen: »Ich bin froh. Man sagt, daß die Jugend eine Krise durchmacht, doch mir scheint, daß sich hier bei unserer Begegnung eine unerschütterliche Gläubigkeit und Geistigkeit offenbart. Brav, macht weiter so!«

Diese Sätze, die Wojtyla spontan formulierte und nach Aussage von Beobachtern nicht dem vorbereiteten Manuskript entnahm, verteilen gut und böse wie eh und je: Auf der einen Seite stehen Freude (»ich bin froh«), Lob (»brav«), Ermutigung (»macht weiter so«), Unerschütterlichkeit, Gläubigkeit und Geistigkeit. Auf der anderen findet sich – distanziert mit dem Wort »man« ausgedrückt, das sich bei Johannes Paul II. sehr oft findet – die Krise, die ein Mensch wie eine lästige Krankheit »durchmacht«, falls er sich nicht von vornherein für die traditionelle Wahrheit entschied.

Ich frage, ob ein Papst, der als junger Priester von den Jugendlichen, um die er sich kümmerte, vertrauensvoll »Onkel« genannt wurde, sich auf Dauer derart holzschnittartige Vereinfachungen erlauben kann, ohne bei der Jugend – und nicht nur bei dieser – an Glaubwürdigkeit zu verlieren.

Wojtyla rühmt sich, schon früh den Menschen als den »Erzeuger von Sprache und als Gegenstand der Literatur« (SH 224) studiert zu haben, bevor »das Thema der Seelsorge in den Mittelpunkt« rückte. Bedauerlich, daß er sich nicht treu blieb. Mittlerweile hat er das Wort des Menschen zugunsten der Lehre vom Menschen aufgegeben. »Über ein so schmerzvolles Thema wie dieses ist es vielleicht besser, nicht noch mehr Worte zu verlieren« (SH 236), sagt er über das Abtreibungsproblem. Es wäre ihm anzuraten, das Prinzip auch anderweitig zu beherzigen, zumal »in der Kirche der letzten Jahre die Zahl der Worte stark angewachsen« (SH 204) ist.

Die Anliegen Johannes Pauls II. leiden nicht nur unter der Überfülle ihrer Worte, sondern auch unter dem simplifizierenden und selten nuancierenden Stil, in dem der Papst die Wahrheiten seiner Kirche vorträgt. Wojtyla vollzog auch nicht in der Sprache den Wandel von einer monologisch gefärbten

Doktrin zur kommunikativen Verkündigung. Wer ihn beim Wort nimmt, findet Hunderte von Belegen.

Nach wie vor herrschen in der Mehrzahl seiner Äußerungen ein Anweisungscharakter, eine defensive Selbstbestätigung und ein durch und durch dezisionistischer Ton vor, wie der Dogmatiker Peter Eicher feststellte. Die Sprache gerät damit in Gefahr, Ausdruck des Amtes, weniger Mitteilung von Persönlichkeit zu sein. Dieses Urteil gilt auch für das jetzige Buch, das mit Nachdruck als »persönlich« beworben wird.

Manche Adressaten Wojtylas, sie stehen allesamt auf der richtigen Seite, werden mit bombastischen Zuschreibungen bedacht, vor allem wenn es sich um Kleriker, Priester, Bischöfe handelt. Doch häufiger noch ermahnt sie der Papst zur Identifikation mit seinen Lehrpositionen. Anders können die folgenden Worte aus einem Gebet nicht gedeutet werden: »Gib, daß wir deinen Geist nicht beleidigen ... mit der Absicht, das eigene Priestertum vor den Menschen zu verbergen und jedes äußere Kennzeichen zu meiden.«

Auch die angeschlossene Frage – an Gott oder an die Priester? – läßt sich kaum anders interpretieren: »Ist es angebracht, entgegen der Stimme des jüngsten Ökumenischen Konzils und der Bischofssynode weiterhin zu fordern, die Kirche müsse auf diese Tradition und dieses Erbe (des Zölibats) verzichten?«

Daß damit Soutane, Collar, Zölibat, also von der historischen Kirche auferlegte, nicht aber vom Willen Gottes zwingend gebotene Äußerlichkeiten in ein Bittgebet an Jesus Christus (!) aufgenommen wurden, deutet nicht auf Stil hin. Hier herrschen pathetische Erbaulichkeit, penetrante Belehrung und sogar massive Einschüchterung vor, kein gutes Beispiel für ein Gebet. Werden Andersdenkende in Gebetsform zurechtgewiesen, wirkt dies ebensowenig attraktiv, wie wenn aufkommende Bedenken einfach weggebetet werden: »Dürfen wir in irgendeiner Krise an deiner Liebe zweifeln? An jener Liebe, mit welcher du ›die Kirche geliebt und dich für sie hingegeben hast‹?«

Johannes Paul II. verzichtet in den häufigen Fällen, in denen er die Heilige Schrift anführt, nicht auf seine Eigenheiten. Das Evangelium kommt nur hilfsweise zur Sprache. Es wird fast immer nur herbeizitiert, wenn einer seiner Texte zum päpstlichen Argumentationsgang paßt. Oft genug wird das – im Original ganz anders gemeinte – Wort wie ein Bruchstein in die Lücke der Beweisführung eingepaßt. Das Vorgehen hat Methode. Der umgekehrte Weg wird ungleich seltener beschritten: Johannes Paul II. läßt das Wort Gottes selbst kaum klingen. Er scheint sich nicht von diesem führen zu lassen. Vielmehr weist er ihm einen festen und risikofreien Platz in seiner Lehre an. Damit ist das Evangelium an die Kette der Tradition gelegt, und die vatikanische Überlieferung bedient sich fast nach Belieben der Bibel. Die Rhetorik des Lehramtes wirkt damit allenfalls reich garniert. Doch ist sie ihrerseits nur in Ausnahmefällen bereit, sich von diesen Bibelzitaten her aufbauen zu lassen.

Eine Konversion der Sprache fand unter Wojtyla so oder so nicht statt. Jenes Mißverständnis des Jubels wie des Pomps, das den gegenwärtigen Amtsinhaber umgibt, trägt gewiß nicht dazu bei, diese Erneuerung des Wortes zu beschleunigen. Die Bedenken gegenüber dieser Haltung werden vielmehr von einigen Anhängern des Papstes unter Berufung auf das Evangelium zurückgewiesen. So sprach der Tübinger Pfarrer Hans Kirchner von der »epidemiehaft angeschwollenen, unbeschwert und geradezu überheblich vorgetragenen Kritik« an Johannes Paul II. und verwies dabei auf einen Beitrag von Andreas Gruber in der theologischen Fachzeitschrift *Der Prediger und Katechet*. Darin war festgestellt worden, daß »inzwischen inmitten des ›Hosianna‹ eines langen Palmsonntags auch das andere Wort wahr geworden« sei, nämlich »das der Pharisäer: ›Herr, verbiete deinen Jüngern diesen Jubel!‹ (Lk 19, 39)«.

Karol Wojtyla, der 1979 in Polen den Applaus auf den Einfluß des Heiligen Geistes zurückführte, wurde sich und dem Anspruch seiner Sprache auch als Papst nicht untreu.

Wenn er nach wie vor die Meditation der richtigen Wahrheit schätzt, so ist diese Liebe in der eigenen Biographie begründet. Schon als junger Theologe hatte er unter dem Pseudonym Andrzej Jawién Gedichte veröffentlicht. Dieser Deckname, den Wojtyla sich zugelegt hatte, ist nicht ohne einen in Polen gut bekannten und wohlverstandenen Hintersinn: Jawién läßt sich mit »der Mann, der die Wahrheit enthüllt« übersetzen.

Das mag für das Wort eines Professors gelten, der vor allem zu lehren hat. Ich frage aber, ob sich Poesie so einfach auf das Bekenntnis der Wahrheit – welcher übrigens? – und den Vortrag einer Doktrin reduzieren läßt. Daß Johannes Paul II. gar, wie Tadeusz Nowakowski gemeint hat, ein Papst ist, »der aus der Poesie kommt«, ist erst recht fragwürdig.

Paul K. Kurz wies darauf hin, daß just eine solche Metapher, die so freundlich daherkommt, einen kompromißlosen Anspruch verbirgt. Das lehrt die Geschichte der Poesie. Aus der Poesie kommen heißt auch in die Poesie gehen, und dies bedeutet nichts weniger, als in Poesie sterben. Die Poesie ist eine strenge Göttin, die keine anderen Götter neben sich duldet. Kurz kommt zu einem Urteil, das erklären könnte, weshalb die Sprache Wojtylas nur die eines Pontifex, nicht die eines Poeten war und ist: »Nein, Karol Wojtyla kommt nicht aus der Poesie, zumindest nicht aus der Elementarpoesie. Poesie war für ihn eine Möglichkeit, nicht eine Notwendigkeit. Eine Möglichkeit des Ausdrucks, keine Notwendigkeit des Lebens... Wojtylas Poesie verletzt nicht, weil sie unheilbare Verletzungen des Menschen nicht zu kennen scheint, keine persönlichen und keine gesellschaftlich sozialen. Das Warschauer Getto, die Todesöfen von Auschwitz kommen in diesen Gedichten nicht vor...

Nein, wer aus der Poesie kommt, hat sich ihr irgendwann mit Leib und Seele geöffnet. Er hat den Schmerz dieser Öffnung erfahren. Und er hat erfahren, daß dieser Schmerz sich nicht schließt. Wer wahrhaft aus der Poesie kommt, gerät an den Rand der Gesellschaft... Er kommt nicht aus einem ›System‹. Er kann kein System vertreten. Er ist zum Vorsteher nicht geeignet.«

Wojtyla kommt aus einem Lehrsystem. Er vertritt dieses bis in seine Sprache hinein. Er bleibt der mit Vorwissen ausgestattete und privilegierte Lehrer. Seine Wahrheit wankt nicht. Sie ist an keiner Stelle gefährdet wie die des Poeten.

Karol Wojtyla wurde Papst. Er war immer zum Vorsteher geeignet. Er bleibt der »Priester« in der Deutung von Leszek Kolakowski, der »Hüter des Absoluten«, welcher »den Kult des Endgültigen und der anerkannten traditionellen Evidenzen unterhält«.

Ein Aussteiger, ein Clown gar, ist er nicht, weil er nicht an seinen Wahrheiten zu zweifeln lernte. Ich bin sicher, daß diese spezielle Wahrheitsliebe ihre Freunde findet. Ich möchte aber nicht zu ihnen gehören, und viele andere auch nicht. Johannes Paul II. vermittelt seine Wahrheit, gewiß, doch keine Hoffnung für die vielen. Die Sprache dieses Papstes schreckt ab. Sie entlarvt den Sprecher gründlich.

8

DER ANSPRUCH UND DIE WIRKLICHKEIT

Wo Wojtylas Realpolitik säuberlich zu trennen versteht

»Als ich am 22. Oktober 1978 auf dem Petersplatz die Worte ›Fürchtet Euch nicht!‹ sprach, konnte ich mir unmöglich darüber im klaren sein, wohin sie mich und die Kirche tragen würden. Ihr Inhalt entsprach nicht so sehr dem Menschen, der sie aussprach, sondern dem Heiligen Geist...« (SH 243). Kann ein Kritiker da je gegenhalten? Soll er es mit dem Heiligen Geist selbst aufnehmen?

Das neue Buch des Papstes hat einen unschätzbaren Vorteil gegenüber kritischen Büchern, nicht nur, was seine Vermarktung betrifft. Es spricht bereits im Titel von Hoffnung. Es strömt über von Optimismus. Es verheißt kurzerhand die Zukunft des Glaubens (SH 194 f.). Das bedeutet einen fast uneinholbaren Vorsprung im Gespräch. Die Empfindungen ratsuchender Menschen gehen ja, wenn überhaupt, in Richtung Hoffnung – nicht in Richtung Kritik an dieser.

Kritik hat einen ungleich schwereren Stand. Sie muß, bei diesen suggestiven Vorgaben, den Platz des »Negativen« besetzen. Dem siegesbewußt vorgetragenen Glauben ein bißchen Zukunft streitig machen, nachweisen, daß Wojtylas Hoffnung keine Schwellen überschreitet, erklären, weshalb wenig Grund für Optimismus bleibt.

Der Papst darf die Dinge treiben lassen. Wird seine Lage positiv beurteilt, handelt er vom Beistand Gottes. Bläst ihm der Wind ins Gesicht, spricht er von sich als einem »Zeichen des Widerspruchs, einer Herausforderung« (SH 39). Und er kann sogar das Wort des Herrn auf sich übertragen: »Haben sie mich verfolgt, werden sie auch euch verfolgen« (Jo 15,20).

Genau so geht Wojtyla vor (SH 40). Er benutzt zudem die Mär von der Verfolgung der Christen (SH 72). Und unterschlägt in seinem Buch die Verfolgung, die durch die Seinen geschah, zum Beispiel, als der Glaube »Schritt für Schritt die Alte Welt christianisierte« (SH 73).

Doch auf Dauer hält seine Hoffnung nicht. Wer sie nicht besser begründet, sondern nur behauptet, baut auf Sand. Ich hoffe, daß sich mit der Zeit die Gegenhoffnungen durchsetzen werden. Sie sind zwar auf steinigen Grund gebaut, aber fest begründet.

Zunächst sieht alles wieder anders aus. Auf dem »Heißen Stuhl« nannte ein Katholik im Dezember 1993 den gegenwärtigen Amtsinhaber einen der bedeutendsten Päpste. Auf meine Nachfrage hin, welche Päpste des Jahrhunderts ebenfalls bedeutend gewesen seien, zählte er alle Stellvertreter Christi auf, die er in den letzten Jahrzehnten erlebt hatte. Seine Aufzählung mußte unterbrochen werden, sonst hätte er noch Pius X. (immerhin heiliggesprochen), Benedikt XV. (der »Friedenspapst«) und Pius XI. (der »Politiker auf dem Stuhle Petri«) genannt.

Kein Katholik darf sich erlauben, selbst wenn er Grund hätte, einen Papst anders als groß zu nennen. Offenbar finden sich im 20. Jahrhundert nur bedeutende Päpste. Keinem mag der schlichte Glaube das Etikett »mittelmäßig« oder gar »klein« aufkleben. Wer Papst wird, muß sehr bedeutend sein.

Das ist nicht neu. Je mehr die Gemeinde schrumpft, je weiter unten sich Gläubige ansiedeln und je geringer sich die Leistungen des jeweiligen Papstes in Wirklichkeit ausnehmen, desto größer muß der Amtsinhaber wirken, desto bedeutender erscheint er in den Augen der Herde. Von ganz unten wirken Berge und Päpste wie Riesen.

Ich nehme an, daß es sich um ein katholisches Phänomen handelt, das weniger mit den Augen und dem Augenmaß zu tun hat als mit der Psychologie des Pferchs. Zuständig ist nicht der Augenarzt, sondern der Psychotherapeut, in Einzelfällen der Psychiater.

Die Realität sieht anders aus, als die Besten sich sie erträumen. Wer Beispiele für die päpstliche Geschäftsmoral sucht, braucht nicht ins Mittelalter auszuweichen. Er findet in der Tageszeitung genug aktuelle Belege.

»Was ist das Evangelium? Es ist eine großartige Bestätigung der Welt und des Menschen..., zuallererst Freude an der Schöpfung« (SH 48). Und die Schöpfung selbst soll für den Menschen keine »Quelle des Leids, sondern die Grundlage für sein schöpferisches Dasein in der Welt sein«. Eine ketzerische Frage: Gilt das auch für das alltägliche, kirchenpolitische Wirken des einen Menschen, der Papst ist? Wie geht dieser mit Welt und Schöpfung um? Machen sie ihm Freude? Und erfreut sein Wirken auch uns? Oder ist er Quelle unseres Leids?

Ich will nicht weit ausholen, da auf das neue Buch Wojtylas vor allem theologisch zu antworten ist. Der Theologe Herbert Rieser nennt Wojtyla einen »Pragmatiker, der schon längst aufgehört hat, nach der Wahrheit zu fragen, den nur noch die Erhaltung des katholischen Lehrgebäudes und der darauf ruhenden hierarchischen Kirche interessiert«. Dieser Pragmatismus hat nicht nur »dogmatische« Konsequenzen. Er wirkt stark politisch.

Politik steht diesmal zwar nicht in vorderster Linie. Doch ist, wenn es um die Schwellen der menschlichen Hoffnung geht, an Einzelheiten der Realpolitik Johannes Pauls II. zu erinnern. Exemplarisch stützen die Details der Innen- und Außenpolitik Wojtylas die These, bei diesem Papst klafften Anspruch und Wirklichkeit so weit auseinander wie schon lange nicht mehr. Von der beschworenen »Unermeßlichkeit des Guten« (SH 51) ist wenig zu spüren. Wojtyla bleibt beengt. Vom »Geheimnis der Sünde, die sich ohne Unterlaß ausbreitet« (SH 51), ist im Alltag des Vatikans schon mehr wahrzunehmen.

Der Politologe Arno Tausch sagte 1984, noch nie in der Geschichte seit dem Tode des Papstes Pius XII. habe die vatikanische Politik so offen im Dienste der westlichen Weltmacht gestanden wie jetzt. Wie und warum Karol Wojtyla auf den »Stuhl der Stühle« (Karlheinz Deschner) gelangte, ist bekannt. Mag Wojtyla selbst, standesüblich, den Heiligen Geist herbeizitieren (SH 243), des näheren wirkten für ihn: CIA, Opus Dei und die US-amerikanische Sektion des »Souveränen Malteser-Ritterordens«, dem Politiker und Industrielle angehören.

Wojtyla, auch dies sollte nicht vergessen werden, war 1978 die zweite Wahl. Erst nach dem schnellen Tod Johannes Pauls I. konnte sich seine Partei durchsetzen. Er blieb den Dank nicht schuldig: Nur von ihm war die Seligsprechung des Gründers des Opus Dei zu erwarten.

Auch die USA brauchten nicht zu darben. Ein stramm konservativ denkender Mann, im Milieu seiner Heimat geschult und fast natürlich ein Gegner des in Polen herrschenden Regimes, besuchte 1979 als erster Papst überhaupt das Weiße Haus. Dabei rühmte er die »sittlichen und geistigen Werte im Leben des modernen Amerika« und die vielfältigen Beweise von Selbstlosigkeit, Hochherzigkeit, Sorge für andere, für Arme, Unterdrückte, Bedürftige. Die Wirklichkeit spricht nicht diese Sprache. US-Bischöfe, die die Not vor Ort nicht zu übersehen bereit waren, hatten 1984 einen Hirtenbrief vorbereitet, der mit der Sozial-, Wirtschafts- und Auslandshilfepolitik der Reagan-Administration abrechnen sollte. Der gescholtene Präsident erreichte im Vatikan, daß das Schreiben erst unmittelbar nach seiner Wiederwahl 1984 erschien. Jetzt schadete es nichts mehr: Statt 47 Prozent katholischer Wählerstimmen wie 1980 hatte Reagan 56 Prozent eingefahren.

Und Wojtyla hatte erneut seine Pflicht getan. Was Wunder, daß er in den Augen des Kenners Ronald Reagan als der moralische Felsen einer prinzipienlos gewordenen westlichen Welt galt? Präsident und Papst fochten fortan gemeinsam. Auf politischem, nicht zuletzt auf sexualpolitischem Gebiet. Zwei Erzkonservative, Prinzipientreue, zwei Tugendwächter und nicht zuletzt zwei Fernsehhelden hatten sich gefunden. Der Kampf konnte aufgenommen werden. Intensive Interessen verbanden die beiden besonders im Hinblick auf Lateinamerika und die Staaten des damaligen Ostblocks.

Vorbei waren die Zeiten, da Johannes XXIII. und Paul VI. eine geschmeidige Ostpolitik verfolgt hatten. Damals hatte der Vatikan gegenüber der Supermacht Sowjetunion und ihren Satelliten fast ausschließlich Religionsfreiheit für die Seinen beansprucht. Also – wie üblich – ein Menschenrecht zum eigenen Gebrauch, nicht für alle Menschen, schon gar nicht für den angeblich irrenden Teil der Menschheit.

Jetzt konnte an die Stelle relativer Kompromißbereitschaft und opportunistischer Strategie wieder die Konfrontation treten. Das Tauwetter war dahin. Der Triumph der historisch stets siegreich erscheinenden Kirche über die »atheistischen Feinde« stand bevor. Das Reich des Bösen wankte bereits.

»Die Wahrheit über Gott, den Schöpfer der Welt, und über Christus, ihren Erlöser, ist eine mächtige Kraft, die zu einer positiven Haltung gegenüber der Schöpfung anregt und auch dazu drängt, sich für ihre Wandlung und Vervollkommnung einzusetzen« (SH 116).

Johannes Paul II. tat viel, um sich das Lob Reagans zu verdienen. Als 1982 Bischöfe die atomare Strategie zu kritisieren drohten und den Verzicht auf Erstschlagwaffen fordern wollten, hatte der Malteserritter und frühere CIA-Vize Vernon Walters beim Papst interveniert. Das Dokument wurde daraufhin auf Druck des Vatikans derart abgeschwächt, daß das US-Außenministerium davon sprechen konnte, die Bischöfe unterstützten die Ziele der Regierung. Zwar muckten ein paar Hirten auf, doch der Papst las ihnen die Leviten.

Kurz darauf, am 10. Januar 1984, nahm eine dankbare Reagan-Administration wieder volle diplomatische Beziehungen zum Vatikan auf, die seit 1867 geruht hatten. Der alte Reagan-Freund und Multimillionär William Wilson wurde erster US-Botschafter beim Heiligen Stuhl.

Im Osten sah die Lage derweil immer rosiger aus. Johannes Paul II. konnte sich freuen. Offenbar wurden die Gebete der Treuen erhört, und auch die Gottesmutter von Tschenstochau oder die Jungfrau von Fatima schienen am richtigen Werk. Bald würde sich die Sowjetunion »bekehren«.

Lech Walesa, die Madonna am Rockaufschlag, einen von Wojtyla politisierten Klerus im Rücken, wurde schon 1981 im Vatikan empfangen wie ein Staatsgast. Noch nie widerfuhr einem schlichten Laien eine solche Ehre. Wojtyla ahnte offenbar, wer der kommende Mann in Polen sein würde. Und er wußte, wer allein sich als Vorposten des Katholizismus, ja als Marionette behandeln ließe. Die Reden des Papstes in jener Zeit waren eindeutig, obgleich sie verklausuliert schienen. Der Pole forderte für die Seinen das »Recht auf Existenz«, sprach vom Recht auf Selbstverteidigung, äußerte Genugtuung über den »Durst nach Freiheit und Gerechtigkeit« – und meinte damit nicht die aller Menschen. Schon gar nicht hatte er irgendwelche Bestrebungen in seiner eigenen Kirche im Sinn. Allein sein Polen, zumindest dessen besserer Teil, war gemeint. Hätte doch nur ein einziger Bischof in Hitlerdeutschland ähnliche Worte gefunden, Pius XII. auch nur ein einziges Mal ebenso deutlich gepredigt!

Johannes Paul II. setzte auch seine Geheimwaffe im nationalen Sinn ein. Er sprach zwei Geistliche selig, die – mit der Waffe in der Hand! – gegen den Zaren gekämpft hatten. Er feierte überschwenglich die »heldenhafte Vaterlandsliebe« der beiden und rief bei dieser Gelegenheit Polen »zum Sieg« auf. So erklang mitten in Warschau die Kampfansage. Politik durch Heiligsprechung? Allein 1988 erhob Wojtyla 122 Heilige und 22 Selige zur Ehre der Altäre, mehr als alle Päpste des Jahrhunderts zusammen. Wird er auch den Prälaten Jozef Tiso kanonisieren, der – von 1939 bis 1945 Präsident des Nazi-Vasallenstaates Slowakei – 70 000 Juden hatte an die Nazis ausliefern lassen? Tiso wurde 1947 wegen Hochverrats gehängt. 1990 forderten Slowaken anläßlich des Papstbesuchs die Seligsprechung des »Märtyrers« und »Verteidigers der christlichen Zivilisation«.

Ähnlich weit wie in Polen wagte sich der Papst in keinem anderen Fall vor. In dem nicht weniger bedrohten, von hochkapitalistischen Machthabern geknechteten Lateinamerika, wo sich freilich keine kommunistischen Diktaturen finden, dafür eine Menge anderer, waren keine auch nur entfernt kämpferischen Töne zu hören. Während Johannes Paul II. in Polen vom Streik als einem Naturrecht des Menschen sprach, nahm er bei seiner Visite in Brasilien, kurz zuvor, in 68 Reden, in insgesamt 25 Millionen Worten, noch nicht einmal das Wort »Streik« in den Mund. Den Menschen in Lateinamerika predigt der Papst lieber Geduld und Ergebung in Gottes heiligen Willen. Das macht augenscheinlich Hoffnung.

Wohin die angeblichen Tugenden historisch führten, ist bekannt. Das Volk in weitesten Teilen Lateinamerikas, jahrhundertelang stumm und von Eroberern wie Missionaren ausgebeutet, verkam im Dreck. Während Kirchen und Klöster Schätze sammelten und die Dome noch immer von Gold strotzen, leben Kleinbauern und Landarbeiter im Elend. Bis heute grassieren Unwissenheit, Analphabetismus, Aberglaube, chronische Unterernährung, Obdachlosigkeit.

Wojtyla unlängst: »Das Evangelium darf niemals durch eine besondere Sensibilität für soziale Probleme verdunkelt werden.« Menschenwürdige Zustände mitzuschaffen, die das Leid der Menschen minimierten, gilt trotz immensen Wortverschleißes und Predigtaufgebotes nicht als vordringlichste Aufgabe des Papstes.

Wird zuviel gefordert, wenn Johannes Paul II. auch nur einmal nicht bloß Worte über seinen Dienst am Menschen machte, sondern beispielsweise eine Umverteilung der Einnahmen seiner Kirche anpackte? Die Sozialarbeit stärker und konkreter förderte als die Seelsorge? Weniger in den jeweiligen Katechismus investierte als in die Beseitigung der Armut? Keine Millionen mehr im Vatikan versickern ließe, anstatt sie Bedürftigen zukommen zu lassen? Nur ein einzigesmal weniger an die Wohlfahrt seiner Gläubigen als an die vielen Armen unserer Erde dächte? Ist es zuviel verlangt, wenn auch einmal Taten gefordert werden? Hat eine Kirche keine anderen Probleme als die selbstgestrickten, als Kollektenordnung, Finanzierungssystem, Erwachsenenkatechismus, Lehrüberwachung, Abmahnung der Welt, so macht sie sich die falschen Sorgen.

In der Tat scheint dies zuviel verlangt zu sein. Es geschah nichts. Es geschieht unter dem Papst nichts. Und es wird auch nichts geschehen. Hoffnungslos, Herr Wojtyla!

Wie gehabt: Die Kirchengeschichte wartet mit tausend Beispielen auf, die das wirkliche Leben der Hirten bezeugen. Bischöfe und Päpste als Großgrundbesitzer, als Fürsten, als Verschwender. Bis heute. Solidarisch Arme, die nicht nur anderen Armut predigen, kennt die Berufsgruppe nicht. Dafür redet der Papst so dringlich wie möglich von Nächstenliebe. Als sei diese von Jesus oder gar vom Christentum in die Welt getragen und auf Erden etabliert worden. Als kennten die Menschen weder die Geschichte der Ethik noch die spezielle Blutgeschichte der Kirche.

Dieser Papst aber bleibt beim Jubel: »Die Heilsgeschichte regt immer wieder aufs neue zur Interpretation der Menschheitsgeschichte an. Aus diesem Grund interessieren sich auch zahlreiche zeitgenössische Denker und Historiker für die Heilsgeschichte. Sie wirft nämlich das spannendste Thema auf« (SH 87). Und: »Das Ärgernis des Kreuzes bleibt der Schlüssel zur Deutung des großen Geheimnisses des Leidens, das auf so organische Weise zur Menschheitsgeschichte gehört« (SH 91). Und Wojtyla sagt kein einziges Wort über die Leidtragenden der Heilsgeschichte, keines über die Millionen, die der Geschichte des Unheils zum Opfer fielen.

Dienst am ganzen Menschen, an allen Menschen? Eine historische und aktuelle Unwahrheit. Jener seelsorgerische Dienst, den Wojtyla allen anbietet, entpuppte sich längst als zweckgebunden. Er steht im Interesse einer nur im eingeschränktesten Sinn altruistischen Lobby. Werden Denken und Handeln dieser Lobby (und ihrer Klientel) genauer geprüft, entlarven sie sich als fragwürdig. Spricht der Papst im Zusammenhang mit seiner Tätigkeit vom ganzen Menschen, meint er nach wie vor nur jenen Sektor des Menschseins, den er vorher auf eigene Bedürfnisse und Interessen zuschnitt.

Wojtyla predigt, als kenne er die unselige Geschichte seiner Kirche gar nicht. Er plaudert von der Bildungsfreundlichkeit des christlichen Glaubens – und verschweigt, daß noch im letzten Jahrhundert der Prozentsatz an Analphabeten im Kirchenstaat einer der höchsten in Europa war.

Er erinnert in Auschwitz an die Vernichtung der Juden – und verliert auch hier kein Wort über die viele, viele Jahrhunderte lange blutige christliche Vorgeschichte. Er sagt, Israel habe »fürwahr für seine ›Erwählung‹ bezahlt« (SH 127), und sagt nicht, an wen es jahrhundertelang bezahlen mußte ...

Er spricht davon, es sei unserem Jahrhundert vorbehalten geblieben, Menschen allein deswegen auszurotten, weil sie einer falschen *Rasse* angehörten. Doch wohlweislich verschweigt er, daß seine Kirche nicht so lange warten wollte, um Menschen allein wegen ihres falschen *Glaubens* auszulöschen.

Johannes Paul II. kolportiert, fast selbstverständlich, auch die Widerstandslüge der deutschen Kirche. Als hätte sich die Hirtenschaft, den Vorgänger Pius XII. eingeschlossen, je tatkräftig gegen Hitler zur Wehr gesetzt, statt dessen Angriffskrieg zu unterstützen (Kardinal von Galen inklusive!) – und sich notgedrungen erst am 8. Mai 1945 wenden zu lassen.

»Die Kirche«, behauptet der Papst, »kämpft für den Menschen überall, unter allen Regimen, auf jedem Kontinent, in jedem Kulturkreis, in jeder Zivilisation.« Eine offene Unwahrheit. In Wirklichkeit streitet sie für sich und ihre politischen Interessen. Tausend Belege aus Geschichte und Gegenwart desavouieren die Worte Wojtylas bis auf den heutigen Tag.

Ein Wunder, daß sich der weitaus überwiegende Teil der Jugend dem Prediger versagt? Daß sie sich abwendet, weil sie zu sehen lernte?

Die »erneute Bestätigung seiner besonderen Liebe« (SH 15), die sich in der Widmung »schöner Passagen« im neuen Buch ausdrückt, hilft Wojtyla ebensowenig weiter wie seine penetrant wirkenden Beschwörungen, die Jugend der Welt sei ständig bei ihm, hinter ihm, ihm voraus (SH 149-153). Wer Wojtyla eingeredet hat, »überall suchen die Jugendlichen den Papst« (SH 152), muß ihm übelgewollt haben.

Ein Zufall, daß Frauen nichts mehr von Wojtyla hören wollen von einem Papst, der nach zweitausend Jahren strikt patriarchalen Christentums verkündete, endlich sei »die Stunde der Frau« gekommen? Der sich in eben dieser Stunde den Fragen der Frauen versagt?

Der Hinweis in seinem Buch, der wachsende Feminismus sei »eine Reaktion auf den mangelnden Respekt vor der Frau« (SH 241), stellt angesichts der gegenwärtigen Diskussionen die weltweit dürftigste Aussage zum Thema dar. Wer in diesem Zusammenhang nur von mangelndem Respekt und von »Staunen über das Geheimnis der Weiblichkeit« (SH 242) zu reden weiß, hätte besser den Mund gehalten. Ich bin dem jugendlich »unermeßlichen Potential an Gutem und an kreativen Möglichkeiten« (SH 153) dafür dankbar, daß es weit über das päpstliche Lehramt hinauseilt und sich nicht bei Bagatellen wie der »erneuten authentischen Theologie der Frau« (SH 242) aufhält.

Hätten die Frauen auf diesen Papst warten müssen, wären sie noch Jahrzehnte zurück. Im Schlafwagen des Vatikans, neuerdings an den Zug der Welt angehängt, sollten nur Vertreter des Evangeliums als der »vollsten Bestätigung aller Rechte des Menschen« (SH 222) fahren.

Wojtyla hat vor kurzem in Kairo die Bevölkerungsweltkonferenz torpediert und ließ sie in ein Abtreibungs-und Geburtenkontrolle-Kolloquium umfunktionieren. Auffällig, wie viele Länder sich – diesmal noch! – eine solche Gängelung bieten ließen. China freilich teilte mit, es sei sehr frustriert und fühle sich als »Geisel der Abtreibungsfrage«. Die britische Entwicklungshilfeministerin Linda Chalker sprach von reiner Zeitverschwendung, für die der »Holy Seat« verantwortlich sei.

Die aufgrund der vatikanischen Ablenkungsmanöver zu kurz gekommenen Hauptthemen in Kairo hätten die Frauen der Welt ungleich intensiver betroffen: Gesundheitsversorgung, Bildung, vor allem aber mehr Rechte für Frauen. Die Energie der Konferenz wurde aber von alldem abgezogen. Die eigentlichen Probleme der Frauen paßten dem katholischen Hochsitz des Patriarchats am allerwenigsten ins Konzept. Reymer Klüver sprach angesichts der in Sachen Verhütung unnachgiebigen Haltung des Papstes in der *Süddeutschen Zeitung* davon, dieser »riskiere einen Schaden von wahrhaft apokalyptischen Dimensionen«. Von einer Hoffnung, die eine tatsächliche Schwelle überschritte, konnte jedenfalls keine Rede sein. Diese bewirbt der Papst anderweitig.

Der päpstliche Starrsinn vertritt hoffnungsvoll angesichts der Bevölkerungsexplosion eine Sexuallehre, wie sie – so Rudolf Augstein im *Spiegel* – »weder in den modernen Industriestaaten noch in den Ländern Afrikas sowie Mittel- und Südamerikas befolgt werden kann«. Diese Ignoranz ist »für die gesamte Weltzivilisation eine echte Herausforderung«.

Freilich läßt sich der Zeitpunkt absehen, wo der Vatikan, unter einem neuen Papst, einmal mehr wird seinen hehren, zeitlosen Grundsätzen abschwören müssen. Mittlerweile sterben jährlich 200 000 Frauen, die keinen Zugang zu Verhütungsmitteln bekommen haben. Während der neun Tage in Kairo sind nach Berechnungen der UNO mehr als 12 000 Frauen an den Folgen von Schwangerschaften und Geburten gestorben. Augstein: »Dieses Mal läßt die Papst-Kirche nicht töten, sie tötet selbst.«

Von Johannes Paul II. kein Wort hierzu. Im Gegenteil: »Das Recht auf Leben ist ein grundlegendes Recht des Menschen. Dies wird in unserer zeitgenössischen Kultur jedoch bestritten und zu einem Recht degradiert, dessen Verteidigung ›nicht genehm‹ ist. Doch gibt es kein anderes Recht, das die Existenz des Menschen näher berührt!« (SH 229).

Die Wirklichkeit der »radikalen Solidarität mit der Frau« (SH 232) sieht anders aus: Wojtyla ließ in Kairo eine Ablehnungsfront errichten, der erzkatholische Kleinstaaten wie Honduras und Malta beitraten, aber auch menschenverachtende Regimes wie der Sudan und Libyen. Und er ließ den Vatikan als einzigen Konferenzteilnehmer nur Teilen des Schlußdokuments zustimmen. Der vorgesehene Aktionsplan konnte nicht akzeptiert werden, ließ er mitteilen, weil darin auch »eine Billigung außerehelicher sexueller Aktivität, insbesondere unter Jugendlichen« enthalten sei.

Die Probleme von Kairo waren nicht zuletzt eine Frage der Finanzen. Freilich wird nirgendwo davon ausgegangen, daß der Vatikan auch nur eine müde Mark in die entsprechenden Hilfsprogramme für Frauen investieren wird. Hoffnung machte manchen der diplomatisch verklausulierte Hinweis des US-Delegierten Timothy Worth, im Jahr 2000 würden mehr als eine Milliarde Teenager auf der Erde leben. Zwischen den Zeilen: Spätestens dann dürfte der Papst diesen Kampf um die Frauen und Jugendlichen verloren haben.

»Hat das Konzil die Tore weit aufgemacht, damit die Menschen von heute in die Kirche eintreten, oder aber, damit Menschen, Gruppen und die Gesellschaft sie verlassen können?« (SH 193). Was Johannes Paul II. getan hat, beantwortet unter uns die Abstimmung mit den Herzen und den Füßen. Die Köpfe hatte er bereits verloren.

Gerüchtweise verlautete der Vatikan habe Indonesien, um dessen Stimmen in Kairo zu gewinnen, einen Kuhhandel angeboten. Zustimmung für den Papst, dafür Schweigen des Papstes zu den Verletzungen der Menschenrechte in Ost-

Timor... Nur ein Gerücht? Wer die vatikanische Politik der letzten Jahre aufmerksam verfolgte, wird wissen, woran er ist.

Frauen müssen arg katechismusgläubig sein, um klerikale Vorgaben vorbehaltlos zu akzeptieren und uralte Weiblichkeitsideologien wie die Doppelrolle der Frau oder den päpstlichen Mütterlichkeitskult kritiklos hinzunehmen. »Und diesbezüglich müssen wir zur Gestalt Marias zurückkehren. Die Gestalt Marias und die in aller Intensität erlebte Hingabe an sie erweisen sich auf diesem Weg als große und schöpferische Inspiration« (SH 242). Wir werden noch davon hören.

Es ist nachzuvollziehen, daß die Menschen, von fundamentalistisch Denkenden abgesehen, Wojtyla längst aufgaben; einen Papst, der das Bild des menschlichen Lebens in totalitären Regimen »schrecklich« nennt, doch kein Wort über bestimmte Regimes sagt, sein eigenes nicht ausgenommen. Kein Wort fiel beispielsweise über die bis ins 19. Jahrhundert reichende Rechtfertigung der Sklaverei durch seine Vorgänger. Kein Wort kam ihm über die bewußte Verweigerung selbst grundlegender Rechte in der Kirche über die Lippen.

Ohne Religion keine Moral? Oder *mit* Religion keine Moral? Die Behauptung, ohne religiöse Basis lasse sich Moral weder begründen noch bewahren, ist nur stimmig, wenn ihre Voraussetzungen und Absichten mit in die Überlegung einbezogen werden.

Schlimm genug, daß selbst in säkularisierten Ländern Religiosität nicht auf ihren Eigenzweck hin bedacht, sondern als Basis für Sittlichkeit ausgegeben und entsprechend honoriert wird.

Reformer verließen früher oder später die Papstkirche. Sie waren stolz darauf, nichts mit Hirten gemein zu haben, die in ihren Kathedralen sitzen und sich den Segnungen der Zentralheizung hingeben. Der Papst läßt die Störenfriede gern ziehen. Ihre Hoffnungen sind nicht die seinen. Ihre Schwellen überschreitet er nicht. Er hat besseres zu tun. Er predigt gegen die Verletzung von Menschenrechten in Lateinamerika – und findet keine Distanz zu den dort Herrschenden. Wojtyla unterstützte den General Rios Montt (Guatemala) nicht weniger als den Juntachef Pinochet (Chile) oder den Diktator Somoza (Nicaragua). Als die Welt gegen den Völkermord Somozas Stellung bezog, war von Wojtyla kein einziges Wort zu vernehmen. Dagegen hat er soeben höchstselbst Pinochet zur Goldenen Hochzeit gratuliert . . .

In Brasilien nannte der Papst die illegal herrschenden Minister und Militärs Repräsentanten der Nation und lobte die »offiziellen Freundschaftsbeziehungen« zwischen dem Vatikan und der Regierung, »die im Lauf der Zeit immer fester geworden sind«. Auch kritisierte er zwar Maßnahmen zur Familienplanung und die Abtreibung, doch verlor er keine Silbe über die Folterungen des Regimes. Kaum war er abgereist, ließ dieses folgerichtig erklären, voll hinter den Worten des hohen Besuchers zu stehen. Finden sich bei solchen Regimes hoffnungsvolle Ideologien, die ins päpstliche Konzept passen? Mit denen sich kollaborieren ließ?

Besonders die Tätigkeit des päpstlichen Nuntius in Argentinien, Pio Laghi, hätte Wojtyla zu Nachforschungen herausfordern müssen. Der ranghöchste Vertreter des Vatikans war eine der wichtigsten ideologischen Stützen des Militärregimes gewesen. Er hatte die Partei der Täter ergriffen, deren Vaterlandsliebe der Liebe zu Gott gleichgesetzt, denen, die »ich als Brüder ansehe«, den Segen des Papstes überbracht. Die Brüder wurden gelobt, weil sie »getreu den Befehlen ihrer Vorgesetzten zum Opfer ihres eigenen Blutes bereit sind«. Über das Vergießen fremden Blutes in Folter und Mord sprach der Hirte nicht. Dabei mußte er über die Vorgänge informiert gewesen sein: Wer, wenn nicht ein Nuntius, sollte in solchen Angelegenheiten Bescheid wissen?

Laghi unternahm nichts. Seine persönliche Nähe zum Chef der Junta, dem praktizierenden Katholiken Videla, und seine Dienstauffassung als Nuntius verhinderten, daß er die in einem so katholischen Land besonders beträchtliche Macht der Kirche gegen Folter und Mord mobilisiert hätte. Doch als ihm und dem Vatikan der argentinische Boden zu heiß wurde, nahm ihn der Papst aus der Schußlinie und machte ihn zu seinem Vertreter in den USA.

Johannes Paul II., Meister des doppelten Zungenschlags,

mißt mit zweierlei Maß. Gewiß produziert er schöne Sätze am laufenden Band. Ein ganzes neues Buch voll. Doch Hoffnung für alle? Auch für Lateinamerika? Papier ist geduldig.

Was war unter der Amtszeit Laghis geschehen? Die »Verteidigung unseres Gottes« und der christlichen Werte als ideologische Motive waren offenbar so überzeugend, daß die Folterer bis hinunter zu den niederen Dienstgraden sie verstanden. Warum auch nicht? Das katholische Lateinamerika vollzog die europäische Neuzeit nicht vollständig und flächendeckend nach. Die Mehrzahl der Bevölkerung lebt zur Zufriedenheit der Bischöfe in den Vorstellungen eines Glaubens, den europäische Theologen nicht aufbringen, der aber deswegen nicht »abgeschafft« ist.

Ein Beispiel: Bei der Durchsuchung eines Hauses, dessen Besitzer entführt wurden, zerstörten die Täter alles, was sie vorfanden, und schmierten schließlich die Parole »Es lebe König Christus!« und »Christus erlöst!« an die Wand. Keine Entgleisung. Wer das gängige Bild »unseres Gottes« und die erprobte »Jesus«-Lehre der Jüngerschaft kennenlernte, wird sich nicht wundern; alles paßt.

Im April 1983 veröffentlichten die argentinischen Streitkräfte zum Abschied ein Schlußdokument, das jede Nachforschung verhindern sollte. Es putzte sich mit Vokabeln auf, die katholisch-konservativen Sprachregelungen entstammen. Der schmutzige Krieg gegen Andersdenkende zum Beispiel wurde als erfolgreiche Dienstleistung für die Gesellschaft definiert. Nachgewiesene Übergriffe sind als bedauerliche Einzelfälle bezeichnet, die »vor dem Gewissen des einzelnen dem Urteil Gottes sowie dem Verständnis der Menschen unterliegen«. Dann werden die verschwundenen »Terroristen« für tot erklärt – und ihnen sogar »verziehen«: »Mögen sie in der Einheit ihrer Gotteskindschaft Vergebung finden.«

Kaum war die Junta gestürzt, wurden nach und nach Hunderte von nichtidentifizierten Leichen aufgefunden, von denen die meisten Folterspuren aufwiesen. Der Prozeß gegen die Täter erbrachte faktisch eine Entlastung der Schuldigen, die unzählige Brutalitäten begangen hatten. Es gab ganze fünf Verurteilungen, in drei Fällen mit geringen Strafen. Folter und

Mord blieben nahezu folgenlos. Dieses Ergebnis wirkte nicht nur auf argentinische Militärs sehr beruhigend, sondern auch auf alle anderen Regimes des Kontinents. Die Machthaber in Südamerika atmeten auf. Aus dem Vatikan kam kein lautes Wort. Offenbar teilte der Papst die Hoffnung der Täter.

Brasilien hatte bereits 1979 Hunderte von namentlich ausgewiesenen Folterern amnestiert und viele von ihnen im Staatsdienst belassen. Es konnte weitergehen wie gewohnt. Der Subkontinent, in den nach dem Zweiten Weltkrieg viele Nazis geflohen waren, kennt noch immer Folterer, die eine besondere Bewunderung für die Methoden Hitlers hegen. Übrigens: Hohe Vertreter der Kirche hatten den flüchtigen Nazis geholfen. Vatikanische Pässe waren nach 1945 hochbegehrt und für die Täter, die sich plötzlich als Opfer sahen, auch zu bekommen. Der Vatikan, der die Menschenrechts-Charta der Vereinten Nationen noch immer nicht unterzeichnet hat, half nach Kräften mit. Offensichtlich entdeckten manche Prälaten nicht in den Jahren zwischen 1933 und 1945, sondern erst danach ihr Herz für Menschen, die Opfer sind – oder auch nicht.

Von Wojtyla hörte niemand bis heute auch nur eine Andeutung, die Hoffnung gemacht hätte, der Vatikan oder er selbst distanzierten sich von alldem. Dieser Papst – ein Lehrer aller Menschen, ein Lehrer der ganzen Wahrheit? – klammert restlos aus seinem Gesichtsfeld aus, was ihm nicht paßt. Er übergeht es in allen Äußerungen so perfekt, als wäre es nicht existent. Johannes Paul II., nach eigener Predigt Papst einer Weltkirche, hatte Wichtigeres zu tun, als sich um Bagatellen zu kümmern. Er richtete seinen Blick nach Osten. Dort nur stand der Feind.

Siegreich konnte, das hat Wojtyla ständig wiederholt, allein der christliche Glaube sein. Das Christentum, genauer: die eigene Kirche würde wieder ihre »jugendliche Kraft« beweisen und Osteuropa retten. Hilfestellung konnten die eingeschworenen Treuen leisten. Und vor allem jene vorbildlichen Hirten, die zu loben dieser Papst nicht müde wird. Historische Unstimmigkeiten werden dabei am tunlichsten weggebetet oder weggelobt.

Ein Beispiel: Gerade erst, im September 1994, pries Wojtyla bei einer Vorabendmesse in Zagreb die Glaubenstreue des kroatischen Kardinals Alojsij Stepinac. Dieser Hirte war 1946 von der kommunistischen Führung Jugoslawiens zu 16 Jahren Zwangsarbeit verurteilt worden wegen Kollaboration mit dem nazitreuen Regime des Ante Pavelic.

Glaubenstreue? Oder Parteinahme für einen katholischen Nazifreund? Johannes Paul II. steht nicht allein. Immerhin hatte auch der von ihm hochgepriesene Pius XII. dem bekennenden Faschisten und Katholiken Pavelic, schuldig an Folter und Hinschlachtung von Hunderttausenden, auf dessen Sterbebett im spanischen Exil seine besonderen Segensgrüße geschickt...

Wer noch 1994 einen Mann und Pavelic-Partner wie Stepinac öffentlich lobt, muß wissen, was er anrichtet. Hoffnung für die Opfer und ihre Hinterbliebenen vermittelt er nicht. Er bedient die nationalistische Klientel zu Lasten anderer.

»Es gab einmal den Kommunismus«, ist das 20. Kapitel des Wojtyla-Buches überschrieben. Das war einmal. Das Märchen ist abgeschlossen, denn das »Mysterium«, das »Wunder«, der »Finger Gottes« bewiesen sich (SH 155). »Christus sagt: ›Mein Vater ist noch immer am Werk, und auch ich bin am Werk‹ (Joh 5,17)«, leitet der Papst seine Ausführungen über den Niedergang der verhaßten Welt ein (SH 155) und wiederholt dieselbe Bibelstelle gleich noch einmal (SH 160). Er freut sich aufrichtig, denn das Christentum »ist auch eine Religion des Handelns Gottes und des Handelns der Menschen« (SH 156).

Handeln andere als seine Treuen, handeln sie gar gegen die Interessen des Papsttums, urteilt er höchst harsch. Zum Beispiel weiß er über die Französische Revolution zu berichten, daß ihre Schreckensherrschaft »Altäre zerstört, die Christus geweiht waren, Kruzifixe auf die Straßen geworfen und dafür den Kult der Göttin der Vernunft eingeführt« hat (SH 80). Nicht genug: Als das Volk die Grundsätze der Freiheit, Gleichheit und Brüderlichkeit proklamierte, wurde damit »das geistliche und insbesondere das moralische Erbe des Christentums seiner evangelischen Grundlage beraubt«. Mit der unglaublichen Aussage reiht Wojtyla sich würdig in die Zahl seiner Vorgänger ein, die in den revolutionär gegen die Päpste durchgesetzten Menschenrechten »Unsinn«, »Wahnsinn«, »Delirium« erblickten. Es wird hilfreich sein, sich solch vordemokratischer Denkanstöße zu erinnern, sooft Johannes Paul II. über die Würde des Menschen plaudert.

Wojtyla nennt – er weiß warum – im Zusammenhang mit den Vätern des Sieges über den Kommunismus »Vereinigungen und alle in der Kirche zur Blüte gelangten Bewegungen« (SH 157) und die Soziallehre seiner Kirche sowie die Weissagung der drei Kinder von Fatima (SH 159). Die deutsche Ausgabe seines Buches, die mir vorliegt, spricht zwar von einer Erscheinung *der* Fatima, doch wird es sich wohl um eine Verwechslung handeln: Nicht ein muslimisches Mädchen namens Fatima, sondern die Madonna selbst war hier am Werk.

Kaum war die Wende da, hatte der Pontifex frohlockt und sogleich seinen Anspruch ausgedehnt. Nun war ganz Europa gemeint. Es sollte sich »christlich einen«. Die »unermüdliche Neuevangelisierung«, von der sein Buch so ausführlich spricht (SH 133-145), wird dafür sorgen, daß sich das Ziel erreichen läßt. Wojtyla träumt bereits von Wallfahrten, von einer »Wiederentdeckung der authentischen Werte der sogenannten Volksfrömmigkeit« (SH 143 f.). Will er Pilger politisch mobilisieren, um Europa zu retten? Doch wie sieht er in diesem Zusammenhang die Zukunft seiner Kirche? Wird sie nicht doch, Wallfahrten hin oder her, zu den Religionen zählen, die einem »systematischen Zerfallsprozeß« (SH 130) unterliegen?

Wie löst er den von ihm in wenigen Zeilen angesprochenen Nord-Süd-Konflikt? Indem er Verantwortliche sucht, die den »Kampf gegen Gott« begannen und den »Versuch einer systematischen Beseitigung alles Christlichen« machten (SH 161)? Weiß der Papst nicht mehr zu sagen? Steht er so weit außerhalb der tatsächlichen Probleme?

»Die Kirche nimmt mit dem Geist dieser Welt täglich neu einen Kampf auf, der nichts anderes ist als der Kampf um die Seele dieser Welt« (SH 140). Zwar gibt es mächtige Gegenkräfte, sogar eine eigene »Gegenevangelisierung«, die sogar »über entsprechende Mittel und Programme verfügt, um sich mit großer Kraft dem Evangelium und der Evangelisierung zu widersetzen« (SH 140). Doch werden die Kräfte des Bösen nicht siegen, pfeift Wojtyla im Wald, auch wenn sie, wie er an mehreren Stellen seines Buches betont (z.B. SH 202), über große Finanzmittel verfügen (was wohl von seiner Kirche nicht behauptet werden kann!). Wir werden sehen. Die erhoffte Neuevangelisation schadete allerdings am allerwenigsten dem Vatikan selbst, auch der ein Stück Europa, wenn auch das winzigste. Wann endlich werden Päpste aufhören, eine Welt zu belehren, statt vor der eigenen Tür zu kehren?

Innenpolitisch ist Johannes Paul II. nämlich auch keinen Schritt weitergekommen. Auch auf diesem Terrain ließ er es bei edlen Worten bewenden. Beispiele gibt es dafür genug.

Die von dem früheren »Reisemarschall« Wojtylas, Erzbischof Paul Marcinkus, geleitete päpstliche Bank, ansässig in einem der am besten getarnten Steuerparadiese der kapitalistischen Welt, war schlicht korrupt. Sie war nicht nur in die mittlerweile aufgedeckten Skandale verwickelt, in die Affären, die sich mit den Namen Sindona und Calvi verbinden. Sie half auch, Mafiagelder zu waschen.

Der Papst weigerte sich zu Beginn der achtziger Jahre, als alles noch durchzugehen schien, irgendwelche Verfügungen anzuerkennen, die von italienischen Gerichten gegen Marcinkus erlassen worden waren. Die Etikette zwischen zwei souveränen Staaten müsse beachtet werden, lautete die Auskunft des Vatikans. Ob auch die vielfach verkündete päpstliche Moral in einer Angelegenheit wie dem Diebstahl von mehr als einer Milliarde Dollar zu Lasten Italiens zu beachten sei, wurde nicht so deutlich gesagt.

Marcinkus, Duzfreund des Wirtschaftskriminellen Calvi, sollte von Johannes Paul II. sogar zum Kardinal erhoben werden. Nur der Einwand des päpstlichen Außenministers Casaroli (auch sein Name stand auf einer belegten Freimaurer-Liste!) ließ Wojtyla Abstand nehmen. Der Gesichtsverlust wäre doch zu gewaltig gewesen.

David Yallop fällt in seinem Bestseller *Im Namen Gottes* ein vernichtendes Urteil über Wojtyla: »Das Pontifikat Johannes Pauls II. hat sich als Glücksfall für Geldjongleure und Krämerseelen, für Kriecher und Lumpen, für internationale Polit- und

Finanzgangster . . . erwiesen.« Der Vatikan wird sich hüten, Beleidigungsklage gegen Yallop zu erheben. Der Papst muß fürchten, von diesem Journalisten unwiderlegliche Belege für diese Aussage vorgehalten zu bekommen. Ein Journalist wie der Befrager Messori ist vergleichsweise harmlos; er stellt alles auf den Kopf und damit die »Rangordnung der Dinge« (SH 19) wieder her. Er beschränkt sich auf Fragen nach dem lieben Gott, die dem Vatikan bekanntlich wenig Ärger machen.

Andere Fragen sind problematisch. Die Ereignisse, welche – zufällig? – mit der Regierungszeit Wojtylas zusammenfallen, decken zum Beispiel auf, wie dünn das Mäntelchen ist, das der Papst trägt. Für die unter Normalsterblichen als doppelmoralisch geltende Tätigkeit Johannes Pauls II. sei hier stellvertretend genannt:

Wojtyla predigt 1978 von der Notwendigkeit der Evangelisierung der Stadt Rom. Zugleich trennt er sich nicht von dem längst im Zusammenhang mit einem milliardenschweren Mineralölsteuerschwindel kompromittierten Kardinalvikar Ugo Poletti. Er bestätigt den von der Staatsanwaltschaft ertappten Lügner als verantwortlichen Hirten für die Seelsorge in Rom.

Vor der Amerikanischen Bischofskonferenz rühmt Wojtyla 1979 die Rolle des Bischofs bei der Verkündigung der vollen Wahrheit des Evangeliums. Als er dies predigt, denkt er vielleicht daran, daß er gerade 50 000 Dollar Schwarzgeld aus dem Geheimfonds eines Kardinals einstecken durfte. Dieser Erzbischof von Chicago, John Patrick Cody, hatte seinen Dienst am Menschen und am Evangelium auf spezifische Weise interpretiert: Er hinterließ in zwei früheren Diözesen jeweils 30 Millionen Dollar Schulden, setzte 1970 zwei Millionen bei Börsenspekulationen in den Sand und finanzierte Schäferstündchen aus der Kirchenkasse. Angriffe auf seinen Lebensstil hatte Cody, der sich ungestraft der Zuneigung des mächtigen Bundesgenossen Wojtyla rühmte, als Taten gegen »die ganze Kirche« abzuschmettern verstanden.

1979 erklärt Wojtyla in Dublin, die Laien blickten in allen Fragen ihres Lebens auf die Bischöfe als ihre Väter, Führer, Hirten. Daß die angesprochenen Laien auch auf Bischöfe wie

Marcinkus und Cody, um nur zwei zu nennen (die Liste ist lang), blickten, sagte Johannes Paul II. nicht. Dabei wußte er schon alles.

1994 zwingt der Vatikan den Bischof der Seychellen zum Rücktritt, weil er mit dessen Haltung zur Abtreibung nicht einverstanden war. Offiziell machte der Papst dem Hirten seine Schwäche für Pornos und Drogen zum Vorwurf. Daß aus denselben Gründen eine ganze Reihe von Bischöfen geschaßt werden müßten, wie die *Süddeutsche Zeitung* berichtet, übersieht Wojtyla. Denn diese stehen wenigstens hinter seiner Lehre über Geburtenkontrolle und Abtreibung.

Auf den Philippinen verkündet der Papst, die Kirche brauche das Zeugnis des um des Himmels willen freiwillig übernommenen und durchgehaltenen Zölibats. Weil dieser Zeugnis gebe »für eine Dimension der Liebe, die an der Liebe Christi selber Maß genommen hat«. Zu dieser Zeit weiß Wojtyla schon genau, daß er Kardinal Cody, der anderweitig Maß für seine Liebe nahm, in seinem Amt belassen wird – trotz tausendfacher Proteste der Menschen.

Johannes Paul II. schärft immer wieder die Treue selbst zu Äußerlichkeiten ein, zur peniblen Einhaltung liturgischer Normen zum Beispiel. Damit soll »die rechte Ordnung des mystischen Leibes Christi« geschützt werden. Während er angeblich so unangreifbar über Treue und Disziplin predigt, schützt er Finanziers, die Unterschlagungen in Millionenhöhe begingen, und vertraut ihnen wissend die Zukunft der vatikanischen Finanzen an.

1984 spricht der Papst in der Schweiz über Ethik im Bankwesen und meint, »auch die Welt der Hochfinanz ist eine Menschenwelt, unsere Welt, und muß sich daher an unseren moralischen Maßstäben messen lassen«. Während er predigt, gewährt er einer Reihe mutmaßlicher Großbetrüger, durchweg Manager der vatikanischen Hochfinanz, sicheren Unterschlupf.

Während Johannes Paul II. gerade einmal die Apartheid in Südafrika geißelt, macht sich seine Hausbank daran, der dortigen Regierung einen Kredit in Höhe von umgerechnet 172 Millionen Mark zu gewähren.

Im Dezember 1985 finden bei Bombenanschlägen in Wien und Rom 20 Menschen den Tod. Der Papst verurteilt die Verantwortlichen aufs schärfste. Sie waren, wie jeder wußte, in Libyen zu finden. Zwei Tage nach der Bombenexplosion handelt der Bevollmächtigte der Papstbank in Tripolis Modalitäten eines Millionenkredits für Ghaddafi aus.

Der Papst nennt seine Kirche »ärmer, als die meisten Menschen denken«. Um an anderer Leute Geld zu kommen, verhökert der Vatikan päpstliche Segen, Orden, Titel. Die Segensurkunde de luxe kostet mittlerweile umgerechnet 5000 Mark, Orden je nach Rang bis zu 120 000 Mark, ein Fürstentitel um die 2,5 Millionen Mark. Die Nebenkosten für die im Petersdom (!) gefeierte Erhebung in den Fürstenstand belaufen sich nochmals auf 50 000 Mark. Nie wurde bekannt, daß auch nur eine einzige Lira aus diesen Einnahmen an Arme weitergereicht worden wäre. Das kann sich der Vatikan nicht leisten.

»Die Welt muß wissen, daß Afrika in Armut versinkt«, stellt Wojtyla im Januar 1990 fest. Und im September weiht er die Basilika »Unsere Liebe Frau vom Frieden« im Geburtsort des Diktators der Elfenbeinküste ein. Dabei nimmt er den Protzbau nebst Park (dreimal so groß wie der Vatikan) als Geschenk an. Die Armut Afrikas? 7000 Quadratmeter an Glasfenstern wurden für den afrikanischen Petersdom verbaut. Nicht genug: 120000 Quadratmeter Marmor wurden aus Italien in das Land am Rand der Sahelzone geschafft, um eine Triumphstraße für Wojtyla zu pflastern. Und ein Palast mit 20 Luxuszimmern wurde eigens errichtet, um den Papst und sein Gefolge für eine einzige Nacht unterzubringen. Fast 1900 Scheinwerfer zu 1100 Watt strahlen den Dom an; neun von zehn Familien verfügen an der Elfenbeinküste nicht über Strom. Nur jeder zwölfte Einwohner des Landes ist katholisch. Das muß sich ändern, meint Wojtyla, und gibt die Parole von der »Afrikanisierung der Kirche« aus, erhofft eine Re-Evangelisierung Europas durch afrikanische Missionare (SH 139). Der Dom des Diktators, mittlerweile im päpstlichen Besitz, ist gewiß ein Markstein auf dem Weg in diese Richtung.

Johannes Paul II., Papst der frommen Superlative, redet, lamentiert, klagt an. Zu einer Besserung der Zustände aller

Menschen trägt seine Politik ebensowenig bei wie seine Predigt. Da ist es schon einfacher, »allen alles zu werden«, von der »Dimension des Lebens aller Menschen« (SH 86) zu handeln, den Katechismus mit dem »Glanz der Wahrheit« (SH 191) zu schmücken und für die entsprechende Hoffnung in der Welt werben zu lassen.

9

DIE PRAXIS DES ANGST- UND HOFFNUNGSMACHENS

Warum ein ausgedünntes Christentum im Angebot des Papstes bleibt

»Es ist daher geoffenbarte Wahrheit, daß das Heil einzig und allein in Christus zu finden ist. Die Kirche ist als Leib Christi nur einfaches Werkzeug dieses Heils« (SH 164).

Worin liegt der Grund für die zentrale Stellung Jesu Christi? Welche Bedeutung mißt Johannes Paul II. ihr bei, und warum tut er dies? Und welcher Christus ist eigentlich gemeint, wenn Wojtyla spricht? Die Fragen sind nicht mit der simplen Feststellung beantwortet, der abendländische Kirchenglaube sei traditionell auf niemand anderen als auf Jesus, den Christus, bezogen und ein Papst könne am allerwenigsten von einer solchen Überlieferung abweichen oder gar »die Offenbarung« infragestellen.

Zumindest kann nachgefragt werden, welche Akzente Wojtyla in seiner Christologie setzt. An der Antwort läßt sich unter anderem ablesen, wie Johannes Paul II. sein Amt versteht, das noch vielen – und selbstredend Wojtyla selbst – als das gilt, das der Stellvertreter Christi auf Erden innehat (SH 34 f.).

Bei einer Analyse der einschlägigen Verlautbarungen Johannes Pauls II. fällt einmal mehr die Vorliebe des Papstes für Schwarzweißmalereien auf.

Die Äußerungen Wojtylas über Christus heben sich von einem Hintergrund ab, der voller Unheil ist und den Erlöser geradezu herausfordert. Dieses verelendete Milieu bilden in erster Linie die Welt und die Zeit, aber auch die Menschen, die hier und heute in Angst leben, ohne sich fürs erste auf die richtige Wahrheit besinnen und damit befreien lassen zu wollen.

»Wovor sollen wir uns nicht fürchten? Wir dürfen die Wahrheit über uns selbst nicht fürchten« (SH 33). Und: »...deshalb kann die Welt für den Menschen keine Quelle des Heils sein« (SH 98). Das sind starke Worte und ein hartes Urteil. Wojtyla aber geht auf in dieser Missionsmentalität. Diese ist nicht von vornherein charakteristisch für eine Religion. Käme der Dalai Lama je auf die Idee, für seinen Glauben auch nur entfernt so missionarisch zu wirken wie der Papst?

Von dem Trick, zunächst alles Vorgefundene schwarzzumalen, um die eigene Lösung, Christus, reinweiß und sauber zu zeichnen, ganz zu schweigen. Wir werden die Tatsache einkalkulieren müssen, daß Papst Johannes Paul II. es bewußt darauf anlegt, Angst und Hoffnung zugleich zu machen. Offenbar ist die von ihm vermittelte Hoffnung für sich genommen zu schwach, Menschen anzustecken.

»Das noch ursprünglichere Böse ist, daß sich Gott dem Menschen verweigert, daß er ihn auf Ewigkeit verdammt als Folge davon, daß der Mensch sich Gott verweigert hat« (SH 98). Auf ewig verdammt? Ja. Wojtylas Hoffnung braucht die Angst, und das entlarvt sie. Sie ist nicht zweckfrei, wird den Menschen nicht ohne Hintersinn angeboten. Diagnose und Therapie liegen in ein und denselben Händen, in denen des Lehrers der Menschheit. Wer dies sein will, ist längst klar. Wojtyla versucht zwar wortreich, »Mensch zu sein«. Doch glückt es ihm nur, die Rolle des Lehrers zu spielen.

Die von ihm neu gestellten und doch stets alten Fragen stehen nicht isoliert. Sie weisen über sich hinaus, nämlich zurück. Das wird klar, wenn man das Schlüsselwort von der »Epoche der tiefsten Ängste des Menschen« beachtet, das Johannes Paul II. 1979 in Puebla (Mexiko) gebrauchte. Macht sich der Hörer die Worte des Papstes zu eigen, so wird es ihm kaum schwerfallen, auch der von Johannes Paul II. angebotenen Lösung aller Probleme zuzustimmen.

Nachdem Wojtyla in immer neuen Ansätzen die Vereinsamung, die Hoffnungslosigkeit, den Egoismus, die Fluchtwege vor der Wahrheit und die Ängste des unbeheimateten Menschen in der Welt beschrieben hat (wie er sie sieht), offeriert er – als Erlösung aus der Pein – seine eigene Sicht: »Der Papst,

Zeuge Christi und Diener der Frohbotschaft, ist deshalb ein Mensch der Freude und der Hoffnung, ein Mensch, der den Wert des Daseins, den Wert der Schöpfung und der Hoffnung auf ein künftiges Leben zutiefst bestätigt« (SH 50).

Inwieweit Freude jemals der Grundgedanke der kirchlichen oder der päpstlichen Botschaft war, lehrt selbst der bescheidenste Blick auf Geschichte und Gegenwart der Institution. Einmal mehr nimmt Wojtyla den Mund zu voll, wenn er über die eigene Kirche spricht. Lernte er noch nicht, daß sich Menschen nicht mehr für dumm verkaufen lassen? Oder versucht er es eben, solange es gutgeht?

Johannes Paul II., so lautet einer der stärksten Einwände gegen seine Amtsführung, identifiziert sich nicht mit den Menschen. Er steigt nicht zu ihnen hinab, teilt ihre Sorgen und Nöte nicht einmal in der Theorie, auch nicht ihre wirklichen Hoffnungen. Er bleibt oben, auf dem Heiligen Stuhl, und spricht über die Menschen, über ihre Ängste und über ihre Hoffnungen. Das wirkt aufgesetzt. In seinem neuen Buch verhält es sich ebenso.

»Gott hat die Welt geliebt. Doch der Geist der Aufklärung braucht diese Liebe Gottes nicht. Die Welt genügt sich selbst« (SH 83). Und: »Die Welt, welche der Menschensohn bei seiner Menschwerdung vorfand, verdiente es, verdammt zu werden: wegen der Sünde, die die ganze Geschichte beherrscht hatte, beginnend mit dem Sündenfall der Stammeltern. Doch dies ist ein anderer Punkt, den das Denken nach der Aufklärung absolut nicht annimmt. Es nimmt die Realität der Sünde und vor allem der Erbsünde nicht an« (SH 85).

Es ist hilfreich, sich solcher Sätze zu erinnern: Die Welt verdiente es, verdammt zu werden. Die Millionen Menschen vor Christi Menschwerdung verdienen nichts anderes als verdammt zu werden. Und diejenigen, die »nach der Aufklärung« leben, sind auch nicht besser. Sie wollen nichts von Sünde, von Erbsünde wissen. Ihre Gründe werden gar nicht erst ernstgenommen. Kein Satz im Buch spricht ihnen Würde zu. Wojtyla behauptet einfach, sie bedürften allesamt der Kirche, die ihnen in Christus das Heil bringt. Damit ist er erneut auf dem Terrain des Jubels über seinen Besitz.

Doch der Papst hat, genauer besehen, gar keinen Grund zum Jubel, zur wissenden Distanz. Anthropozentristische Theorien mögen zum Teil aufgegeben sein. Die Wahrheiten, die Wojtyla vertritt, sind in ungleich stärkerem Maße historisch diskreditiert. Nur Betriebsblinde werden ähnlich optimistisch wie dieser Papst die Geschichte der kirchlichen Weltanschauung betrachten. Die Mehrheit weiß mittlerweile, was sie von Geschichtsklitterungen zu halten hat. Freude, Freiheit, Hoffnung sind nicht gerade die hervorstechenden Merkmale der Kirchengeschichte. Doch Johannes Paul II. erwähnt nicht einmal andeutungsweise die dunklen Seiten dieser Geschichte. Er macht unverdrossen weiter. Er unterschlägt die schlimme Vergangenheit und Gegenwart. Er lebt von selektiven Wahrheiten, nicht von der beschworenen »ganzen Wahrheit«.

Diese Wahrheit aber wird nur ganz selten konkret. Soweit reicht die päpstliche Hoffnung nicht. Wojtyla zieht jeder Konkretion die Leerformel vor: Der Mensch wurde geschaffen, »um in Christus Priester, Prophet und König aller irdischen Geschöpfe zu sein« (SH 46). Kein Wort an dieser Stelle – oder an einer anderen des Buches – über die verheerenden Folgen dieser Theologie. Als läge nicht vor aller Augen, wohin es führte, daß der Mensch als »König aller irdischen Geschöpfe« definiert wurde. Kein Wort über Umwelt, keines über den Raubbau an der Natur, kein Satz über das Leid der Tiere.

Sind dies alles nur Probleme »kirchenbürokratischen Charakters« (SH 17)? Sind Umwelt, Naturschutz, Tierschutz einem Papst so wenig wert wie dem Journalisten Messori, der von vornherein die entsprechenden Fragen ausgeklammert hat? Ein Papst, »Zeuge und Diener der Frohbotschaft, der den Wert der Schöpfung... zutiefst bestätigt« (SH 50), findet kein einziges Wort über das Leiden, das Christen über eben diese Schöpfung brachten und bringen. Bedenklich, höchst bedenklich ist diese bewußte Verkürzung, dieses Beiseitestehen des Papstes, diese Sprachlosigkeit angesichts der drängendsten Fragen der Welt.

Johannes Paul II. möchte seine Zuhörer von der quälenden Besorgnis befreien, in die er sie mit seiner Schilderung des dunklen Milieus stürzte. Die Befreiung geschieht mit Hilfe des Hinweises auf den, dem ein später Interessenvertreter, kein Ohrenzeuge, in den Mund legte, er sei »der Weg, die Wahrheit und das Leben« (Joh 14, 6). Es ist auffällig, daß ein Papst gegen Ende des 20. Jahrhunderts diesen Johannes zitiert, als sei dieser wirklich ein Augenzeuge gewesen, als habe er mit Händen begriffen, was der Verfasser des Ersten Johannesbriefes doch nur vom Hörensagen kannte (SH 75). Kennt Wojtyla nicht einmal die einfachsten Resultate bibelwissenschaftlicher Forschung? Oder muß er bewußt verschleiern, den Menschen die Wahrheit vorenthalten, um sie für seine Beweisgänge zu gewinnen?

Doch der Papst ist bei seinem Thema: Jesus, der Christus, soll Löser aller Probleme der Menschen sein. Er ist und bleibt sogar der Erlöser des Menschen schlechthin. Immer wieder, in endlos sich wiederholenden Sätzen deutet Wojtyla seine Doktrin aus: »... eine große Hymne der Freude darüber..., daß der Mensch durch Christus erlöst wurde: erlöst in der Seele und im Körper« (SH 76 f.).

Von daher gesehen nimmt es nicht wunder, daß das Licht der Wahrheit Christi, das die dunkle Gegenwart erhellen und alle Ecken der Welt ausleuchten soll, an jeden Ort getragen wird, den der Papst besucht. Wojtyla macht sich auf seinen Reisen und in seinem neuen Buch zum Zeugen einer solchen Wahrheit. Und er fordert seine Leser auf: »Fürchtet euch nicht, Zeugen für die Würde eines jeden Menschen zu sein, vom Moment seiner Zeugung an bis hin zu seinem Tode!« (SH 40)

Und er spricht, was seine Glaubwürdigkeit bei vielen erhöht, als angeblich erfahrener Mensch zu den Menschen. Die autobiographischen Bruchstücke, die der Papst verwendet, um die Einzigartigkeit der Stellung Jesu Christi abzuklären, rechtfertigen die eigene Berufswahl auch vor sich und den Seinen: Karol Wojtyla hatte sich in jungen Jahren als ein Schauspieler betätigt, der – nach dem Gewährsmann Mieczyslaw Malinski – bereits die Kunst als »Mission, Sendung, Berufung und Priestertum« verstanden wissen wollte.

Schließlich hatte er diesen unterdessen als vorläufig erkannten Wert zugunsten der scheinbar höchsten Berufung vernachlässigt, auch wenn einige seiner Kollegen gemeint hatten, Karol hätte nur als Schauspieler, nicht als Priester all seine Fähigkeiten verwerten können.

Der junge Wojtyla wußte, was er wollte. Malinski interpretiert die Wahl des »Totus Tuus«, der Ganzhingabe an das Letzte und Höchste, bestimmt im Sinne des Papstes, wenn er schreibt: »Ist es nicht besser, sich für den Weg des geweihten Priestertums zu entscheiden, wo von Anfang an, ex definitionem, vom persönlichen Gott die Rede ist, vom verkörperten Gott, vom Gott-Geist?«

Doch ob diese Wahl nicht eine Engführung darstellte, zumal sie die Weite und Größe der Welt schlechthin – und nicht allein die der Kunst und der Literatur – unwiderruflich verkürzte und in die engen Bahnen eines Klerus hineinführte? Wojtyla blieb entschlossen, die Wahrheit vom ganzen Menschen, der auch die religiöse Komponente (nicht schon die kirchliche, erst recht nicht die römisch-katholische!) seines Wesens anerkennt, in seinem Leben zu verwirklichen. Seine Erfahrungen mit Jesus Christus, dem Erlöser, sollten allen anderen Menschen – als Priester, Bischof und Papst – weitergegeben werden (vgl. SH 224). Das ist ehrenwert. Aber es muß nicht das letzte Wort, der letzte Wert eines Lebens sein. Alternativen sind nicht weniger ehrenvoll.

Auf der Basis einer aus eigenem Lebensvollzug gewonnenen Glaubwürdigkeit wird Johannes Paul II. nicht müde, der Welt immer wieder dieselbe Wahrheit von Jesus Christus vorzutragen. Der Papst sieht sich verpflichtet, nicht zu schweigen, sondern den Hungernden dieses Brot zu brechen.

Bei näherem Hinsehen stellt sich jedoch schnell heraus, wie groß die Diskrepanz zwischen Anspruch und Wirklichkeit ist. Afrika zum Beispiel ist nach Wojtyla der Kontinent, der hungert. Wer jetzt aufhorcht und den Vatikan nicht kennt, erwartet einen Vorschlag zur Lösung des Hungerproblems. Sie kommt auch wie aus der Pistole geschossen: Da der Mensch nicht vom Brot allein lebt, kann nur Christus durch seine missionarische Kirche den Hunger stillen (vgl. SH 139). Die Lösungen gehen dem Papst allzu glatt von der Hand. So leicht dürfte er es sich nicht machen, will er ernst genommen werden. Zunächst müßten einige Voraussetzungen geklärt sein: Hungert Afrika wirklich auch geistig? Woher weiß der Papst dies? Wie belegt er die Behauptung? Und handelt es sich um ganz Afrika? Erwartet der gesamte Kontinent eine geistig-geistliche Lösung? Und welche? Ausgerechnet eine, die aus dem Vatikan stammt? Ist Christus in der Tat die Lösung? Oder Mohammed? Oder einer der anderen geistigen Lehrer dieser Welt?

Johannes Paul II. begeht stets dieselben Fehler: Er analysiert nicht, er doziert. Sein Buch ist keine Hilfe, es sei denn, ein fundamentalistisch bestimmtes Denken wolle Rat fürs Leben im Enzyklikenton empfangen. Wojtyla stellt sich die passenden Fragen oder läßt sie sich von Vittorio Messori zurechtschneiden, um auf diese, und nur auf diese, die nach seiner Meinung richtigen Antworten zu geben. Er übersieht bewußt den größeren Rest der jeweiligen Probleme. Genau dies sind partielle, oft oberflächliche und sogar nur scheinbare Kriterien und Maßstäbe, wie Wojtyla sie anderen Menschen und Gruppen, allesamt weltanschauliche Gegner und Mitbewerber, in seinem Buch durchgängig vorrechnet.

Unter Bezug auf Christus selbst, der »das ewige Leben« (Joh 3,16) ist: »Jedes Wort dieser Antwort Christi im Gespräch mit Nikodemus stellt für eine *forma mentis*, wie sie nicht nur aus der französischen, sondern auch aus der englischen und deutschen Aufklärung entstanden ist, eine Art Stein des Anstoßes dar« (SH 82).

In Krakau hat Wojtyla 1979 allen aufkommenden Zweifeln an der eigenen Doktrin entgegengehalten: »Kann man Christus und all das, was dieser in die Geschichte des Menschen einbrachte, verwerfen? Kann man all dies von sich stoßen? Kann man einfach nein sagen? Natürlich kann man. Der Mensch ist frei. Doch eine prinzipielle Frage: Darf man? Und: In wessen Namen darf man? Welches Argument der Vernunft, welchen Wert des Willens und des Herzens kannst du dir selbst und deinem Nächsten vorlegen, deinen Landsleuten und der Nation, um alles das zu verwerfen, um dem allem mit einem Nein zu begegnen, mit dem wir tausend Jahre hindurch gelebt haben?» Kann man? Darf man? Als Pole, als Mensch? Meisterhaft, die suggestive Wortwahl Wojtylas. Aber das Spiel mit der Angst ist nicht fair. Es überzeugt nicht. Doch jeder Zuhörer muß sich angesichts des scheinbar dezidierten Beweisganges Wojtylas zunächst einmal seiner aufgeklärten *forma mentis* (Denkhaltung) schämen, wenn ihn Zweifel befallen, wenn ihm alles zu perfekt erscheint, was ihm als unumstößliche Doktrin präsentiert wird. Bekommt er Bedenken, sich augenblicklich einem überzeugt wirkenden Papst anzuschließen, kommt er sich schäbig vor. Das genau ist Wojtylas Absicht.

Heinrich Böll hatte im Milieu der stets Überzeugten keinen leichten Stand, als er 1981 eine alternative Meinung vortrug: »Was einen Schriftsteller, wenn er wirklich einer ist mit all seinen Fehltritten und Fehlern, die er innerhalb seines Berufes und als Person macht, von öffentlichen Verlautbarungen der Kirche, auch der Politiker, unterscheidet, ist die Tatsache, daß er eigentlich den Zweifel immer mitliefert, auch den Zweifel an sich selbst und den Zweifel an seinem Ausdruck. Dagegen sind – Vereinfachung vorausgesetzt – öffentliche Verlautbarungen der Kirche, auch von Politikern, in den meisten Fällen von einer geradezu haarsträubenden Glätte. Da wird nichts, gar nichts, offengelassen ... Im Katechismus gibt's ja auf alles eine Antwort, da bleibt nichts übrig, kein Zweifel. Das möglicherweise größere Vertrauen in den Schriftsteller oder auch in den Maler – man kann dies durchaus auf die bildende Kunst übertragen – ist die Tatsache, daß er den Zweifel mitliefert und meistens die Dinge offenläßt, sie nicht schließt, zack, zack, Schluß, das Problem erledigt.«

Papst Johannes Paul II. sieht die Sache mit dem möglicherweise größeren Vertrauen anders. Er bedient die Treuen. Er behandelt den Zweifel als vorübergehende Erscheinung am Rande, als eine Hypothese einiger weniger, die sofort wieder von der angeblichen Wahrheit zugedeckt werden kann. »Mensch, der du über Gott richtest, der du ihm befiehlst, sich vor deinem Gericht zu verantworten, denk an dich selbst, ob nicht du verantwortlich bist für den Tod dieses Verurteilten (Jesus), ob das Urteil über Gott nicht in Wirklichkeit das Urteil über dich selber ist« (SH 95). Und: »Diese Offenbarung ist endgültig. Man kann sie nur annehmen oder ablehnen« (SH 38).

Dabei ist dieser Papst, der den Nichttreuen, Andersdenkenden mit Gottes Gericht droht, der Ansicht, alle Menschen hungerten noch heute nach einer zweifelsfrei gehaltenen Wahrheit. Diese Wahrheit, die fertige und rentierliche Lösung, gleichsam die Totaltheorie zur Sinndeutung der menschlichen

Existenz, kann für ihn – unter dem fest zugesagten Beistand des Gottesgeistes und des »immer jungen Christus« (SH 141) – allein von seiner Kirche kommen.

»Der Mensch rettet sich in der Kirche, da er in das dreieinige Geheimnis Gottes, das heißt in das Mysterium des innergöttlichen Lebens, eingeführt wird« (SH 165). Und: »Es ist daher geoffenbarte Wahrheit, daß das Heil einzig und allein in Christus zu finden ist. Die Kirche ist als Leib Christi nur einfaches Werkzeug dieses Heils« (SH 164). Und, ein Wort des Konzils: »Nicht gerettet wird aber, wer, obwohl der Kirche eingegliedert, in der Liebe nicht verharrt und im Schoße der Kirche zwar ›dem Leibe‹, aber nicht ›dem Herzen‹ nach verbleibt« (SH 167). Und: »Die katholische Kirche freut sich, wenn die anderen christlichen Gemeinschaften das Evangelium mit ihr verkünden, obschon sie weiß, daß ihr allein die Fülle des Heils anvertraut wurde« (SH 168). Es ist hilfreich, sich dieses fülligen Anspruchs auf Ausschließlichkeit zu erinnern, sooft der Papst alternativen Kirchen und Weltanschauungen den Dialog anbietet.

Vertrauen und Glaubwürdigkeit werden nach Meinung Wojtylas durch eine – im Leben des Lehrenden verankerte, bezeugte und bewiesene – Sicherheit der Wahrheit Christi gewonnen. Hungernde lassen sich, folgen sie dem Papst, nicht mit Zweifeln sättigen. Sie wünschen nichts Unfertiges, Halbes oder auch nur Offenes, sondern »die ganze Wahrheit vom Menschen«. Diese findet sich, endlos betont, bei dem von der römischen Kirche authentisch gelehrten Christus.

Wojtyla, zack, zack, vermeidet nicht ein einziges Mal die Gefahr, wie ein Handelsvertreter zu sprechen, der konkurrierende Waschmittel vergleicht und zu dem Schluß kommt, das von ihm selbst vertretene, vermarktete, verkaufte sei dasjenige, das stets am saubersten wasche. Zweifel sind nicht zugelassen, Vergleiche auch nicht. Der Vertreter hat alles bereits erledigt. Wettbewerber aus den vielen konfessionellen, religiösen oder weltanschaulichen Lagern werden sich das Ihre denken. Können sie sich mit einem solchen Mann an einen Tisch setzen, seine Gesprächsangebote akzeptieren? Mit einem Papst sprechen, der eine Kirche vertreten will, die offenbar als einzige »in Christi Namen sprechen darf« (SH 173)?

Alle rein menschlichen Lösungen, wie auch immer sie aussehen, bleiben Stückwerk, doziert der Stellvertreter. Alle übrigen Wahrheiten sind schlichte Halbwahrheiten. Allein das vatikanische Produkt hat Chancen auf dem Markt der Weltanschauungen. Und jeder Mensch, der sich der Wahrheit der Wirklichkeit verweigert, der sich, in der Diktion Wojtylas, selbst zum Maßstab macht und an Gottes Stelle setzt, der mehr oder weniger bewußt meint, ohne Gott, den Schöpfer der Welt, ohne Christus, den Erlöser der Menschen, auskommen zu können, der, statt Gott zu suchen, Götzen nachläuft, ist schon auf der Flucht vor der bergenden Wahrheit. Ob die Menschen dem Papst glauben? Ob sie ihre Hoffnungen auf sein Produkt setzen? Ob sie bereit sind, ihre historischen und aktuellen Kenntnisse über das Produkt, das Wojtyla anpreist, zu vergessen? Ihre Vernunft, ihr Wissen, ihre Alternativen über Bord zu werfen?

Wie sieht es bei der lieben Konkurrenz aus? Was machen Wojtylas Mitbewerber um die Gunst der Menschen? Johannes Paul II. hat, wie nicht anders zu erwarten, sofort eine Antwort auf alle Alternativen der Hoffnung parat. Nachdenken ist da nicht nötig, wo bereits entschieden wurde. Kardinal Ratzinger, Alter ego des Papstes Wojtyla, kürzlich hierzu: »Was bedeutende Geister entscheiden, braucht nicht begründet zu werden.«

Wojtyla selbst: »Wir sind die Kirche auch als Mitglieder der hierarchischen Struktur und vor allem als Teilhaber an der messianischen Sendung Christi, die mit dreierlei Merkmalen zu umschreiben ist als: prophetisch, priesterlich und königlich« (SH 200). Demgegenüber verblassen Buddhismus, Judentum, Islam; sie werden mehr oder weniger feinfühlig als Religionen abgewertet, die nicht die Fülle des Christkatholischen haben (SH 105-128). Sie kommen offenbar nie in »den Genuß der absoluten Fülle der Wahrheit« (SH 99), von der Wojtyla schwärmt.

Die vom Papst diagnostizierte Flucht kann unter den Bedingungen der neuzeitlichen Gesellschaft, die keine Wahrheitsmonopole mehr anerkennt, aufgefangen werden von Weltanschauungen, die alles andere als römisch-katholisch geprägt sind. Der Kontakt verschiedener Weltbilder untereinander war ja nur so lange unproblematisch, wie das jeweils andere Weltbild als der Glaube der Fremden angesehen werden konnte und, alles in allem, uninteressant, ungefährlich blieb. Seit der Entstehung universalistischer Weltbilder, die einen einheitlichen Begriff der Menschheit ausgebildet und ihren eigenen Wahrheitsanspruch auf die Menschheit ausgedehnt haben, wurde um der Einheitlichkeit des eigenen Weltbildes willen eine Auseinandersetzung notwendig. Bleibt eine konkurrierende Deutung unwidersprochen, wird die eigene vom Zweifel befallen.

Also legt die eine Weltanschauung der anderen einen negativen Status bei und wertet deren Interpretationsmuster als Halbwahrheiten. Oder sie drückt die Abweichung in den Begriffen des eigenen Weltbildes aus, um sie als ein schon immer darin enthaltenes und ihm nicht widersprechendes Element zu dokumentieren.

Der Wojtyla-Papst warnt auffällig oft vor allen vorletzten Werten. Sie sollen daran kranken, daß sie nicht die ganze Wahrheit vom Menschen zum Ausdruck bringen, sondern auf halbem Wege stehenbleiben und jener Kirche teils indifferent, teils feindlich gegenüberstehen, die das total wahre Menschenbild zu zeichnen und zu verwirklichen in der Lage ist.

Johannes Paul II. weist beispielsweise den Kirchen und Gemeinschaften, »die aus der Reformation hervorgegangen sind« (SH 175), eine eigene Schuld zu. Der Unterschied zur Catholica ist »aufgrund der Verletzung einiger fundamentaler von Christus grundgelegter Merkmale viel ausgeprägter« als etwa bei den orthodoxen Ostkirchen. Ein starkes Wort: Dem Protestantismus wird ausdrücklich vorgehalten, er habe fundamentale, von Christus selbst grundgelegte Merkmale der Kirche und des Glaubens verletzt. Ich nehme an, daß der Papst unter anderem sein eigenes Amt meint.

Die Betonung von Sinngrenzen, wie Johannes Paul II. sie vornimmt, bezeugt eine höchst defensive Haltung. Sie ist Symptom der angstvoll erfahrenen Bedrohung des eigenen Systems, das vorwiegend mit immateriellen (Heils-)Gütern agiert, durch konkurrierende Sinnwelten. Die Schwelle einer Hoffnung überschreitet diese Betonung nicht. Sie bleibt in

Angst gefangen. Diese Angst, nicht Hoffnung, gibt der Papst weiter.

Gegen nicht päpstlich beworbene Strömungen und Systeme muß sich der Mensch um seiner selbst willen zur Wehr setzen, denn »fürchterlich ist der Anblick des Lebens in den totalitären Regimen, in denen der Mensch seines wesentlichen Daseinszweckes, Mensch zu sein, beraubt ist: der Freiheit der eigenen Urteilskraft und des eigenen Handelns«. Ich lasse dahingestellt, inwieweit sich der Papst selbst das Gericht sprach. Es machte wenig Schwierigkeiten, seine Sätze auf die Kirche anzuwenden. Ganz unbegründet ist der Verdacht nicht, bei dieser handle es sich um ein totalitär und diktatorisch verfaßtes Regime...

Dieses Urteil kann nach Meinung vieler nicht auf den von Wojtyla angepriesenen Jesus von Nazareth übertragen werden. Jesus ein totalitärer Denker? Ein machtbesessener Prophet? Wohl kaum. An anderer Stelle habe ich mich ausführlich mit der Person Jesu befaßt. Ich schenke mir hier die Frage, inwieweit sich dieser gegen die ihm in den Evangelien zugelegten Worte verteidigen konnte. In bezug auf »Jesus«, wie er von Anfang an bis auf den heutigen Tag zurechtgebogen wurde, bleibt erhebliche Skepsis angebracht: Da von ihm selbst so gut wie nichts überliefert ist, mußte er von Anfang an als eine Art Kleiderständer dienen, an dem die verschiedensten Interessen aufgehängt werden konnten. Johannes Paul II. reiht sich gekonnt in die Interessenvertreter ein. Sein »Jesus Christus« ist zugeschnitten. Er paßt haargenau zur Interessenlage des Vatikans. Der Christus dieses Papstes, beileibe nicht der »ganze«, stärkt nur eine bestimmte Hoffnung. Diese ist kirchenpolitisch und politisch verengt. Sie wehrt besondere Ängste ab.

Ein Beispiel: Der Menschensohn ist nach Johannes Paul II. alles andere als ein »Politiker, Revolutionär und Umstürzler von Nazareth«, wie der Papst 1979 in Puebla sagte. Die Gefahr, aus dem Gottessohn einen Rebellen und Ketzer machen zu wollen, der in den Kampf vorangeht, ist zwar gegeben, doch nicht weltweit virulent. Verzerrungen der Gestalt wie der Wahrheit des Nazareners finden sich allenfalls bei einigen Theologen Lateinamerikas. Doch die können bekanntlich vom

Vatikan diszipliniert werden. Von einem revolutionären Christus geht keine Hoffnung aus, folgert der Papst. Andere sehen dies noch immer anders.

Christus wird bei Wojtyla als verklärendes, segnendes Element einer vor allem abendländischen Kultur interpretiert. »Die Christologie des Neuen Testaments ist ›bahnbrechend‹« (SH 76), sagt der Papst. Aber diese Bahn fährt mittlerweile auf den vatikanischen Schienen – oder gar nicht.

Wojtyla bezieht aus der von ihm selbst diagnostizierten Krise des Menschen seine doktrinäre Energie, den als Anrecht an die ganze Menschheit interpretierten Auftrag der Kirche durchzusetzen. Auch hier wird seine prinzipiell konservative Mentalität deutlich.

Auf dem Hintergrund seiner ständigen Selbstermutigungen macht sich der Papst daran, Formen und Inhalte des neuen, alten Lebens in Christus anzudeuten, mit deren Hilfe die Christen das Dunkel ihrer gottfernen Umgebung erhellen sollen. Die Finsternis der christlichen Vergangenheit kommt so gut wie nicht vor. Dagegen wird einmal mehr die Unterscheidung zwischen Gut und Böse im konservativen Sinn getroffen: Die Welt und ihre Ideologien sind im Irrtum, die römische Kirche und ihre Wahrheit befinden sich auf der richtigen Seite, und überzeugte Christen haben nur die Aufgabe, ihre Welt danach auszurichten. Ich erwähnte, wie detailliert diese Weltverwandlung Wojtyla bereits im Vatikan gelang. Das ist freilich ein christologisch wie ekklesiologisch dünnblütiges Angebot. Doch nur dieses kann im Katalog Wojtylas bleiben. Weitergehende wehrt seine Angst von vornherein ab.

Wird er nicht beim Wort genommen, kann der Papst, seinen Christus im Rücken, beispielsweise als Lehrer in der Frage der Menschenrechte auftreten und über Freiheit, Gewissen, Würde des Menschen predigen. Kann er dies wirklich? Ohne daß ihn jemand daran erinnert, wie es um die Menschenrechte in der Kirche stand und steht? Ohne daß ihm jemand sagt, daß die Menschenrechte gegen den erklärten Widerstand seiner Vorgänger durchgesetzt werden mußten; ihm jemand die einschlägigen Dokumente früherer Päpste vorhält, die jene Rechte, mit denen er gegenwärtig Hoffnung predigt, als Irrsinn und Gotteslästerung verdammten; ihn jemand ermahnt, bei der Wahrheit zu bleiben und zunächst in der eigenen Organisation für wichtige Grundrechte des Menschen zu sorgen – zum Beispiel für Meinungsfreiheit und Wissenschaftsfreiheit?

Ganz so naiv, wie Wojtyla es voraussetzt, wenn er Bücher schreibt, sind die meisten Menschen nun doch nicht mehr. Es müßte dem Papst zumindest zu denken geben, daß kürzlich 89 Prozent der Franzosen angaben, sie brauchten keine Religion, um ein ethisch verantwortliches Leben zu führen.

Woher soll den Menschen Hoffnung kommen, wenn deren Prediger nachweislich keine besseren Grundlagen für diese Hoffnungen schafft und seine Herde bewußt weit hinter den Errungenschaften neuzeitlichen Menschenrechtsbewußtseins herlaufen läßt? Will der Papst die schlimmsten Versäumnisse seiner Vorgänger oder seine eigenen dem »ganzen Jesus Christus« anlasten? Als sei dieser dafür verantwortlich, daß es in der katholischen Kirche auffallend wenig Menschenrechte gibt, von Demokratie zu schweigen?

Oder kann Wojtyla nur so reden, indem er Geschichte und Gegenwart seiner Kirche höchst selektiv betrachtet? Ja, um den Preis der Verkürzung der Botschaft Christi? Ist Wojtylas Hoffnungsangebot also nichts anderes als eine Mogelpackung? Trägt sein Produkt das falsche Etikett? Johannes Paul II. ist auf diesem Auge blind. Der Rückzug auf das eigene Proprium, das Mysterium Christi, soll seine Kirche davor schützen, sich hemmungslos an die Welt zu verlieren. Sie hat keine Anleihen bei fremden Weltanschauungen nötig, da die ihr eigene Offenbarung die ganze Wahrheit vom Menschen enthält (SH 38, 76 f.). Auffüllungen der eigenen Position fallen aus. Die Wahrheit Christi, unverkürzt tradiert und gelehrt, reicht, um alle Probleme der Menschen zu lösen und eine ganze Welt zu erlösen. Vorsicht! Je häufiger der Papst der eigenen Wahrheit die Vokabeln »unverkürzt« und »ganz« reserviert, desto stärker sieht er sich gezwungen, die Wettbewerber auf dem Weltmarkt der Wahrheiten abzuwerten. Das soll von der eigenen Schwäche ablenken, denn eine auch außerhalb seiner Doktrin nachvollziehbare Begründung für die wiederholte Behauptung, allein seine Kirche besitze die ganze Wahrheit, bringt er nicht bei.

Hätte er Ahnung von neuzeitlicher Wissenschaftstheorie statt von vorsintflutlicher Theologie, wüßte er, daß nicht jene, die bestreiten, Argumente anführen müssen, sondern jene, die behaupten.

Stattdessen bestätigt er sich seine vorgebliche Stärke. Es kann nach seiner Meinung nicht darauf verzichtet werden, die Wahrheit sorgsam zu bewahren – und sie keinen weltlichen Einflüssen auszusetzen. Anpassungen oder Assimilationen scheiden aus. Die Hirten als Hüter der überkommenen Lehre bleiben aufgerufen, sich ihrer – durchweg als unpolitisch interpretierten! – Berufung treu zu erweisen und dem Volk Vorbild des Glaubens, nicht aber einer wie auch immer gearteten politischen Aktivität zu sein. Ich halte diese Selbstbestätigungen nicht nur für ein Zeichen von Schwäche. Sie sind auch naiv. Sie verkennen die Fragen, die immer mehr Menschen stellen. Ich nenne ein paar von ihnen.

Die früheren Assimilationen? Die Anpassung der Kirche an vergangene Epochen und deren Zeitgeist? Fiel zum Beispiel die hierarchische Kirchenorganisation vom Himmel? Ist sie nicht detailgetreu byzantinischen und mittelalterlichen Vorstellungen und Formen von Macht angepaßt? Waren da Engel oder doch nur schäbig Machthungrige am Werk? Soll neuerdings die politische Aktivität der Hirten verboten sein, nachdem sie fast zweitausend Jahre hindurch ins Konzept paßte? Wie steht es denn um die politische Tätigkeit des Papstes? Erfüllten die Vorgänge der letzten Jahrhunderte, ja der letzten Jahre im Vatikan die Ansprüche dieses Predigers, Vorbild für das Volk zu sein? Vorbild des Christusglaubens? Der schwellenüberschreitenden Hoffnung für alle Menschen? Und der nur zur Catholica passende Zuschnitt des Christus? Der alle nichtkatholischen, nichtkonfessionellen, nichtreligiösen Ansätze ausspart und als Halbwahrheiten verdammt (SH 97-132)?

An allen Stellen, wo Menschen nachfragen, gibt das Lehrgebäude Wojtylas nach. Auf einer derart schwankenden Basis Hoffnung zu bauen, ist selbstmörderisch. Auf ein solches Fundament die Hoffnung der Menschen gründen zu wollen, unredlich. Und wie steht es um die angebliche Lebenshilfe, die Wojtyla anbietet? Was genau hat er als Stütze des Glaubens im Alltag zu bieten? Wie sehen seine Vorschläge konkret aus?

Johannes Paul II. rät in Sachen Ökumene vor allem dazu, »viel zu beten« (SH 176). Er behauptet zwar, seine Kirche habe sich den Gedanken der Einheit im Glauben »mit großer Begeisterung zu eigen gemacht« und trete »Tag für Tag mit großem Engagement dafür ein« (SH 178). Wer sich im Alltag auskennt, wird dies für eine Unwahrheit halten.

Der Papst bestärkt die eigenen Gläubigen darin, vor allem den gebräuchlichen Frömmigkeitsformen – und nur diesen – treu zu bleiben. Zum Beispiel der Einzelbeichte, zum Beispiel dem Rosenkranzgebet. Schaut er in die Zukunft, setzt er auf Wallfahrten und Pilgerreisen (SH 143 f.). Die »Wiederentdeckung der authentischen Werte der sogenannten Volksfrömmigkeit« ist freilich eine arg schmale Basis für die Zukunft der Jugend und der Welt. Wojtyla ahnt dies, wenn er davon spricht, die Kirche brauche sich nicht »auf leichte Erfolge« (SH 131) einzustellen.

Sogar der verstärkte Bau von Kirchen hat seinen angestammten Platz in der engen päpstlichen Weltsicht. In Brasilien weihte Johannes Paul II. inmitten der schlimmsten Slums 1980 eine kostspielige Kapelle ein, anstelle derer gut fünfhundert Wohnungen für die Armen hätten errichtet werden können. Es sei in diesem Zusammenhang nochmals erinnert an den afrikanischen Petersdom, den Wojtyla sich schenken ließ, einen der steingewordenen Schandflecke seines Pontifikats. Eine Hoffnung für alle? Ein Weg ins nächste Jahrtausend?

Der Papst weiß gut, weshalb er auf die Notwendigkeit einer richtigen Katechese verweisen muß. Was davon konkret zu halten ist, bewies der Weltkatechismus zur Genüge. Das Werk ist freilich nach einem guten Jahr wieder weithin vergessen, auch wenn der Papst das Gegenteil geradezu beschwört (SH 191). Im Vergleich zu den hergebrachten Formen und Argumentationsgängen kirchengebundener Religiosität nehmen sich die Hinweise Wojtylas auf einen neuen – auch an Christus orientierten? – Lebensstil sehr mager aus. Sie leiden an Schwindsucht.

In Sachen menschlicher Arbeit etwa nennt Johannes Paul II. auf einmal so gut wie keine Worte des Herrn; sein neues

Buch erwähnt das Thema überhaupt nicht. Jesus von Nazareth hat ja auch nicht viel zu diesem Thema gesagt. Der Sohn eines Arbeiters verwies nicht auf die eigene Erfahrung. Arbeit war für Jesus kein Thema. Im Gegenteil. Auch hierin war der Nazarener eher von einer unbekümmerten Nonchalance: Die Vögel des Himmels säten und ernteten nicht, und doch ernährte sie der himmlische Vater (Mt 6, 26).

Um so wortreicher argumentierte Wojtyla 1981 in einer Enzyklika zum Thema. Auf gut hundert Seiten (die wohl kaum ein Arbeiter las) handelte er die Arbeit ab. Sein Programm lautete dabei »ja, aber«. Er sprach sich zum einen für den Streik aus, aber nur für einen begrenzten. Er bejahte die Gewerkschaften, wollte in diesen aber keine politische Partei sehen. Soweit ist Wojtyla nicht. Noch gibt er sich als Retter einer Welt und nicht als Erbe einer unseligen Vergangenheit, die beispielsweise Europa wie keine andere Weltanschauungsgemeinschaft geistig lähmte. Noch spricht der Papst, wie 1991 in Tschenstochau, von der Soziallehre seiner Kirche als einem Programm beim Bau der »Zivilisation der Liebe«. Noch verteidigt er diese historische Dürftigkeit auch in seinem Buch (SH 158 f.). Noch will er die Jugend Europas im »historischen Kampf zwischen Gut und Böse« auf die traditionellen Werte verpflichten (SH 146 ff.). Noch bietet er seine »Neue Evangelisation« als Ideologieersatz an (SH 193-196). Hat seine Hoffnung eine Basis?

Über die »Soziallehre« der Kirche schweige ich hier. Sie war nichts anderes als eine Reaktion auf das Vordenken anderer; das muß Wojtyla selbst einräumen (SH 158 f.). Und sie bewirkte, zum Beispiel in Lateinamerika, dem »katholischen Kontinent«, so gut wie nichts. Jene Enzyklika Wojtylas schwieg auch zur Ausbeutung unseres Planeten durch die Industriestaaten des 20. Jahrhunderts, während sie das »Macht euch die Erde untertan« zustimmend zitierte, das zur Mentalität des »Herrschens über die Erde« gerann (vgl. SH 46, 50). Das ist erst ein paar Jahre her, wohlgemerkt. In der Zwischenzeit waren andere tätig, die bereits gedacht und gehandelt hatten, als Wojtyla noch schwieg. Mittlerweile hat auch der Papst die Umwelt entdeckt. Vorausgegangen ist er nicht, ebenso wenig wie in der Frage der atomaren Bedrohung, über die sein Buch buchstäblich nichts sagt (!). Johannes Paul II. hatte noch 1982 die Atombewaffnung vor der UNO als moralisch zu vertreten verteidigt – zu einer Zeit, da eine tapfere und hellsichtige Jugend längst auf die Straßen der Welt gegangen war, um dem Rüstungswahnsinn ein Ende zu machen. Und da sollte von ihm Hoffnung für die Erde kommen?

Der als Religionskritiker zu wenig bekannte Mark Twain beschreibt das Prinzip: »Wenn die Wissenschaft eine Krankheit besiegt, die für Gott gearbeitet hat, so bekommt Gott den Dank dafür, und von allen Kanzeln herab ertönt Lob und Preis für seine Güte. Ja, er, er hat's vollbracht. Vielleicht hat er tausend Jahre damit gewartet. Und das ist noch gar nichts: Die Prediger beteuern, er habe all die Zeit daran gedacht. Wenn erregte Massen aufstehen, einen Tyrannen stürzen und ein Volk befreien, so wird als erstes der entzückte Priester es als Gottes Werk preisen und das Volk mahnen, auf die Knie zu gehen und ihm zu danken... Sie vergessen dabei, daß er der langsamste Kraftentfalter im Weltall ist und daß sein Auge, das nie schläft, es wohl doch tut, da er ein Jahrhundert braucht, um etwas zu sehen, was jeder sonst in einer Woche sieht; daß es kein Beispiel in der Weltgeschichte gibt, wo er eine edle Tat als erster gesehen hätte, sondern daß er immer erst da sieht, wo jemand anders schon gesehen und auch gehandelt hat. Dann langt er an und streicht seinen Anteil ein.«

Der katholische Journalist Franz Alt kritisierte damals den Papst scharf: »Wir Heutigen brauchen keine Anregungen zum Beherrschen, sondern zum Schonen der Natur. Schade, daß der Papst die neutestamentliche ›Seligkeit der Sanftmütigen‹ übersehen hat.« Übersehen? Wojtyla hat ausgeklammert, was ihm am Neuen Testament nicht in die interessengeleitete Argumentation paßte. Der ganze Christus? Der ganze Mensch? Die ganze Erde?

So verengt geht es weiter, wo immer dieser Papst spricht und handelt. Johannes Paul II., beim Wort genommen, legte seiner Arbeits-Enzyklika einen eurozentrisch verengten, keineswegs weltweit gültigen Begriff von Arbeit zugrunde. Trägt die Verengung, wie sie dem abendländischen Herkommen, nicht der ganzen Wahrheit vom Menschen entspricht, zu einer Klärung des Themas bei? Muß Arbeit ein anderes Wort für Selbstverwirklichung sein? Soll sich die europäische Arbeitsmoral mit Hilfe Wojtylas auf der Erde durchsetzen? Hat die Verknüpfung von asketischer Lebensführung und schließlicher Industrialisierung, wie sie typisch für den Westen ist, die ganze Wahrheit zum Inhalt? Schlägt nicht vielmehr in der abendländischen Religion noch immer ein kapitalistisches Herz? Und dies für alle Menschen? Eine recht dünne Hoffnung, Herr Wojtyla!

Auffallen mußte in den päpstlichen Äußerungen auch das Fehlen des Begriffs »Muße«. So verstärkte sich der Eindruck, als werde die hilfsweise zitierte »Ruhe« als Zustand der Vorbereitung auf neue Arbeit gesehen. Auch dies ein Symptom für die bürgerliche Verengung der Arbeiterspiritualität auf Leistungsethiken, doch kein Anzeichen für einen neuen Lebensstil. Hier wurde ganz sicher keine Schwelle überschritten!

Wesentlich hoffnungsträchtiger wirkte auch nicht der verstärkte Hinweis des Papstes auf die Rolle der Frau. Der patriarchalisch gefärbte Arbeitsbegriff Wojtylas verteilt die Aufgaben nach wie vor angeblich überzeitlich. Niemand soll sie umverteilen, ohne Gefahr zu laufen, von der Wahrheit abzurücken. Der Mann arbeitet draußen, die Frau, eine unersetzliche Mutter, drinnen. Die Arbeitskraft des Mannes ist an das Kapital gebunden, die der Frau an die Besorgung von Haus und Familie. Das ist nicht neu. Das ist schlichtestes Denken in den Begriffen des Patriarchats. Da ist ein großer Teil der Weltbevölkerung in Denken und Handeln längst weiter. Es wird der Tag kommen, wo auch ein Papst dies sehen und umschwenken wird.

»Als mystischer Leib Christi durchdringt und umfaßt die Kirche uns alle. Ihre geistlichen und mystischen Dimensionen sind viel größer als alles, was die soziologischen Statistiken beweisen können« (SH 170). Leerformeln und Selbstbeschwörungen wie diese helfen nicht weiter. Ob sich beispielsweise das siegesbewußte Wort Wojtylas von der »stärkeren Liebe Christi« in Vergangenheit wie Gegenwart des römisch-katholischen Christentums verifizieren läßt, ist schon nicht mehr fraglich. Die Kriminalgeschichte der Kirche zeugt blutig dagegen.

Aber auch auf dem Gebiet von Kunst und Literatur ist nichts festzustellen, was für die päpstlichen Behauptungen spräche. Die Katholiken sind und bleiben hier unterrepräsentiert: Die einzigen katholischen Schriftsteller von Weltrang, Heinrich Böll und Günter Grass, waren und sind aus der bundesdeutschen Kirche ausgetreten. Ist nicht auch dies ein Symptom für die wahre Lage, an der es nichts zu ändern geben wird, selbst wenn die Absicht – was zu bezweifeln ist – noch so gut wäre?

Johannes Paul II. macht es sich doch zu leicht, wenn er in immer neuen Anläufen dieselbe Wahrheit vom Löser und Erlöser Jesus Christus, wie er sie interpretiert, vor den Menschen der Welt wiederholt. Daß Katholiken als Schrittmacher des geistig-geistlichen Fortschritts angesehen werden könnten, die, von der Doktrin Wojtylas geprägt, eine neue Welt heraufführen helfen, kann nicht behauptet werden – von außereuropäischen Ausnahmen abgesehen, die der Papst beargwöhnt. Mit der Hoffnung ist es nicht weit her, schon gar nicht für alle Menschen.

Der bloße Augenschein spricht dagegen. Neue Lebensformen und hoffnungsvolle Denkansätze kommen von Nicht-Katholiken oder von jenen, die der Kirche Roms längst den Rücken kehrten.

Die scheinbare Stärke der von Wojtyla vertretenen Art von Christentum liegt in der Betonung herkömmlicher Werte und Haltungen. Der Wahrheitsbegriff des Papstes ist kaum als neu und zukunftweisend anzusprechen, und auch seine Christus-Lehre bleibt traditionell geprägt. Johannes Paul II. benutzt noch immer eine objektivierende – und vom wirklichen Leben der Menschen total entfremdete – Vorstellung von der Wahrheit Christi. Sie stützt sich auf die Festlegung und Absicherung von bestimmten Glaubenssätzen.

Der Christus Wojtylas regelt gewiß das menschliche Leben. Doch er tut dies mit Hilfe einer formalen Autorität, die keinen Widerspruch zuläßt und keinen Zweifel. Der Gottessohn, wie ihn die römische Kirche ohne Abstriche zu lehren vorgibt, hat unbedingte Verläßlichkeit zu beanspruchen, wobei die wahre Kirche selbst mitkonstitutiv für diese Wahrheit bleibt. Der von ihr angesprochene Mensch kann daher in Ehren nur mit Ja antworten, will er – nach Auffassung Wojtylas – wahrer Mensch sein oder werden: Weil Jesus Christus es gesagt hat und die Kirche das Wort des Gottessohnes bezeugt, glaube ich es zu meinem eigenen Vorteil als Mensch und als Christ.

Die Autorität Christi bürgt also für die Wahrheit des menschlichen Glaubens. Eine solche Autorität kann nicht hinterfragt werden. Sie stellt eine definitive Vorgabe dar. Jede Unsicherheit des persönlichen Glaubens wird getilgt durch die ständig sichtbare Präsenz der Kirche, die dem Menschen – durch den Papst – sagt, was wahr ist und was nicht.

Es läßt sich bei Johannes Paul II. nicht ausmachen, daß Jesus auch eine Bedeutung für den Menschen haben könnte, die sich nicht auf die formale Autorität einer von den Dogmen abgesicherten Gottessohnschaft gründet – sondern auf seine Praxis, wie sie menschlich und sachlich zu begreifen wäre.

Der Papst läßt in seiner scheinbar vom Menschen her motivierten Lehre von Christus einen Rest an objektivierter Wahrheit zurück. Dieser versteht sich, bewußt oder unbewußt, als Rückendeckung für das versichernde Denken.

Damit *hat* der Gläubige die Wahrheit und kann alles von daher beurteilen und objektivieren. Ja, selbst Christus kann er auf diese Weise haben, indem er genau, vielleicht allzugenau weiß, was er zu leisten hat, damit Christus sein Menschenleben begründet und ihm Sinn gibt. Erich Fromm drückt dies so aus: »Im Habemodus ist der Glaube eine Krücke für alle jene, die Gewißheit wünschen, die einen Sinn im Leben finden wollen, ohne den Mut zu haben, selbst danach zu suchen.« Christus, der Löser und Erlöser, wird von Wojtyla den Habe-Menschen, und ausschließlich diesen nahegebracht. Sie werden sich von diesem Papst und von dessen Lehre angesprochen fühlen. Sie suchen nur bis zu einem bestimmten Punkt die Wahrheit. Haben sie diese gefunden – oder genauer: hat ihnen eine Autorität gesagt, hier oder da sei sie, liege sie bereit, biete sie sich zum Glauben dar –, hat ihr Suchen ein abruptes Ende.

Die Fundamentalisten sind schnell zu Besitzenden geworden. Sie wissen fortan genau, was wahr ist und was nicht, was gestattet ist und was nicht, was gut ist und was böse. Sie sind keine Christen, keine Pilger, keine Suchenden. Sie haben das

Christentum. Und sie werden diesen Wahrheitsbesitz gegen alle Menschen, die andere Erfahrungen mit sich und der Welt machten, bis aufs Blut verteidigen. Geschichte und Gegenwart der Kirche bezeugen dies.

Wojtyla, der Wortführer, steht für Sicherheit. Er befriedigt mit seiner Doktrin vom Erlöser spezielle Bedürfnisse bei den Unsicheren und den um ihr Überleben Besorgten. Es kommt nicht von ungefähr, daß viele Menschen Johannes Paul II. und seine Lehren geradezu lebensnotwendig zu brauchen scheinen. Ihre autoritären Erwartungshaltungen werden durch ihn und durch die Art erfüllt, wie er sein Amt versieht. Eine Kirche ohne Papst, wie es sie seit langem auch auf der Welt gibt, wäre für solche Menschen ein Unding. Sie wüßten nicht, wie sie menschengerecht, das heißt sittlich erlaubt, zu leben hätten.

Jesus von Nazareth hinterließ ihnen zu wenig. Mit ihm kann die Schar der fundamentalistisch Treuen nichts anfangen. In Sachen Moral zum Beispiel, ihrer Hauptsorge, hat er nichts dekretiert. Sein Hauptpostulat Liebe blieb vergleichsweise abstrakt. Er vermied Detailregelungen. Zudem wollte er ein Unruhestifter sein und Feuer auf die Erde tragen (Mt 10, 34). Gerade diesen Jesus schätzen die meisten Christen traditionell katholischer Prägung nicht. Sie sehnen sich nach einem echten Führer in geistlichen Dingen. Sie verlangen jemanden, der das letzte Wort hat und alle Unsicherheiten aus dem Denken, Wissen und Glauben verbannt. Nicht Revolution oder Narretei, sondern Kontinuität, Ruhe, Sicherheit und Ordnung, Wahrheit, Glaubenswächtertum, Amt machen das Leben sicher. Die unausgelotete Angst vor einem unsystematisch-unsicheren, ja clownhaften Jesus von Nazareth verlangt daher mit Notwendigkeit ein System der diesseitigen wie der jenseitigen Ordnung.

Angst kann sich kein wahrer Christ leisten: Angst vor der Wiederkunft Christi, Angst vor dem Jüngsten Gericht und dessen Konsequenzen, Angst vor dem Anderssein, Angst vor der Diskontinuität, Angst vor der Abweichung wie vor dem nichteinholbaren Zweifel, Angst vor Verlusten in Glauben und Wissen. Diese Ängste wurden erst erträglich, nachdem ein starker Mann, genauer: ein Mann mit Vorliebe für starke

Worte, in der Kirche gefunden war. Hier, nur hier, hat Wojtyla sein Publikum. Hier kann er, Propagandist des schlichtesten Glaubens, Hoffnung vermitteln. Den ungleich größeren Rest der Welt sollte er mit derlei verschonen.

Das verengte, interessengelenkte Jesus-Bild, das dieser Papst zeichnet, paßt allein auf die Treuen. Ein Jesus, der es dem Menschen nicht erlaubt, sich einzurichten, überzeugte hingegen noch keinen fundamentalistisch Denkenden und Fühlenden. Gotthold Hasenhüttl beschrieb die Haltung, die aus dem Papsttum einen Fetisch des nach Sicherheit verlangenden Volkes machte: »Magisch fasziniert jubelt die Menge am Petersplatz in Rom, und ein Händedruck oder eine andere Berührung gelten als hohe Gnade. Könige und Herrscher aller Zeiten gelten als ähnliche Idole, als Zentrierungen menschlicher Begeisterung. Man meint hier mehr zu begegnen als einem gewöhnlichen Menschen, der zur Herrschaft über Menschen gelangt ist . . . Die Hochstilisierung der Herrscher ist proportional zu der Unfreiheit der beherrschten und oft total unterdrückten Menschen. So ist das Papsttum Knotenpunkt reaktionärer Kräfte.«

Und der Frankfurter Soziologe Alfred Lorenzer meint: »Die weltanschauliche Idee (die mit einem Führer verschmolzen werden kann) löst die Spannung innerhalb der Persönlichkeit, sie verspricht die Lösung der aktuellen Konflikte und hebt fatal die Isolierung des einzelnen auf. Sie liefert kulturelle Deutungsmuster, die ebenso undurchschaubar wie unangreifbar sind, weil Triebwunsch und soziale Handlungsanweisung zu einer schlechten, wiewohl stabilen Einheit verquickt sind. Je stärker die Irritation der sozialen Lage ist, desto stürmischer wird das Verlangen nach der Droge ›Weltanschauung‹.« Karol Wojtyla vermittelt eine solche. Er ist sogar davon überzeugt, daß es die einzige ist, die den Menschen betrifft. Wer einer solchen Lebenshilfe bedarf, wird ihm dies danken.

Wojtyla entlarvt seine Theorie von der »Liebe und Lebensfülle« (SH 102) besonders dann, wenn er das Thema Sünde, Erlösung, Gericht, Himmel und Hölle behandelt. Hier mag er ähnlich ängstliche Geister wie sich selbst ansprechen, doch niemand anderen.

»Es gibt aber auch eine Bestimmung zur ewigen Verdammnis«, lehrt dieser Papst voller Hoffnung, »die nichts anderes ist als die Verweigerung Gottes, der endgültige Bruch der Gemeinschaft mit dem Vater, dem Sohn und dem Heiligen Geist. In ihr ist es nicht so sehr Gott, der den Menschen, als vielmehr der Mensch, der Gott zurückweist« (SH 100). Eine bedenkenswert hoffnungsvolle Theologie von einem Gott, der die Menschen zurückweist, wenn auch »nicht so sehr« ...

Da die »ewige Verdammnis im Evangelium sicher angekündigt« ist (SH 101), muß Wojtyla den Weg weisen, dieser Strafe zu entgehen. Wie nicht anders zu erwarten, rühmt er zunächst die kirchliche Vergangenheit: »Wie groß ist die Zahl der Menschen, die von diesen Predigten und Gedanken über die letzten Dinge zur Umkehr und Beichte geführt wurden! ... Wir können sagen, daß solche Predigten, die mit dem Inhalt der Offenbarung im Alten und Neuen Testament völlig im Einklang standen, zutiefst in die innere Welt des Menschen eindrangen. Sie rüttelten das Gewissen wach, sie warfen den Menschen auf die Knie und führten ihn zum Gitter des Beichtstuhls; sie hatten eine zutiefst heilbringende Wirkung« (SH 205).

Das ist die Drohbotschaft eines Papstes, der nicht nur die überwunden geglaubten Höllenpredigten der Vergangenheit für neutestamentlich begründet hält, sondern sich auch darüber freut, wie die Angstmache die verängstigten Menschen »auf die Knie warfen und zum Gitter des Beichtstuhls führten«!

Diese Passage, eine der schäbigsten und entlarvendsten eines gewiß nicht hoffnungsvollen Buches, zeigt, worauf es Johannes Paul II. in Wirklichkeit ankommt. Seine angebliche Frohbotschaft, sein Jubel über Friede und Freude des Evangeliums reduzieren sich plötzlich auf peinlichste Angstmache. Angst, Höllenangst, hat nämlich eine »zutiefst heilbringende Wirkung«. Wojtyla schämt sich nicht, dies zu behaupten. Allein der gewählte Superlativ »zutiefst« desavouiert alles andere Heilsgerede als Geschwätz.

Nicht genug. Der Papst schaut in die nähere Vergangenheit und Zukunft: »Der Mensch hat sich in gewissem Maße verirrt; die Prediger, die Katecheten, die Erzieher haben sich verirrt und auch den Mut verloren, ›mit der Hölle zu drohen‹. Und vielleicht haben selbst die, die ihnen zuhören, keine Angst mehr davor« (SH 208 f.). Das muß anders werden. Die »Verirrten« sollen künftig wieder Angst haben und mit Angst drohen. Denn die Hölle ist ein Faktum, an das der Angst- und Hoffnungsmacher Wojtyla fest glaubt. Hätte es noch eines Beweises bedurft, welch dürftige Klientel dieser Papst allein bedient, wäre er erbracht. Ich bedaure die vielen übrigen Katholiken, die einen solchen Papst als Hirten haben. Es wäre an der Zeit, aufzustehen und Herrn Wojtyla die Meinung zu sagen.

Ob Johannes Paul II. mit seiner Lehre »allen Menschen gewachsen« ist? Immer mehr Menschen sind der begründeten Ansicht, Wojtyla erreiche die Wahrheit vom Menschen gar nicht, könne dies nicht einmal, da er nur die mystifiziert-ideologische Form zum Ausdruck bringe, in der das Wesen des Menschen erscheine, nicht dieser selbst.

In einer Zeit, da die Humanwissenschaften auf ihren spezifischen Wegen immer häufiger die Erkenntnis auf sich nehmen, daß die Eigenschaften, die traditionell dem Menschen zugeschrieben wurden, in Wirklichkeit Illusionen darstellen, hat es ein Papst schwerer, als er selbst glaubt, das Wesen des ganzen Menschen glaubwürdig vorzutragen.

Auch die Darstellung Wojtylas vom Alleslöser Christus ist zu einseitig auf jene unter den Zuhörern des Papstes zugeschnitten, die einer derartigen Hilfe bedürfen. Ihr entsprechen weder in der Gegenwart noch in Zukunft die Wirklichkeiten dieser Erde und ihrer Menschen.

Die meisten Menschen – sind sie deswegen bereits bösen Willens? – können durchaus ohne eine solche Gottessohn-Autorität auskommen, ohne deswegen an ihrem Menschsein oder an ihrer Seele Schaden zu nehmen. Der Papst spricht sie nicht an. Sie haben eine andere Vorstellung von der Wahrheit als Johannes Paul II. Niemand darf sie als Menschen diskreditieren, die auf halbem Wege stehenblieben – auch der Papst nicht. Vielleicht steht ihnen Jesus näher, als Wojtylas Angst dies zuläßt.

10

EINE SIEGERIN IN ALLEN SCHLACHTEN GOTTES

Weshalb die Madonna ans Revers gehört

In der Lehre des Papstes Johannes Paul II. fallen die Verehrung der Gottesmutter und die Liebe zu ihr auf. Seit Pius XII. war eine ähnliche Haltung bei Päpsten nicht mehr anzutreffen. Diese hatten immer wieder Maria zitiert, doch waren sie kaum als ausgesprochene Marienverehrer zu charakterisieren gewesen. Der Wojtyla-Papst hingegen kommt häufig auf Maria zu sprechen, und er tut dies mit einer Innigkeit, die eine lebenslange Vertrautheit verrät (SH 237).

Allerdings wäre es falsch, diese Andacht allein mit emotionalen Gründen zu erklären. Der Lehrer Wojtyla fühlt sich durchaus nicht nur in einer Art polnischem Himmel wohl, obgleich seine Marienverehrung in einem anderen Milieu als dem Polens kaum zu einer solchen Intensität herangereift wäre. Diese Liebe ist nicht nur schwärmerisch auf das Jenseits gerichtet. Sie besteht nicht allein aus den dumpfen Gefühlen der Kindlichkeit gegenüber einer Großen Mutter. Sie ist bei einem Mann wie Johannes Paul II. auch fest in den dogmatischen Traditionen der katholischen Kirche verwurzelt. Und sie hat, was oft übersehen wird, eine politische Komponente.

Die marianische Grundstimmung dieser Spiritualität lebt aus dem Glauben einer Kirche, die Maria nicht einfach volksfromm verehrt, sondern die Person der Gottesmutter nicht ohne den Zusammenhang mit dem Erlösungswerk Christi sieht. Karol Wojtyla als einen marianischen Maximalisten abzutun, der in allem und jedem seine träumerische Zuflucht zu der Einen nimmt, griffe zu kurz. Wojtylas Verstand weiß zu viel von der Verehrten, als daß er ihr – ohne nachzudenken – nur sein Herz verschrieben hätte.

Der Papst spricht in seinem Buch auffallend oft vom Christusbezug seiner Haltung; vielleicht hörte er in den vergangenen Jahren zuviel Kritik: »Marienfrömmigkeit und die Mariologie der Kirche sind nichts anderes als ein weiterer Aspekt der... Christologie« (SH 73). Und: »... ich begriff jedoch, daß gerade die wahre Verehrung der Muttergottes christozentrisch und tief im Geheimnis der Dreifaltigkeit Gottes sowie in den Geheimnissen der Fleischwerdung und der Erlösung verwurzelt ist. So entdeckte ich mit einem neuen Bewußtsein die Marienfrömmigkeit wieder, und diese reife Form der Muttergottesverehrung ist mir geblieben...« (SH 237 f.). Und: »Seit meiner frühesten Kindheit war die Marienfrömmigkeit in mir stets an die christologische Dimension gebunden« (SH 239).

Maßvoll katholische Sätze, die ihre Grenzen kennen und nicht zur Unterstützung jener Maximalforderungen herangezogen werden können, die hin und wieder – etwa von Lefèbvre im Zusammenhang mit der Diskussion um eine eventuelle Mittlerschaft Mariens – erhoben worden sind, ohne bisher eine verbindliche Erfüllung der Wünsche durch den Vatikan zu provozieren.

Auf dem Hintergrund eines dezidierten Christusbekenntnisses fällt um so nachhaltiger das Schweigen auf, mit dem die gegenwärtige Theologie die marianische Ausrichtung des Papstes Wojtyla umgibt. Wieder einmal ist aus der Fachwelt so gut wie nichts über die Aussagekraft dieser Marienverehrung zu vernehmen. Eine deutsche, mit einem Vorwort von Kardinal König versehene Auswahl aus den Werken Karol Wojtylas mit dem sicher auch mariologisch interessanten Titel *Von der Königswürde des Menschen* führt unter einundvierzig umfangreichen Texten nur einen einzigen auf, der sich – und das auch nur beiläufig – mit Maria befaßt.

Die vorliegenden Papstdeutungen schenken ihre Aufmerksamkeit nicht einmal einem äußeren Symbol wie dem von Johannes Paul II. gewählten Wappen. Dieses verfolgt, obgleich von den offensichtlich unverzichtbaren Zeichen der päpstlichen Allgewalt wie der Tiara und den Schlüsseln eingerahmt, nicht mehr die zweifelhafte Tradition der oft nur pseudoadligen Familiensignen früherer Päpste. Es zeigt unter einem ausladenden Kreuzesbalken allein den großen Buchstaben M.

Wojtylas neuestes Buch verwendet das Wappen bewußt auf dem Schutzumschlag. Nicht schlecht, wenn sich über dieses Vorzeigen hinaus auch eine Deutung gefunden hätte. Ganz unwichtig ist diese nicht. Sie sagt sehr viel über den Menschen aus, der sich gerade dieses Wappen wählte. Ich meine, es ist dürftig, wenn sich eine Buchproduktion nur mit einem päpstlichen Wappen aufputzt, ohne auch nur nachzufragen, was dieses bedeutet.

Das M, das die Form trägt, mit der im polnischen Marienheiligtum Jasna Góra die Gegenwart der Madonna angezeigt wird, ist im *Osservatore Romano* vom 12. November 1978 quasi-offiziell interpretiert worden: Es soll an die Präsenz Mariens unter dem Kreuz Jesu und an ihren außergewöhnlichen Anteil an der Erlösung der Menschen erinnern.

Ob das Emblem heraldischen Anforderungen genügt, interessiert hier weniger als der Inhalt des päpstlichen Schildes. Dieser ist theologisch zu deuten, wenn sich auch im Fall Wojtyla kaum die nationale Komponente der Marienverehrung übersehen läßt.

Erleichtert wird die Interpretation durch den schon vom Bischof Wojtyla gewählten und von ihm als Papst übernommenen Wappenspruch, einem »Totus Tuus«, »ganz der Deine«, das sich augenscheinlich an Maria wendet. Der Papst hat auf der Jasna Góra am 4. Juni 1979 zu dem Leitspruch seines Pontifikats in diesem Sinn Stellung genommen: »Die Berufung eines Sohnes polnischer Nation auf den Stuhl Petri enthält ja einen selbstverständlichen Bezug zu dieser heiligen Stätte, zu diesem Heiligtum einer großen Hoffnung: Totus Tuus . . .« Der Papst jetzt: »Totus Tuus. Dieser Wahlspruch ist nicht nur ein Zeichen von Frömmigkeit und auch nicht einfach nur Ausdruck der Hingabe. Er besagt mehr . . .« (SH 237).

Johannes Paul II. überschritt schon früh die strikt theologische Deutung und umschrieb 1979 das historische Milieu seiner Heimat, das die Wahl dieser Devise mitbestimmte: »Viele Male sind wir hierhergekommen. Wir standen an diesem Ort, spitzten gleichsam das wachsame Hirtenohr, um zu lauschen, wie im Herzen der Mutter das Herz der Kirche und des Vaterlandes schlägt . . . Man kann auf verschiedene Weise die polnische Geschichte schreiben, insbesondere die der letzten Jahrhunderte, man kann sie mit Hilfe eines Mehrzweckschlüssels interpretieren. Wollen wir jedoch erfahren, wie diese Geschichte in den Herzen der Polen strömt, dann müssen wir hierherkommen. Dann müssen wir das Ohr an diesen heiligen Ort halten. Dann müssen wir auf das Echo des gesamten Lebens der Nation im Herzen der Mutter und Königin lauschen!«

Auch das sogenannte Wunder an der Weichsel von 1920, als die Polen die Rote Armee zurückgeworfen hatten, ist als ein marianischer Sieg und vom früheren Bischof von Regensburg, Rudolf Graber, als »Rettung Europas vor dem Bolschewismus« gedeutet worden.

Der Vatikan selbst griff solche Deutungen auf und gestattete den polnischen Bistümern ein eigenes Kirchenfest, das diesen Sieg über Sowjetrußland mit den folgenden Worten kommentiert: »Am Tage ihrer Aufnahme in den Himmel, als sehr viel Volk gläubigen Herzens in Tschenstochau kniefällig die Gottesmutter anrief, erfolgte der Durchbruch durch die mächtige Front des Feindes.« Und zum 3. Mai heißt es im polnischen Brevier: »Als kaum die Freiheit Polens wiederhergestellt war, erschien der Feind des christlichen Namens schon vor den Toren Warschaus. In dieser furchtbaren Gefahr zeigte sich die Jungfrau Maria als einzige Rettung. Sie war es, die am Tage ihrer Aufnahme in den Himmel die gewaltige Front des Feindes zerbrach.«

Wojtyla selbst: »Die Jungfrau von Jasna Góra wird seit Jahrhunderten als Königin Polens verehrt. Es ist die Wallfahrtsstätte der ganzen Nation. Bei ihrer Herrin und Königin sucht die polnische Nation seit jeher Hilfe und Kraft für die geistige Wiedergeburt. Jasna Góra ist ein Ort besonderer Evangelisierung. Die großen Ereignisse im Leben Polens sind stets auf irgendeine Weise mit ihm verbunden: Sowohl die frühe als auch die heutige Zeitgeschichte meiner Nation hat dort oben, auf dem Hügel von Jasna Góra, ihren wichtigsten Konzentrationspunkt« (SH 239 f.).

Vielen Polen wird die Einvernahme ihrer »ganzen Nation« zurecht unkorrekt erscheinen. Es ist freilich nicht unwichtig, dieses fromm kriegerische Milieu näher zu betrachten. Christliche Religion und Krieg sind ja, obgleich es zur Zeit in den Sonntagsreden anders heißen mag, keine sich völlig und von vornherein ausschließenden Begriffe. Die Geschichte der Kirche beweist von Jahrhundert zu Jahrhundert das genaue Gegenteil. Zwischen dem Anspruch auf Frieden und der Wirklichkeit des Krieges klafft gerade im Christentum ein Abgrund.

Ich denunziere nicht – die zweitausendjährige Geschichte ist mein Beleg. Wer nicht so ganz blauäugig wie die Herde auf die Hirten blickt, wird mir zustimmen. Zwar ist es unter Christen beliebt, die Augen zu schließen und Hunderte von blutigen Glaubenskonflikten ebenso gewandt wie Millionen von Blutopfern wegzuwischen. Doch gelingt dies vor der Erinnerung der Menschheit nicht mehr gar so leicht wie früher.

Johannes Paul II. hat in seinem jetzigen Buch einmal mehr versucht, die Blutgeschichte zu übergehen. Wer ihn beim Wort nimmt, wird ihm dieses Schweigen nicht durchgehen lassen. Mit Versöhnungs- und Friedensvokabeln ist nichts gewonnen – im Gegenteil. Sie mißachten die vielen Opfer ein weiteres Mal.

Ob das spezifisch religiöse Aggressionspotential, das in sich die Bereitschaft zur Abrechnung mit Andersdenkenden birgt, auch für den nächsten Glaubenskrieg zu mobilisieren sein wird, muß hier nicht erörtert werden. Welcher Krieg aber sollte nach der Doktrin der Kirche gerecht sein, wenn nicht einer, der sich um Sein oder Nichtsein, um Sinn oder Widersinn kümmert und in Gottes eigenem Auftrag geführt wurde und wird?

Nicht nur beim Golfkrieg wurden Bischöfe, nicht nur der bundesdeutsche Militärbischof Johannes Dyba, sehr deutlich. Sie forderten geradezu den Militäreinsatz, da es sich angeblich schon wieder um einen »gerechten Krieg« handelte. Das muß man erlebt haben: Studierende, denen in meiner Vorlesung die Tränen in den Augen standen, als dieser Krieg »ausbrach«, und zugleich die tröstlichen oberhirtlichen Parolen...

Die Funktionalisierung der Madonna als der wahren Kriegsgöttin gehört in diesen Zusammenhang. Gewiß waren die meisten Verbrechen, die im Namen des Christentums begangen wurden, Männeruntaten, wie sie typisch für patriarchale und damit genuin christliche Verhältnisse sind. Doch auch die sogenannte feminine Seite der Religion ist nicht einfach unpolitisch, schon gar nicht unblutig, unkriegerisch.

Maria gilt zwar als die »reine Jungfrau«, »unsere liebe Frau«, zu der noch immer Scharen von Beterinnen und Betern wallfahren. Aber auch die Madonna war und ist keineswegs friedlich: Wie ihre Vorläuferinnen – die Liebes- und Kampfgottheit Ischtar etwa oder die jungfräuliche Kriegsgöttin Athene – wurde auch sie zur großen Rachegöttin. Sie heißt »unsere liebe Frau vom Schlachtfeld«, »Siegerin in allen Schlachten Gottes«. Mit Maria zu töten ist hergebrachter Brauch; nachweislich zogen Männer der Kirche mit Maria in jeden Religionskrieg.

Der »Schlachtruf der Christen« wird überall laut: Auf den Kreuzzügen der Ritterherren, auf den Ketzerjagden der Mönchsherren, in den Türkenkriegen der Herren des Abendlandes, im Kampf der Guten gegen die gottlosen, bolschewistischen Untermenschen der jüngsten Vergangenheit. Immer erweist sich die Madonna den Ihren als siegreich, denn »ein Diener Mariens geht niemals verloren«. Selbst wenn er auf dem Felde katholischer Ehre fällt, ist er nicht vergessen: Maria hat es drüben schon gerichtet.

In der Marienverehrung drängen sich Charaktereigenschaften vor, die mit der Frau aus Nazareth nichts zu tun haben: Maria als Überwinderin aller Häresien, als Schlachtenlenkerin, als Siegerin. Zu diesem eminent politischen Phänomen gehört im 20. Jahrhundert die Zuwendung zu einer Maria, die immer wieder erscheint, Blicke in die Hölle tun läßt, Gebets- und Opferforderungen stellt, den Zorn Gottes aufzuhalten bereit ist – oder auch nicht.

Der Phänotyp dieser Mariologie findet sich in der Marienapokalyptik, die sich mit dem Namen Fatima und den damit verknüpften Privatoffenbarungen an Hirtenkinder verbindet. Die Berichte über Fatima und insbesondere die immer wieder nachgebesserten Erinnerungen der überlebenden Visionärin machen das Klima deutlich: Eine bis ins Hysterische überhitzte religiöse Stimmung, ununterbrochene Indoktrination, masochistische Selbstquälerei, psychotische Sündenängste, frömmelnde Bußleistung, Mangel an ausreichender Ernährung, stundenlanges Knien, gegenseitige Beeinflussung und Ansteckung.

Doch nicht nur Kölns Kardinal Meisner ist hingerissen. Auch der Papst unterstützt die Subkultur und erhebt sie in einen kirchenamtlichen Rang. Die JüngerInnen wissen: Maria, ob die von Fatima oder eine andere, hat in jüngster Gegenwart einmal mehr gesiegt, und Rußland ist drauf und dran, sich zu bekehren.

Johannes Paul II. dankte am 13. Mai 1991 im portugiesischen Fatima der Jungfrau nicht nur für seine eigene glückliche Errettung aus dem Attentat von 1981, sondern auch für die von ihr bewirkte »Befreiung Osteuropas«. Für die Menschen, die diese Befreiung tatsächlich bewirkten, hatte er kein Wort übrig. Kein Wunder, sie waren ja nur zum geringsten Teil katholisch – und erst recht nicht fatimagläubig.

Theologisch rabiate Bewegungen haben gerade unter Wojtyla wieder allen Grund, Wohl und Wehe der Menschheit in wüsten Höllenvisionen davon abhängig zu machen, ob die Welt und ihre einzelnen Regionen Maria geweiht werden. Diesbezügliche Anweisungen entlehnt man den offenbar fortlaufend ergehenden Blut-und-Opfer-Visionen begnadeter Zeitgenossen, und der mörderische Krieg in Bosnien wird darauf zurückgeführt, daß die zuständigen Bischöfe der Region ihr Land bisher nicht dem Unbefleckten Herzen Mariens geweiht haben.

Johannes Paul II. sieht in seinen Visiten bei den jeweiligen Wallfahrtsorten der besuchten Länder die Kulminationspunkte der gesamten Papstreisen. Hier wird mit Hilfe von besonderen Veranstaltungen die Lehre am leichtesten sinnfällig gemacht. Hier ist – nach Ignatius von Loyola – geradezu »der Schauplatz zugerichtet«, hier wird das menschliche Defizitbewußtsein augenfällig intensiviert und zugleich in der Marienfürbitte transzendiert.

Dieser Papst fühlt sich denn auch überall zu Hause. Maria verbindet sein Amt und seine Person mit denen, die ihm gläubig folgen. Über Maria wird eine kirchenstrategisch nicht unwichtige Vermittlungsebene zwischen dem intellektuellen, theologischen und priesterlichen Sinnproduzenten einerseits und den gläubigen Laienrezipienten andererseits geschaffen. Sie transformiert in Dogmen elitäre Denkweisen der Religion für die Massen mit dem Ziel der Stabilisierung des kirchlichen Bewußtseins der Anhängerschaft, eine Art von massenpsychologisch wirksamer Manifestation des Jenseits im Diesseits.

Im Vergleich zu der allumfassenden Liebe zwischen Maria und den Menschen, wie Johannes Paul II. sie lehrt, fällt es schwer, Akzente der Marienverehrung Wojtylas auszumachen und gar von Vorlieben dieses Papstes für bestimmte Titulaturen und Inhalte der Marienkunde zu sprechen. Und doch gibt es solche Prioritäten, auch wenn sie sich nur mit Mühe aus der Menge der ähnlich lautenden Titel herausheben lassen.

Natürlich sind die vielfach eingeschobenen Anrufungen mit Fürbittcharakter, wie sie sich fast stereotyp vor allem gegen Ende der päpstlichen Ansprachen finden, zu wenig akzentuiert, als daß weiterreichende Schlüsse aus ihnen gezogen werden könnten. Auch jene vielfältigen Bezeichnungen Mariens, wie sie beispielsweise ein offizielles Wortregister der päpstlichen Verlautbarungen auf der Asienreise des Jahres 1981 aufführt, helfen bei der Analyse nicht weiter: »Gottesmutter; Mutter von der immerwährenden Hilfe; Königin der Märtyrer und Mutter der Kirche; Mutter unseres Erlösers; unter dem Kreuz auf Kalvaria jedem zur Mutter gegeben; bereit zu jeder Art von Hilfe; Vorbild der Christen; Vorbild derer, die ein gottgeweihtes Leben führen; Mutter und Vorbild aller Ordensleute; ständige Führerin; liebende und sorgende Mutter des Volkes; Mutter Jesu; Königin der Apostel; Mutter und Vorbild aller Katecheten; unsere Mutter; unsere Lehrerin; Liebe Frau vom Frieden und der Guten Reise; Königin des heiligen Rosenkranzes; Königin Chinas; Königin des Klerus; Mutter der Priester und der Seminaristen; Mutter des Erbarmens und der schönen Liebe; Mutter aller Christen . . .«

Während solche und ähnliche Aussagen generell die Volksfrömmigkeit widerspiegeln, wie sie in der sogenannten Lauretanischen Litanei aus dem 16. Jahrhundert zum Ausdruck kommt – einem allgemein gebräuchlichen Wechselgebet zu

Ehren der Madonna von Loreto – sind einige lokaltypische Bezeichnungen Mariens aus dem Munde Wojtylas schon interessanter. So hat Johannes Paul II. in Irland nicht von ungefähr von der »Königin des Friedens« gesprochen, in Afrika ähnlich beziehungsreich von der missionarischen Ausrichtung der Gottesmutter, in Brasilien von Maria als dem »Stern der Evangelisierung« und in der Bundesrepublik Deutschland von dem »kraftvollen Zeugnis des Glaubens« einer Frau, an die das Wort ergangen ist: »Selig, weil du geglaubt hast (vgl. Lk 1, 45)«.

Doch auch diese auf besondere Situationen hindeutenden Bezeichnungen haben keinen eigentlichen Bezug zu dogmatisch faßbaren Wahrheiten. Sie stellen mehr oder weniger eine Art ortsbedingter Anrufung dar und sind, von daher gesehen, austauschbar. Die Sorge Mariens, der Mutter der immerwährenden Hilfe, deren Liebe sich für jedes menschliche Problem interessiert, wird hier nur von Fall zu Fall auf die besonderen Verhältnisse zugeschnitten, ohne jedoch hinreichend konkretisiert zu werden.

Etwas anders verhält es sich bei jener Anrufung, die Wojtyla immer wieder gerne auf Maria anwendet, wenn er sie »Mutter der Kirche« nennt. Auf Polens Heiligem Berg hat er am 4. Juni 1979 dazu gesagt: »Dieser Titel erlaubt uns, in das ganze Geheimnis Mariens einzudringen, angefangen vom Augenblick der Unbefleckten Empfängnis über die Verkündigung, die Heimsuchung und über Bethlehem bis hin zu Kalvaria. Dieser Titel erlaubt uns allen, uns selbst im Abendmahlssaal wiederzufinden, wo die Apostel gemeinsam mit Maria, der Mutter Christi, im Gebet ausharren und nach der Himmelfahrt des Herrn die Erfüllung der Verheißung erwarten: das Kommen des Heiligen Geistes, damit die Kirche geboren werde! An der Geburt der Kirche hat auf besondere Weise die teil, der wir die Geburt Christi verdanken.«

Der hohe Titel »Mutter der Kirche« faßt nach Johannes Paul II. nicht nur die gesamte Biographie Mariens wie in einem Brennpunkt zusammen, sondern er verweist darüber hinaus auf die wahre Stellung dieser Frau im Erlösungsplan Gottes mit der Kirche.

Um allen Mißverständnissen vorzubeugen, die die Gestalt

Mariens zu Lasten des Erlösers Jesus Christus überbetont sehen wollen, läßt der Papst keinen Zweifel an der richtigen Rangordnung in der Heilsökonomie: Maria wird immer wieder als diejenige dargestellt, die einzig und allein auf Christus hinweist und zu diesem hinführt.

Die Übereignung einer ganzen Welt an Maria, die »Weihe« durch den römischen Papst geschieht bei Johannes Paul II. nicht einfach nur im Sinne einer Tradition, die Maria eher als hinnehmende Frau ohne eigentliche Aktivität interpretiert. Karol Wojtyla übernimmt das weitergehende Marienbild, das die Kirche vor allem von Pius XII. kannte. Maria, der Johannes Paul II. sich und die gesamte Erde geweiht und damit völlig anvertraut hat, soll nicht auf einen Platz im »Herzen« beschränkt bleiben. Sie wird in den ganz auf die Doktrin ausgerichteten Ansprachen Wojtylas auch mit Kräften ausgestattet, die gemeinhin als typisch männlich gelten: Sie ist eine Siegerin.

Ähnlich hatte dies Pius XII. 1942 in seinem Weltweihegebet an das Unbefleckte Herz Mariens formuliert, als er Maria die »Siegerin in allen Schlachten Gottes« genannt hatte. Das Datum ist nicht unwichtig: mitten im Zweiten Weltkrieg, mitten im Angriffskrieg Hitlers gegen die Sowjetunion. Welchen Waffen sollte die Siegerin damals wohl beistehen?

Maria ist nicht nur Fürsprecherin, die das Erneuerungsprogramm, die Vision, die Erkenntnis und die ganze authentische Wahrheit erbeten hat. Sie wird selbst aktiv.

Damit beginnt der Kreis der päpstlichen Weltdeutung sich zu schließen: Die für alle Menschen heilsnotwendige Wahrheit von Christus, dem Löser und Erlöser, wird durch Maria, die Mutter, einer intellektuell gefährdeten Welt präsentiert. Gibt sich der Mensch – am besten in einer Weihe nach Art des »Totus Tuus« – Maria hin, so hat er dieses Angebot akzeptiert und die richtige Wahl getroffen. Er steht künftig auf der Seite der siegreichen Wahrheit. Das stärkt die Hoffnung mancher ungemein.

Gottes Worte, die in Maria Fleisch angenommen haben, waren nicht nur in der Lage, die einfach gläubigen Hirten von Bethlehem anzusprechen und zu überzeugen, sondern sie sind auch – durch Maria – an die Intellektuellen dieser Erde gerichtet. Sie betreffen nicht allein die verborgenen Gefühle des Glaubens, sondern auch den Intellekt.

Davon ist kein Mensch guten Willens ausgenommen, und die Marienweihe bleibt nicht ohne rational faßbare Konsequenzen. Die totale Übereignung nicht nur des Willens, sondern auch des Verstandes an die – in Maria und durch diese der Welt vorgestellte – Wahrheit des Erlösers bildet den innersten Gehalt jeder Weihe an die Gottesmutter, vor allem in der Form des »Totus Tuus« Karol Wojtylas.

Wir ahnen allerdings, was kommt: Die Marienweihe bleibt nach der Lehre der beiden marianischen Päpste Pius XII. und Johannes Paul II. keineswegs auf den Innenraum des Individuums, auf Herz und Intellekt, beschränkt. Sie erfüllt sich nicht im Privaten, sondern wirkt in die Gesellschaft hinein. Sie ist Ausdruck einer politischen Theologie.

Johannes Paul II. sprach im Zusammenhang mit der Weihe seines Heimatlandes an die Schwarze Muttergottes von Tschenstochau, die 1966 vom polnischen Episkopat vorgenommen wurde, von der »Sprache polnischer Geschichtserfahrung, polnischer Leiden, aber auch polnischer Siege«.

Offensichtlich hat der Papst die historischen »Wunder von Tschenstochau« nicht vergessen: Maria bleibt nach seiner Deutung die Siegerin, der sich der Mensch in seiner Not anzuvertrauen hat, damit sie ihn von allem Leid befreie. Die Urerfahrung wenigstens des katholischen Teils einer Nation erscheint ungebrochen.

Es nimmt unter diesen Umständen nicht wunder, daß – um ein Beispiel zu nennen – die jüngste Tochter des gegenwärtigen polnischen Staatsoberhaupts Walesa, der das Bild der Madonna von der Jasna Góra am Rockaufschlag trägt, 1982 auf den Namen Maria Wiktoria, Maria Siegerin, getauft wurde, während das Kriegsrecht im Lande herrschte.

Maria werden viele Kämpfe und Siege zugeschrieben. Johannes Paul II. griff die legendäre Tradition auf, als er 1979 in Tschenstochau davon sprach, daß die Muttergottes »auf ihre Weise die historischen Prozesse in Polen mitformt«. Der Papst kennt die Wahrheit, seine Wahrheit. Jetzt, nach dem »Niedergang des kommunistischen Reiches« (SH 246), schreibt er: »Die

Art und Weise, wie Maria am Sieg Christi teilnimmt, habe ich vor allem in meiner Nation erfahren« (SH 245). Und: »Als ich mit der Wahl zum Papst in die Probleme der Weltkirche eintrat, war auch ich davon überzeugt, daß der Sieg, wenn er denn kommen sollte, von Maria errungen werden würde... Christus wird durch ihre Mittlerschaft siegen, denn er will, daß die Siege der Kirche in der heutigen und zukünftigen Welt in ihr vereint werden.«

Daß einem derart marien-messianisch eingefärbten Katholizismus gegenüber wieder einmal die politischen Realitäten Polens und der Welt in Gefahr geraten, ganz oder zum Teil übersehen zu werden, erstaunt vielleicht bei einem so weltgewandt agierenden Papst wie Wojtyla.

Doch nur wer Wojtyla nicht wortgenau ernst nimmt, wundert sich doch darüber, daß Johannes Paul II. mit seinem Marienbild nur jene selektierten Wahrheiten verbindet, die einer bestimmten Teiltradition entsprechen: den Bestand oder die Rückgewinnung von Glaubenstreue und -gehorsam, die Evangelisierung allein durch die wahre Lehre, den Sieg für die richtige Seite und die Wertschätzung der überkommenen Ordnung.

»Jasna Góra ist im 18. Jahrhundert als eine Art von Christus durch seine Mutter verkündetes ›Fürchtet euch nicht!‹ in die Geschichte meines Landes eingegangen. Als ich am 22. Oktober 1978 das römische Erbe des Amtes Petri antrat, nahm ich insbesondere diese tief in mein Gedächtnis eingegrabene marianische Erfahrung aus meinem Heimatland Polen mit mir« (SH 245).

Auch die Innenpolitik Wojtylas fußt auf einer spezifisch zurechtgebastelten Wahrheit über Maria. Diese Feststellung ist nicht unwichtig. Johannes Paul II. lehrt auch in diesem Fall nicht die von ihm behauptete ganze Wahrheit, sondern lediglich einen ihrer Teilaspekte. Ich halte Wojtyla daher – entgegen allem äußeren Anschein – nicht für einen »marianischen Papst«.

Der Papst beruft sich nämlich auch auf die Gottesmutter, um reformerische Ansätze, und seien diese noch so bescheiden, mit der Macht seiner Lehre abzuwenden. Als 1979 in den USA anläßlich der Papstvisite Stimmen laut wurden, die die Vernachlässigung der Frauen in der römisch-katholischen Kirche ansprachen, antwortete der Papst strikt traditionell: »Maria wird als Königin der Apostel verehrt, ohne in die kirchliche Hierarchie eingegliedert zu sein. Sie wird im Evangelium nicht bei jenen genannt, die am letzten Abendmahl teilgenommen haben.«

Eine Priesterweihe von Frauen, soeben wieder von Wojtyla »definitiv» abgeschmetterte Forderung vieler in der Kirche, wird unter Berufung auf das als unzweifelhaft interpretierte Wort der Heiligen Schrift abgelehnt: Maria ist zwar nach der Tradition der Volksfrömmigkeit die Apostelkönigin. Auch heißt sie nach Johannes Paul II. »Mutter der Kirche«. Doch hat sie keineswegs am besonderen Priestertum eben dieser Kirche teil. Das hierarchische Amt bleibt ihr versagt.

Maria wird in solchen Zusammenhängen nur am Rande erwähnt: Sie ist keine Amtspriesterin. Sie nimmt den Platz der fürbittenden Frau ein. Keine Frau innerhalb oder außerhalb der Kirche kann sich auf sie berufen, wenn es um die Ordination geht.

Wer hierin eine Schwelle der Hoffnung überschreiten will, betritt in Wojtylas Kirche das Terrain der Hoffnungslosigkeit. Maria gilt dem Papst durchaus als »Sinnbild des Frauenmutes aller Zeiten«. Doch weist dieser Mut nicht nach vorne, sondern erschöpft sich in schweigender Treue.

»Und diesbezüglich müssen wir zur Gestalt Mariens zurückkehren. Die Gestalt Mariens und die in aller Intensität erlebte Hingabe an sie erweisen sich auf diesem Gebiet als große und schöpferische Inspiration« (SH 242). Der Papst spricht dies im Zusammenhang mit der erwünschten »erneuten authentischen Theologie der Frau«, deren magere Inhalte ich bereits erwähnte.

So politisch engagiert Wojtylas Maria auf dem Gebiet polnischer Nationalwünsche ist, so passiv verhält sie sich, sooft es sich um reformerische Aktivitäten handelt, die nicht dem überlieferten, konservativ gedeuteten Gehalt der Frohbotschaft entsprechen und von der Doktrin abweichen, welche die Vorväter lehrten.

Die Journalistin Hildegard Lüning faßte ihre Eindrücke in

Mexiko anläßlich der 3. Lateinamerikanischen Bischofskonferenz im Jahre 1979 so zusammen: »Von nichts spricht der Papst in diesen ersten mexikanischen Tagen so oft, so innig und beharrlich wie von Maria, der Mutter Jesu. Meine Kollegen aus Mitteleuropa fanden das ziemlich abstoßend, vor allem die Protestanten unter ihnen. Ich kann sie gut verstehen, obwohl ich katholisch bin. Vermutlich bin ich von kirchlicher Herkunft und schulmädchenhafter Züchtigung sogar mariengeschädigter als diese deutschen, holländischen, französischen und schweizerischen Journalistenmänner, die wie ich den Papst und die 3. Lateinamerikanische Bischofskonferenz berichterstattend begleiten. Ich bin groß geworden im deutschen Katholizismus. Die Grauen Schwestern, Lehrerinnen meiner Konfessionsschulzeit, haben uns Mädchen mit marianischer Sanftmut und evasündiger Abschreckung unsere weibliche Rolle zugewiesen: Demut, Keuschheit, Gehorsam, Unterwerfung. Unter wen? Den Mann. Den Vater, Priester, Gatten, Gott. Als wir später dieses einengende Weiblichkeitsideal abstreiften, wurde Maria mit beiseite geschoben. Sie war das Symbol aller anerzogenen Selbstverleugnung und Selbstverachtung.«

Genauso brav sieht Johannes Paul II. seine Maria. Über die Verfügbarkeit, das leere Gefäß-Sein, die Treue, das stille Wegbereiten hinaus wagt sich seine Große Mutter nicht.

Gerade in Lateinamerika läßt Wojtylas Maria nichts von jener revolutionären Kraft spüren, die einige Kleingruppen mit der Gestalt Mariens verbinden. Zwar zitierte Johannes Paul II. seinen Vorgänger Paul VI. und wies auf die Tatsache hin, daß »Maria in der treuen Erfüllung des Willens Gottes auch für jene Vorbild ist, die die widrigen Umstände des eigenen und sozialen Lebens nicht passiv hinnehmen, die auch nicht der ›Selbstentfremdung‹ unterliegen, wie man heute sagt, die vielmehr mit ihr verkünden, daß Gott ›der Anwalt der Kleinen und Unterdrückten‹ ist, daß er gelegentlich auch ›die Mächtigen vom Thron stürzt‹, um mit dem Magnifikat zu sprechen« (vgl. Lk 1, 51–53).

Doch blieb es beim Zitat. Wojtyla kümmerte sich weder hinreichend um die Anliegen der Armen und Unterdrückten noch ging er im Gegensatz zu anderen Themen, die sich immer wieder in seinen Marienreden finden, auf dieses umstürzlerische Magnifikat ein. Im Gegenteil: Das Magnifikat wird zugunsten des Standardwortes »Was er euch sagt, das tut!« einfach übergangen. Es hat keinen wahren Stellenwert in der Lehre Wojtylas. Ein marianischer Papst? Ein Lehrer der ganzen Wahrheit?

Dabei verleiht die frohe, weil alle Mächte und Gewalten revolutionierende Kunde Mariens nicht wenigen Menschen in Lateinamerika die begründete Hoffnung, daß die Reichen der Welt eines Tages eben doch leer ausgehen werden, wenn der Herr eingreift. Sie nennen sich nicht ohne Grund in Erinnerung an die historische Maria »Marias«, diese alleinerziehenden und verlassenen Mütter, diese Frauen von Arbeitern, die mit ihren Kindern die Heimatdörfer verlassen mußten, um zu überleben. Diese »Marias unserer Tage« haben die von ihnen herausgegebene Zeitschrift *Maria, die Befreiung des Volkes* genannt.

Wojtylas Maria wagt sich demgegenüber zu keiner Zeit über die strengen Grenzen der eigenen Kirche oder der eigenen Nation hinaus. Sie bleibt in einer überkommenen Glaubensordnung beheimatet. Sie ruht in einer Wahrheit, die ihrerseits gegen jene dogmatischen Abweichler verteidigt wird, die zum Teil noch hymnischere Aussagen als die üblichen, andererseits weniger frömmelnde wünschen.

Revolutionäre Gedanken, die innerhalb der Kirche – und gar über diese hinaus – Innovationen mit sich brächten, kommen der Gottesmutter des Papstes nicht in den Sinn. So weit reicht die intellektuelle Attraktivität Mariens nicht. Vielmehr begnügt sich Wojtyla damit, in seinen Kontemplationen das staunenerregende Wunder der irdischen wie der göttlichen Mutterschaft Mariens zu umkreisen. Dabei zeigt er sich von jener andächtigen Verehrung bestimmt, die Glaubwürdigkeit mit sich bringt, und betet aus der Erfahrung des siegreichen Leidens seiner eigenen Heimat heraus zu Maria, seiner Mutter.

Genauer betrachtet hatten aber die traditionell polnischen Implikationen allein die Befreiung der überkommenen Kirchenorganisation aus der staatsatheistischen Umklammerung zum Inhalt. An keiner Stelle der Doktrin Wojtylas, schon gar nicht in seinem neuen Buch (SH 237-242) lassen sie sich auf andersgelagerte Situationen übertragen: Keine Befreiungsbewegung wird sich auf die polnische Madonna berufen können, wie Johannes Paul II. sie schildert. Was Polen recht ist, ist Lateinamerika noch lange nicht billig. Eine höchst enggefaßte Sicht. Hoffnungslos beschränkt.

Gesellschaftliche Bezüge, die über die besonders gelagerte Situation im Heimatmilieu Wojtylas hinausreichen, stellt der Papst so gut wie nicht her. Die menschliche Außenwelt mit ihren sozialen, wirtschaftlichen und politischen Spannungen kommt in bezug auf Maria außerhalb Polens nur in der Generalklausel der »Fürbitte« vor. Detaillierter wird sie nicht genannt.

Damit verfestigt sich der bei der Analyse der Sprache Wojtylas gewonnene Eindruck, als störten mitmenschliche Konkretisierungen den ausgesprochen meditativ und lehrhaft gehaltenen Innenraum der päpstlichen Anschauungen, als durchbrächen sie sämtlich das fromme Milieu, in dem dieser Papst seine Mariologie vorzeigt.

Maria wird besonders gern in eine Art liebende Betrachtung entrückt. Ihre Gestalt bekommt einen seltsam abgehobenen Zitatcharakter. Maria zieht sich auf einen dogmatisch gut abgesicherten und gegen alle Abweichungen von links oder rechts verteidigten Platz in der Heilsökonomie zurück, den sie nicht mehr verlassen darf. Sie teilt die menschliche Existenz weniger als geschichtliche Person denn als Königin all derer, die ihr geweiht wurden.

Maria, Mutter aller Menschen? Oder doch nur Mutter einiger Lieblinge? Die Frage beantwortet sich leicht. Maria, Mutter von der immerwährenden Hilfe, die die denkbar größte Seelenstärke beweist und als die wirklich Hilfreiche präsent bleibt, wird von Wojtyla in die aktuellen Schwierigkeiten – vor allem der römischen Kirche – hereingezogen. War Maria noch in Polen – und wohl im gesamten damaligen Einflußbereich des Kommunismus – dazu aufgerufen, für die Kirche Roms konkret formulierte Freiheiten zu erreichen, so thront sie mittlerweile fürbittend über einer ganzen Welt und über deren nicht näher genannten Problemen. Ausgeprägte Parteilichkeit darf sie nicht beweisen. Mit Details, die nicht zur aktuellen Politik des Papstes passen, hat sie nichts zu schaffen.

Johannes Paul II. versagt sich und seinen Zuhörern jeden ausgeprägt emanzipatorischen oder feministischen Blick auf eine Frau, deren Magnifikat eine Reihe regelrechter Revolutions-Vokabeln enthält, die jedoch – ähnlich wie ihr Sohn Jesus, der nicht als der Umstürzler von Nazareth gelten darf – in dieser Hinsicht nicht zu Wort kommen soll.

Die außerhalb Polens so sanft und unpolitisch wirkenden Marieninterpretationen Wojtylas übergehen mit großer Selbstverständlichkeit die leidvollen Erfahrungen der jüdischen Frau mit Namen Maria mit jenen Parteien, die von der Geburt Jesu bis zu dessen Tod ihre Gewalt unter Beweis stellten. Dieser Papst – ist er ein uneingeschränkt marianischer Papst? – schweigt über die Macht der Römer ebenso wie über die Gewalt der damals herrschenden Religionspartei oder über die Herzenshärte der Besitzenden, wie sie sich im historisch faßbaren Leben Mariens zeigten. Seine Maria hat keine Beziehung zu diesen Mächten und Gewalten, wenn Johannes Paul II. von ihr spricht. Von Konsequenzen gar ist keine Rede. Dabei hätte ein Hinweis auf die Vergangenheit wie auf die Gegenwart solcher Gewalt-Verhältnisse auf der Welt die geschichtliche und die gegenwärtige Gestalt der Gottesmutter gewiß nicht uninteressanter gemacht.

Die Beschwörung der »Königin des Friedens« wirkt demgegenüber merkwürdig blaß. Es ist wenig wahrscheinlich, daß eine solch einseitige, bewußt verkürzende Mariendarstellung und -verehrung alle Menschen anspricht und zu Taten anregt, wie Wojtyla sich dies wünschte, als er von der »ganzen Wahrheit des Menschen« sprach. Vielleicht fühlen sich auch hier nur die Traditionalistengruppen von Johannes Paul II. bestätigt, wer weiß.

11

DIE TIEFSTE ANGST DES PETRUS

Warum der Papst keine Schwelle überschreitet

Die strikt traditionelle und durchaus nicht von allen Katholiken geteilte Ausrichtung Wojtylas auf eine Wahrheit, die keine Zweifel mehr zuläßt, wird besonders deutlich in den Äußerungen dieses Papstes über die Kirche.

Sein Stichwortgeber fragt sehr treuherzig: »Auch zahlreiche Christen, zuweilen sogar katholische Christen, fragen sich: Warum sollte unter all den christlichen Kirchen nur die katholische Kirche die Fülle des Evangeliums besitzen und lehren?« (SH 163). Ja, warum eigentlich? Das fragen sich freilich Millionen, und nicht nur »zuweilen sogar katholische Christen«. Die Antwort auf diese Frage ist längst zum Problem geworden, an dem sich das soziologisch faßbare Schicksal eben dieser Kirche mitentscheiden wird.

Johannes Paul II. macht es sich wieder einmal leicht, indem er geradezu als Lehrer eines Bewußtseins auftritt, das – durch und durch autoritär gebunden – die in der einzigen Wahrheit gesicherte Kirche als den festen und sogar unfehlbaren Grund aller menschlichen Hoffnungen interpretiert. Zwar entspricht diese Auffassung des Papstes nicht den neuesten Erkenntnissen, doch steht Johannes Paul II. unter anderem mit seiner Theologie von der »apostolischen Basis« (SH 37) der katholischen Kirche nicht allein.

Bereits das Konzil von Trient hatte 1563 Grundzüge dieser Meinung dogmatisch festgehalten: In der katholischen Kirche, und nur in dieser, existiert aufgrund göttlicher Anordnung und apostolischer Praxis eine heilige Herrschaft – die aus Bischöfen, Priestern und Diakonen bestehende sogenannte Hierarchie, die von Christus selbst eingesetzt ist. Christus, der Sohn Gottes, ist der Grund dieser Hierarchie, und erst durch diese vermittelt er Kirche. Damit hört jeder auf die Kirche und gehört zu dieser, der sich den Hirten unterstellt. Über- und Unterordnung, nicht Gleichheit, Freiheit und Brüderlichkeit, sind konstitutiv. Der sogenannte Laie kann sich in der Kirche als Gemeinschaftsglied nur rechtfertigen, wenn er von den Hirten Weisungen für sein Leben entgegennimmt; der naivgläubige Interviewer des Papstes hat dies offenbar begriffen.

Die Hirten selber finden ihre Identität, wenn sie dem Stifter, vertreten durch den obersten Hirten, den Papst, gehorchen und dementsprechend ihre Wahrheiten lehren und leben. Nun können zwar einzelne schwach werden, abweichen oder gar abfallen. Wer wüßte dies besser als der Vatikan? Doch vermag die Institution Kirche selber nie aus der Wahrheit zu fallen. Christus selbst garantierte seiner Hierarchie das Bleiben in der Wahrheit. Wahrheit findet sich damit nicht im Dialog unter Gleichen. Sie wurde zum objektivierten Ausdruck eines göttlich sanktionierten Amtes. Dieses steht über allem und jedem und muß »angenommen« werden (SH 38).

Neuzeitlich denkende und fühlende Menschen sehen in dieser Konstruktion nicht eben eine Basis für ihre Hoffnung, aber andere Menschen schon. Gehorsam – und die aus diesem folgende Sicherheit – werden für sie zu Prinzipien dieses begründenden Denkens.

Johannes Paul II. wird nicht müde, seinen Stammhörern dieses Bewußtsein zu vermitteln. Immer wieder versucht er, seine Auffassung, der Glaube, das sittliche Leben und das rechtliche Verhalten seien abschließend in einer Institution begründet, mit Hilfe eines recht simplen Dreierschritts nahezubringen. Wer diesen akzeptiert, hat die Garantie für ein geglücktes Leben vor und nach dem Tod, nicht mehr und nicht weniger. Heinrich Böll könnte wieder sagen: Zack, zack – und Schluß.

Wojtyla aber meint: Allein die Kirche Roms hat objektiv die Wahrheit. »Sie möchte allen den Weg des ewigen Heils weisen, das heißt die Grundsätze des Lebens im Geist und in der Wahrheit« (SH 169). Alle anderen Kirchen kennen nur Teilbereiche der Wahrheit: »Die katholische Kirche freut sich, wenn die anderen christlichen Gemeinschaften das Evangelium mit ihr verkünden, obschon sie weiß, daß ihr allein die Fülle des Heils anvertraut wurde« (SH 168). Wollen auch andere die ganze Wahrheit Gottes besitzen, müssen sie – in einem langen Prozeß gehorsamer Anpassung durch »Erneuerung« – zur Einheit mit Rom finden.

Zunächst einmal liegt der Grund für den alleinigen Besitz der Wahrheit nach Wojtyla in der Stiftung der eigenen, der katholischen Kirche durch Jesus von Nazareth. Johannes Paul II. versteht Kirche ganz von Christus her, dem Garanten jeder menschlichen Hoffnung. »Es ist daher offenbarte Wahrheit, daß das Heil einzig und allein in Christus zu finden ist« (SH 164). Und: »In Christus ist die Kirche katholisch, das heißt universal« (SH 166).

Schon dieses Stiftungsdenken Wojtylas ist so begründet nicht, wie es den Anschein hat. Die Stiftung der Kirche – und nicht allein der Hierarchie – durch den historischen Jesus wurde nicht ohne Grund zu keiner Zeit von Rom dogmatisiert. Vielmehr waren bis in unser Jahrhundert hinein die Aussagen Roms zum Thema merkwürdig vage.

Nicht von ungefähr können daher noch immer viele Aussagen der zeitgenössischen Theologie davon ausgehen, daß Jesus überhaupt keine Kirche gegründet, wohl aber in seinem Wirken Motive geboten hat, die legitimerweise zu einer kirchlichen Gemeinschaft geführt haben. Jesus Christus gibt keinen autoritativen Grund für die Kirche ab, und diese ist nicht von seiner ausdrücklichen Stiftung her gerechtfertigt. Vielmehr enthält ihr Gemeinschaftsvollzug eine Rechtfertigung in sich, indem sie das weiterführt, was Christus selber realisierte.

Die Kontinuität zwischen Christus und der Kirche läßt sich, so lehren heute viele Theologen, nicht durch besondere Gründungsakte oder -urkunden beweisen, sondern allein durch den Selbstvollzug einer von Jesus her motivierten Gemeinschaft, der Kirche. Eine andere Rechtfertigung erbrächte Sicherheit nur für das autoritär fixierte Wahrheitsbewußtsein, das sich ständig auf Institution und Amt als solche zu berufen pflegt.

Ob sich Wojtyla dessen bewußt ist, bleibt zweifelhaft. Seine

Verlautbarungen sprechen eher für die gegenteilige Ansicht. Wojtyla gebraucht im Zusammenhang mit den Kirchen der Welt das Bild vom »Aufpfropfen«. Dieses spricht nicht vom Selbstvollzug einer Gemeinschaft, sondern von einer Art passiver Angliederung an eine bereits bestehende Institution, die ihrerseits direkt von Jesus gegründet worden sein soll. Solche Äußerungen zeigen, daß Johannes Paul II. nur eine einzige wahre, da von Jesus gestiftete Kirche kennt, »die ihr Zentrum in Rom hat«. Zitiert Wojtyla dabei Rom und die Kirche, so meint er alles andere als »die Hauptfigur einer tausendjährigen Illusion« (SH 32), die hierarchisch gegliederte Institution, die von Gott eingesetzte Garantin der Hoffnung und des Glaubens der Welt: »Nicht gerettet wird aber, wer, obwohl der Kirche eingegliedert, in der Liebe nicht verharrt und im Schoße der Kirche zwar ›dem Leibe‹, aber nicht ›dem Herzen‹ nach verbleibt« (SH 167).

Wie viele Menschen, von einer bestimmten Subkultur abgesehen, mögen sich noch heute von dieser Vorstellung angezogen fühlen? Ich wundere mich nicht, daß der lautlose Auszug aus der Kirche des Herrn Wojtyla, eines »Zeugen, der alte Mythen und Legenden überdauert hat« (SH 32), unaufhaltsam fortschreitet. Hier ist keine Hoffnung. Schon gar keine, die Grenzen überschreitet. Die Verantwortung, die der Papst damit auf sich lädt und die nicht mit Altersstarrsinn allein zu erklären ist, möchte ich vor dem Gericht der Menschen nicht tragen.

Doch nach Wojtylas Ansicht bleibt ausgerechnet die hierarchische Kirche Roms, auf die Garantieurkunde sogenannter Jesus-Worte gestützt (SH 34-39), unverdrossen und unangefochten stete Hilfe in allen menschlichen Nöten. Sein Verständnis von Gemeinschaft hält zwar die Notwendigkeit eines sozialen Bezugs für den einzelnen Menschen fest und gibt diesem Bezug zurecht auch eine christologische Relevanz. Doch wird Gemeinschaft bei diesem Papst nicht durch Dialog, sondern durch verordnete Herrschaft (Gehorsam) bestimmt. Was leicht übersehen wird: Mit dieser Herrschaft ist zugleich eine Klassenaufteilung vollzogen, welche die Gleichheit aller Gläubigen abbaut und Gemeinschaft zur Klassengesellschaft degradiert.

Doch Petrus – »als Mensch vielleicht nur weicher Sand« (SH

37) – hat tiefe Angst. Sein Bedürfnis nach Absicherung wird gar so weit getrieben, daß er und die Getreuen der Herde eine unfehlbare Institution behaupten müssen: die Spitze des begründenden Denkens, das so lange Heilssicherheit fordert, bis diese unfehlbar abgesichert ist.

Diese Institution, in die die Gemeinschaft der Menschen einfach eingeschlossen worden ist, ist die nicht hinterfragbare, absolute Gegebenheit, in die sich der einzelne gehorsam einfügen muß. Sie ist der Grund seines gemeinschaftsbezogenen Handelns; von ihr her kann sich das Leben der Kirche entfalten, können die einzelnen Berufungen zum Tragen kommen. Ohne sie läuft nichts. Diese Art Kirche legt den Menschen jedoch an eine Kette. Um diese Last leichter zu machen, wird sie schlicht als Heilsbezug interpretiert.

Was das Papsttum betrifft, »Geheimnis, Herausforderung, Zeichen des Widerspruchs« (SH 39), so hat Johannes Paul II. 1979 vor der Polnischen Bischofskonferenz in Tschenstochau gelehrt: »Die hierarchische Ordnung der Kirche findet ihre Krönung in Sendung und Dienst des Petrus. Dieser Sendung und diesem Dienst verdankt der Apostolische Stuhl seinen eigenen Charakter... Die Kirche braucht die hierarchische Ordnung zu dem Zweck, dem Menschen im sittlichen Bereich möglichst wirkungsvoll zu dienen.«

Der Gedanke des Dienstes am Menschen, ein Lieblingswort des Wojtyla-Papstes, kommt im Buch wie selbstverständlich vor: »Aus diesem Blickwinkel heraus nimmt der Ausdruck Stellvertreter Christi seine wahre Bedeutung an: Er meint weniger Würde als Dienst. Damit will er die Aufgaben des Papstes in der Kirche unterstreichen, sein Petrusamt, das auf das Wohl der Kirche und der Gläubigen ausgerichtet ist« (SH 41).

Wie aber stellt der Papst sich und den Seinen diesen Dienst vor? Wojtyla, nach eigener Meinung »Diener der Frohbotschaft« (SH 50), sagt beispielsweise in einer Ansprache von 1979 an die Mitglieder des Lateinamerikanischen Bischofsrates: »Gibt es in unseren Gemeinden eine Gestalt, die das Volk mehr liebt als die des Lehrers? Könnte eine echte Pastoral, eine echte kirchliche Erneuerungsbewegung andere Grundlagen haben als die der Wahrheit über Jesus Christus, über die Kirche und über den Menschen . . . Die Treue zum Glauben der Kirche in bezug auf die Person und die Mission Jesu Christi ist von grundlegender Bedeutung und hat enorme pastorale Rückwirkung.«

Liebt das Volk ausgerechnet den Lehrer? Und wenn es so sein sollte: Welches Volk genau? Ist es ein Ruhmesblatt für die bisherigen Lehrer der Welt wie den römischen Papst, wenn Menschen, 200 Jahre nach der Aufklärung (über die Wojtyla nur negative Worte findet: z.B. SH 56, 60, 65), auf Ratgeber angewiesen bleiben und nicht eigenverantwortlich leben können? Sich statt dessen »Immanentismus und Subjektivismus« (SH 79) vorwerfen lassen müssen, wenn sie auszubrechen suchen aus der päpstlichen Tradition?

Die Kirche wird in erster Linie als die authentische Lehrerin des Volkes interpretiert, die selbst die treue Hüterin der Wahrheit bleibt. Nach Wojtyla dient sie in ihrer sicherheitsgebenden Verfassung, die das Bleiben in der Wahrheit garantieren soll, dem Menschen, dem Volk, der Nation, der Welt. Daher wird sie – als Lehrerin – vom Volk geliebt. »Der zeitgenössische Mensch«, übertreibt Johannes Paul II. gar seine Wunschträume, »entdeckt das Heilige wieder, wenngleich er es nicht immer beim Namen nennen kann« (SH 60). Ob es sich bei dieser Art von Liebesdienst nicht nur um eine Mithilfe bei der Erfüllung von Wünschen spezifisch sicherheitsbedürftiger Persönlichkeiten handelt, nicht aber um eine Notwendigkeit für anders strukturierte Menschen, die kein oder nur wenig Bedürfnis nach dieser Art von Wahrheitsvermittlung und Gehorsam verspüren?

Angst und Hoffnung reichen sich die Hand, sooft Wojtyla spricht. Viel eigene Angst, viel eitle Selbstbestätigung, viele schöne Worte zum Fenster hinaus und wenig Hoffnung für »alle Menschen«. Festigkeit, Unerschütterlichkeit und Sicherheit sollen die hervorstechenden Merkmale dieser Interpretation von Wahrheit sein. Nur was sicher, unfehlbar sicher, von Gott garantiert sicher ist, darf einen Anspruch auf Glaubensgehorsam erheben. So spricht die nackte Angst. Abweichungen, Irrtümer gar sind – auch hier ist wieder die Angst vor der guten

Alternative am Werk – Anzeichen von Nicht-Kirchlichkeit, von Nicht-Bleiben in jener von Christus zugesagten Wahrheit, wie die Institution Rom sie beständig gelehrt hat und noch immer ohne Abstriche zu lehren glaubt. »So beruht also die Verurteilung Gottes durch den Menschen nicht auf der Wahrheit, sondern auf Überheblichkeit und heimtückischer Verschwörung« (SH 93), urteilt ein Papst über Millionen Menschen von heute.

Was liegt für ihn näher, als daß die hierarchisch verfaßte Institution im Sinne einer Selbstverpflichtung vor Gott alles daransetzen muß, um der ihr anvertrauten Menschen willen die überkommene Wahrheit möglichst wortgetreu weiterzugeben und die Ihren auf sie zu verpflichten? Damit ist es Aufgabe der Kirche, den Weg zu weisen, die Gesellschaft im Dienst des Menschen aufzubauen in der Achtung vor dem Menschen.

Vor welchem Menschen genau? Vor dem vom Vatikan gedeuteten, dem Papst ins Konzept passenden, in Angst und Unmündigkeit gehaltenen? Oder vor dem, den neuzeitliches Denken längst zu sich selbst befreite? Zunächst hört sich Wojtyla befreiend an: »... so bedeutet es wesentlich mehr, Christ zu sein als Bischof, selbst dann, wenn es sich um den Bischof in Rom handelt« (SH 42). Und: »Der wesentliche Nutzen des Glaubens besteht in der Tatsache, daß der Mensch das Gut seiner naturgemäßen Vernunft verwirklicht« (SH 217). Und: »Das Evangelium ist die vollste Bestätigung aller Rechte des Menschen« (SH 222).

Doch es bleibt bei den Behauptungen. Der Bischof von Rom bedeutet in der Praxis »wesentlich mehr« als alle übrigen Menschen. Das Gut der Vernunft ist nur anerkannt, wenn diese dem Papst in den Kram paßt; Wojtyla hat genug Beweise dafür geliefert, wie schnell die Doktrin über das Gewissen siegen soll. Und von den Menschenrechten sollte er gleich gar nicht sprechen, nicht einmal im Zusammenhang mit dem Evangelium.

Geschichte und Gegenwart der Catholica geben nicht den geringsten Grund für die Annahme ab, ausgerechnet von dieser Seite sei eine auch nur hinreichende Aussage über »den Menschen« zu erhoffen. Der Papst spricht vielmehr aus, was ihm persönlich wesentlich erscheint und seine eigene Angst niederzuhalten verspricht: die gottgewollte Sendung der eigenen Kirche; das prophetische Dienstamt der römischen Hirtenschaft; die Möglichkeit aller Menschen dieser Erde, diese kirchlichen Wahrheiten zu erkennen; die innere Verpflichtung eines jeden, die einmal erkannte Wahrheit auch in seinem Leben anzuerkennen und für die Gesellschaft fruchtbar zu machen, sei dies nun gelegen oder ungelegen.

Zum einen »hat der Gläubige ein Recht zu wissen, worauf er sich im Glauben verläßt«, wie der Papst 1980 vor westdeutschen Theologen sagte, und »die Theologie muß dem Menschen zeigen, wo er einen letzten Halt findet«. Der letzte Halt? Im Vatikan? Im enggefaßten Lehrsystem? In der schlimmen Hypothek der Kirchengeschichte? Wäre es nicht so makaber, müßten alle lachen.

Von dem sich im Lehramt der Kirche absichernden Menschen wird dennoch unverfroren verlangt, daß sich dieser ganz mit dieser und nur mit dieser Kirche identifiziere: Immer intensiver soll die Totalidentifikation gelingen, eine Identifikation nicht »mit der sündenlosen Kirche, die wir alle uns erträumen«, sondern mit der heutigen, konkreten Kirche, die nicht aufhört, mit menschlicher Schwäche behaftet zu sein. Welche Rangfolge Wojtyla bei dieser Identifikation mit der konkreten Kirche eingehalten sehen will, zeigt sein Hinweis an die in Washington versammelten Ordensfrauen, denen er 1979 zurief, ihr Leben müsse »von einer vollkommenen Verfügbarkeit gekennzeichnet« sein, näherhin »von einer Bereitschaft, so zu dienen, wie die Bedürfnisse der Kirche es erfordern, von einer Bereitschaft, öffentlich für Christus Zeugnis zu geben«. Es scheint dem Papst nicht aufgefallen zu sein, daß er zunächst die Bedürfnisse der Kirche und erst in zweiter Stelle das Christus-Zeugnis der Glaubenden anführte, als es um die vollkommene Verfügbarkeit einiger Menschen ging. Die Rangfolge ist hirtentypisch.

Wojtyla ordnet auffallend schnell die – in seinem Buch höchst marginal behandelten (SH 107 f., 122, 125) – Mängel der Institution dem alles überdeckenden Glaubenssinn der Katholiken unter, wenn er die Identifikation mit der menschlich schwachen Kirche fordert. Damit ist nicht nur die eigene haarsträubend fundamentalistische Politik im Vatikan und anderswo abgesegnet, sondern auch ein reformerisch konsequentes Nachfragen sittlich beinahe unmöglich gemacht. Die Generalklausel »Identifikation« schiebt den Reformern den Schwarzen Peter zu und lenkt vom konkreten Versagen der Kirche ab. Soll es folglich Intoleranz und Fundamentalismus nur bei anderen geben (SH 122), Haß und Herrschsucht desgleichen (SH 125)? Folgt man Wojtyla, bleibt der Innenraum der Kirche besenrein.

Johannes Paul II. legt in seinen Lehraussagen eine Art von Gehorsamsverpflichtung der Menschen fest, die institutionell eingefordert werden kann. Ob damit nicht der – zunehmend verobjektivierte – Mensch beginnt, sich und seine Würde der Institution zu verdanken, die ihm seinen wahren Sinn verleihen soll? Die formale Autorität der Institution bestimmt jedenfalls nach allem, was wir gesehen haben, auch den einzelnen Menschen und dessen Gemeinschaftsbezüge. In der Institution wird mit Hilfe dieser Autorität, die ihrerseits unüberbietbar und unbezweifelbar in einem ist, da sie auf Gott zurückgeführt wird, eine Rationalität angeboten, die den einzelnen entlasten soll und diesem gleichsam Sinn zuspricht, ohne daß dieser hinterfragt werden dürfte.

Damit wird dem Menschen, dem »gemeinen Volk« des Vittorio Messori (SH 97), eine Rolle zugedacht, die zu erfüllen ist, wenn das Leben glücken soll. Für Selbstverantwortung, für Freiheit findet sich kaum mehr ein Platz, nicht einmal mehr für die Charismen des einzelnen Menschen, für den Selbstvollzug der Liebe des Menschen etwa im Dienst an den anderen. Denn auch diese Charismen sollen dem Urteil der Hirten unterworfen sein.

Die Geschichte der kirchlichen »Caritas« spricht in dieser Hinsicht Bände: Alle Alternativen wurden systematisch abgewürgt oder, im besten Fall (?), integriert. Gutes tun bedeutet im Sinne der Amtskirche wirken. Finden sich heute aber nicht, wohin das Auge blickt, genügend andere Menschen, die sich für ihre Mitmenschen – oder für ihre Tiere, Pflanzen, Umwelten – einsetzen, ohne des vatikanischen Segens zu bedürfen? Warum spart Wojtyla sie aus, findet kein Wort über sie, ihre Arbeit, ihre Probleme? Sind sie weniger wichtig als die seinen? Was soll da noch die Behauptung, das Christentum sei »stets offen für die Welt, ihre Fragen, ihre Sorgen und ihre Erwartungen« (SH 104) gewesen? Ist die Heilsgeschichte »auch die Geschichte des unablässigen Urteils des Menschen über Gott« (SH 89), so stellt der Papst seinem Gott vor diesem Gericht einen denkbar schlechten Verteidiger.

Längst verlor die Kirche auch das jahrhundertelang behauptete Monopol in Sachen Diakonie. Nebenbei: Es ist eine historische Lüge, die Nächstenliebe eine genuine Gabe des Evangeliums zu heißen. Nächstenliebe kam weder durch Jesus in die Welt noch wird sie aufhören, wenn es keine Kirchen mehr geben wird. Doch der Gemeinschaftsvollzug bleibt in der Sicht Wojtylas das Abgeleitete. Er ist nur im Rahmen der institutionellen Kirche legitim und er kann sich allein in dieser verwirklichen.

Daß unter diesen Umständen der Hierarchie vom Papst sogar das eigentlich bestimmende Charisma in der Kirche zugesprochen wird, nimmt nicht mehr wunder. Eine Unterscheidung zwischen Amt und Charisma, die Konsequenzen für den Aufbau und Vollzug der kirchlichen Gemeinschaft hätte, läßt Johannes Paul II. so gut wie nicht zu. Vielmehr unterliegt alles Wirken des einzelnen in der Kirche der Herrschaft des – seinerseits als Charisma interpretierten – Amtes.

Die zwei oder drei, von denen Jesus gesprochen hatte, die wenigen also, die in ihrem Zusammensein die Gemeinschaft der Liebe bilden, bleiben einem System kirchlicher Herrschaft unterworfen, und jene Spaltung in Herren und Knechte wird perpetuiert, die offensichtlich allein in der Lage ist, die angstbesetzte Suche nach dem sicheren Grund und nach dem letzten Halt zu einem glücklichen Ende zu bringen.

Das eigene Amt wurde von Johannes Paul II. bereits 1978 in seiner Homilie zum Abschluß des Konklaves in einem solchen Sinn gedeutet und in deontischem Sprachton gegen alle wirklichen wie vermuteten Einwände verteidigt: »Berufen zum höchsten Amt in der Kirche, verpflichtet gerade uns diese Stellung zu vorbildlichem Beispiel an Entschlossenheit und Einsatz. Wir müssen diese Treue mit allen Kräften zum Ausdruck bringen, was sich nur durchführen läßt, wenn wir den

Schatz des Glaubens unversehrt bewahren, indem wir besonders jene Gebote Christi erfüllen, mit denen er dem Simon als dem von ihm eingesetzten Fels der Kirche die Schlüssel des Himmelreiches gegeben hat (vgl. Mt 16, 18). Ihm befahl er, die Brüder zu stärken (vgl. Lk 22, 32) und die Lämmer und Schafe seiner Herde zu weiden zum Beweis seiner Liebe (vgl. Joh 21, 15ff.).«

Bei derart eindringlichen Hinweisen auf die Stellung des Petrus und seiner Nachfolger als der Bewahrer des unversehrten Glaubensgutes, der Besitzer der Schlüssel zum Himmelreich und der obersten Hirten der Herde Christi verwundert es nicht, daß der Papst vergleichsweise selten jene anderen Stellen aus dem Evangelium anführt, die ein anderes Bild zeichnen. Nennt der Papst schon die Zurückweisung des allzu menschlich denkenden Petrus als Satan, der »nicht Gottes Gedanken denkt«, so gut wie nie, obgleich auch sie biblisch fundiert sind (Mt 16, 23), so läßt sich dies noch verstehen: Zitate wären in diesem Zusammenhang nur peinlich. Das neue Buch, voller Selbstbestätigungen, enthält sie denn auch wohlweislich nicht.

Um so intensiver hätte sich der angebliche Nachfolger des Felsenmannes Petrus mit dem Bericht in Mt 14, 22–31 auseinandersetzen müssen, wenn er von seinem Amt spricht. Hier werden nämlich Jesus und Petrus auf eine exemplarische Weise zusammengerückt. Nichts spricht dagegen, in diesem Text eine nicht nur zeitbedingte Weisung an die Kirche zu sehen, die als solche geschichtlich überholt – und nicht zeitlos gültig wäre. Es wird da berichtet, daß Jesus sich zum Beten zurückgezogen habe, das Boot mit den Jüngern jedoch auf den See hinausgefahren und in Not geraten sei, weil eine widrige Bö eingefallen war. Der wundersam ausgeschmückte Bericht erzählt zugleich etwas geradezu Sensationelles: »Sehr früh am Morgen ging Jesus über den See zu ihnen. Als die Jünger ihn auf dem Wasser gehen sahen, erschraken sie und schrien vor Angst. Sie glaubten, ein Gespenst zu erblicken. Sofort sprach ihnen aber Jesus zu: ›Seid ruhig. Ich bin es. Habt keine Angst.‹ Und Petrus sagte zu ihm: ›Herr, wenn du es wirklich bist, so befiehl mir, übers Wasser zu dir zu kommen.‹ Jesus sagte:

›Komm doch!‹ Petrus stieg aus dem Boot und lief über das Wasser auf Jesus zu. Als er aber den starken Wind spürte, bekam er wieder Angst. Und da er anfing zu sinken, schrie er: ›Herr, rette mich!‹ Sofort streckte Jesus die Hand aus, faßte ihn und sagte: ›Du mit deinem geringen Vertrauen. Warum hast du Zweifel an mir gehabt?‹ Dann stiegen die beiden zusammen ins Boot, und der Wind legte sich.«

Vielleicht wirkt es auf den einen oder anderen unfair, an dieses vergessene Stück Evangelium zu erinnern, das keinen Platz im Buch fand. Doch gehört auch dieser Bericht zur ganzen Wahrheit des Petrus. Um so befreiender wirkte es, wenn der gegenwärtige Nachfolger dieses Apostels sich nicht damit begnügte, nur die starken und immer wieder im Sinne des Vatikans ausgelegten Worte über Petrus und dessen Amt (Mt 16, 16-18) zu zitieren (SH 34 ff.).

Wer so gern von Hoffnung spricht wie Wojtyla, könnte wenigstens einmal wagen, im Vertrauen auf den Herrn das gefährdete Boot zu verlassen, Sicherheit und Wahrheit der Institution aufzugeben. Das hieße, sich als Gleicher unter Gleichen zusammen mit allen übrigen Menschen – und ohne Rückendeckung durch Gottes Bestandsgarantie – dem Wind dieser Welt zu stellen. Die Angst des Petrus bleibt jedoch größer als diese Hoffnung. Die Äußerungen des Papstes verraten dabei nur vorgebliche Stärke. Sie halten an der Sicherheit und an deren Konstrukten fest und beziehen aus diesen die Zuversicht, eine Welt anleiten zu können. Daher kann noch nicht einmal der Anschein eines Zweifels oder einer Schwäche aufkommen, mag sich auch der Eindruck vieler halten, die Institution Rom interpretiere sich unverdrossen in der gewohnten Form – nämlich im Bewußtsein, die Wahrheit total zu besitzen, ohne dafür je einen Beweis angetreten zu haben, der auch außerhalb des eigenen Denksystems schlüssig ist.

Wie dem auch sei, die übrigen Menschen und kirchlichen Gemeinschaften haben der vermeintlichen Sicherheit des Papstes gegenüber keine echte Chance. Solange Johannes Paul II. fortfährt, allein sich die Wahrheit zuzuschreiben, bleibt für andere nur die Zweitklassigkeit.

Ich nenne Beispiele: »Christus ähnelt trotz einiger übereinstimmender Aspekte weder Mohammed noch Sokrates und auch nicht Buddha. Er ist völlig einzigartig und unwiederholbar« (SH 73). Und: »Ein eigenständiges Problem ist das Wiederaufblühen der alten gnostischen Ideen in der Form des sogenannten New Age. Man darf sich nicht vortäuschen, daß dies zu einer religiösen Erneuerung führen kann« (SH 118). Und: »Wer das Alte und das Neue Testament kennt und den Koran liest, sieht klar, daß sich hier ein Prozeß der Einschränkung der Göttlichen Offenbarung vollzogen hat... Der ganze Reichtum der Selbstoffenbarung Gottes... wurde im Islam hintangestellt... das Drama der Erlösung wird vollständig weggelassen« (SH 120).

Gegenüber solcher Abwertung der anderen ist es eine bare Selbstverständlichkeit, daß die katholische Kirche »nichts von alledem ablehnt, was in diesen Religionen wahr und heilig ist« (SH 108). Die Catholica wäre auch schön dumm, wagte sie, was wahr ist, abzulehnen. Allerdings war sie jahrhundertelang so blind, es nicht wahrzunehmen, und so mörderisch dumm, es zu verfolgen.

Es ist auffällig, daß noch so viele der selbstgerechten Argumentation des Papstes auf den Leim gehen. Was nur ist von Politikern und Wahlrednern zu halten, die die angeblichen »letzten Werte« so behende dem Papst, der Kirche, dem Christentum, der Religion reservieren? Leben sie, zumindest in Wahlkampfzeiten, im Mittelalter? Ging die längst geführte Diskussion um die Möglichkeit einer akonfessionellen, nichtreligiösen Begründung von Moral und Ethik spurlos an ihnen vorbei? Lasen sie nie Hume, Kant, Schopenhauer? Solche Redner müßten schon einmal begründen, weshalb sie in dieser wichtigen Frage ausgerechnet Wojtyla den Vorzug geben.

Selbst die scheinbar ermutigenden Worte des Papstes an die Menschen und Kirchen ändern nichts am Urteil über sein anachronistisches System. Sie wirken – bewußt oder unbewußt – wie Verlautbarungen einer Position der Stärke, die sich den Schwachen, den Menschen mit den »vorletzten Werten« von Zeit zu Zeit in Mitleid zuneigt (vgl. SH 119-127).

Wojtyla desavouierte sich und seine Worte ohnedies, schriebe er anderen Kirchen als der seinen die volle Wahrheit des

Christus zu. Wenn er zum einen von Rom als dem Zentrum der Universalkirche spricht, seine Kirche als eine vom historischen Jesus gestiftete Institution präsentiert, ihr den Geist Gottes als Treuegaranten zuspricht, kann er andererseits jene Religionsgemeinschaften, denen eine ähnlich institutionalisierte Dotation abgeht, nicht als gleichrangige Kirchen anerkennen, von den nichtchristlichen Religionen nicht zu reden. Wojtyla tut dies denn auch an keiner Stelle. Vielmehr hält er sich schlichtweg für den Hirten der einzig universalen Kirche.

Das Hirtenamt, von dem er spricht, meint gewiß nicht nur einen »Primat der Liebe«, wie der damalige Ratsvorsitzende der Evangelischen Kirche in Deutschland (EKD), der hannoversche Landesbischof Eduard Lohse, dies bei der Begegnung des Rates der EKD mit dem Papst am 17. November 1980 ausgedrückt hatte. Die Hierarchie Roms hat es ja bis auf den heutigen Tag abgelehnt, das Papsttum auf einen bloßen Ehren- oder Liebesprimat in der Universalkirche festlegen zu lassen. Hirte sein bedeutet nach römischer Auffassung ungleich mehr. Es besagt nichts anderes als Herrschaft, Jurisdiktion, oberste Lehr-, Priester- und Exekutivgewalt. Ziemlich viel Gewalt auf einmal, oder nicht?

Die Geschichte dieser Herrschaft von Männern über Menschen kehrte sich nun aber so oft von der geforderten – und wortreich beschworenen – Liebe unter den Christenmenschen ab, daß der Hinweis des Landesbischofs Lohse an den Papst auf ein Uranliegen der Reformation nicht unpassend erschien: »Sie besuchen das Land der Reformation, die die Christenheit zur Erneuerung und Umkehr zurückrufen wollte, damit das ganze Leben der Christen eine tägliche Buße sei. Nicht anders als in dieser Gesinnung, wie Martin Luther sie beschrieben hat, dürfen und können wir Ihnen heute begegnen.«

Und doch hat der Wojtyla-Papst dieses Anliegen nur am Rande aufgegriffen und zugunsten von generellen Bibelzitaten jene Verdeutlichungen vermieden, die einen Fortschritt gebracht hätten: »In der Schule des Völkerapostels Paulus kann uns bewußt werden, daß wir alle der Umkehr bedürfen. Es gibt kein christliches Leben ohne die Buße, und es gibt keinen echten Ökumenismus ohne innere Bekehrung.« (vgl. SH 176)

Von einer folgenreichen Umkehr Roms konnte bei so schönen Worten nicht die Rede sein. Es reichte nicht einmal zu einem konsequenten Schuldbekenntnis. Jene Kirche, die Millionen von Menschen zur Beichte, Buße, Reue, Wiedergutmachung anhält, kennt diese Begriffe wohl, wenn sie sich gegen andere richten (SH 175), doch nicht, sobald es sich um sie selbst handelt. Oder ist irgend jemandem bekannt, daß sich Rom für seine historischen Untaten nicht nur mit folgenlosen Worten entschuldigt hätte? Daß die Kirche je die eigenen Opfer geehrt oder gar konkrete Wiedergutmachung geleistet hätte? Wer sich in Deutschland umsieht, erfährt schnell von immensem Kirchenbesitz an Geld, Immobilien, Ländereien. Wurde je öffentlich darüber diskutiert, wie die Kirche, größte nichtstaatliche Grundbesitzerin der Republik, an diese Schätze kam, wieviel Blut der Erwerb dieses Vermögens kostete?

Wer dazu schweigt, ob der Hirt in seinem Buch oder die Herde, hat jedes Recht verwirkt, über Buße, Reue, Wiedergutmachung zu reden. Das Schweigen des Papstes und seiner Hirten erstaunt freilich nie. Wer sich selbst als die Vertretung der ganzen Wahrheit des Christus interpretiert und für diese Ansicht den Geist Gottes als Kronzeugen zitiert, bedarf keiner Reue, keiner Bekehrung. Nicht von ungefähr hatte es schon im Vorfeld der Reise des Papstes in das Land der Reformation erhebliche Schwierigkeiten gegeben, auch die protestantischen Kirchen in ihrer eigenen Würde ernstzunehmen und sie nicht einfach an den Rand des historischen Ereignisses zu drängen.

So war ursprünglich nur eine kurze Begegnung mit Johannes Paul II. vorgesehen, und erst nachdem die Leitung der EKD signalisiert hatte, Wojtyla müsse dem ökumenischen Gespräch mehr Zeit als geplant einräumen, hatten die Verantwortlichen eingelenkt. Offenbar waren weder der Papst noch die Deutsche Bischofskonferenz sensibel genug für die besondere Lage und den besonderen Anspruch der Reformation in deren Ursprungsland.

Die Anregung an Wojtyla, es nicht bei schönen Worten bewenden zu lassen, sondern endlich konkrete Schritte zu tun, ging ins Leere. Wojtyla machte weder damals noch in der Zwischenzeit Anstalten, sein Hirtenamt auszuüben und – um der kirchlichen Einheit willen – kurzerhand die kirchenrechtlichen Hemmnisse, also Menschensatzungen, zu beseitigen. Anstelle einer Weisung, welche die leidigen Probleme aus der Welt geschafft hätte, betonte Johannes Paul II., es könne keine Einheit ohne Wahrheit geben und folglich eine Feier der Eucharistie unter konfessionsverschiedenen Christen nur nach vollständiger Klärung der Wahrheitsfrage. Das blieb sein letztes Wort in Sachen Ökumene. Die einschlägigen Sonntagsreden an die »getrennten Brüder« eingeschlossen.

Johannes Paul II. hält unbeirrt am Erfordernis des vollständigen Glaubens fest. Zu diesem zählt er nicht nur die Menschensatzungen (die er nicht beseitigt, obwohl er dies könnte), sondern vor allem die Grundpfeiler der Institution selbst, nämlich die Kirche Roms, deren Sendung und Hirtenschaft. Dementsprechend gilt die Weisung des Papstes an die Deutsche Bischofskonferenz, wie sie kurz darauf erging: »Der Kompromiß zählt nicht; nur jene Einheit trägt, die der Herr selber gestiftet hat: die Einheit in der Wahrheit und in der Liebe ... Die Einheit, die aus Gott kommt, ist uns geschenkt am Kreuz. Wir dürfen das Kreuz nicht umgehen wollen, indem wir unter Ausklammerung der Wahrheitsfindung zu raschen Harmonisierungsversuchen im Unterscheidenden schreiten.« Das »Kreuz« freilich wird bei Wojtyla auffallend oft als eine Art Siegeszeichen gedeutet, das vor allem über dem geglückt katholischen Leben steht (SH 103, 244).

Wie Wojtyla sich unter diesen Bedingungen, da die angebliche Wahrheit nicht ausgeklammert werden darf, Harmonisierungsversuche als verdächtig gelten und der Kompromiß nicht zählt, eine Verwirklichung der Einheit aller christlichen Kirchen vorstellt, bleibt sein Geheimnis. Am ehesten sprechen seine Äußerungen noch für die Annahme, eine richtig durchgeführte »Erneuerung« aller Christen führe schließlich zur Erkenntnis der Wahrheit und folgerichtig zu einer im Verstand vorbereiteten und im Gebet erhofften Rückkehr aller in die Kirche Roms.

Der Papst rührt dafür keinen Finger. Er interpretiert die angestrebte – und mit Menschenmitteln nur unzureichend zu erreichende – Einheit aller als ein geheimnisvolles Gottesgeschenk (SH 176). Wojtyla spricht allerdings nicht mehr wie seine Vorgänger von einer Rückkehr der getrennten Brüder in die Kirche Roms. Er ist in seiner Wortwahl ungleich vorsichtiger. Er will keine alten Wunden aufreißen. Dennoch meint sein Hinweis auf die »beständige Bekehrung unseres Lebens, die so eng mit der Frage nach der Einheit unter den Christen verknüpft ist«, nichts anderes als eine solche Rückkehr.

Erneuern heißt bei ihm so wenig reformieren wie bekehren. Erneuern ist – wie 1980 in einer Ansprache an die Bischöfe Frankreichs erklärt – ein Synonym für wiederherstellen. Der Konservative kann nicht anders: Für ihn bedeutet jede Erneuerung eine Rückbesinnung auf die Werte der Tradition. Diese finden sich – unverfälscht erhalten und getreu konserviert – nicht in allen möglichen Kirchen, sondern in der einen, der katholischen, der römischen.

Ökumene – »Ich stamme nämlich aus einer Nation, die ungeachtet ihres Rufes der vorherrschenden Katholizität eingewurzelte ökumenische Traditionen hat« (SH 171) – besagt keinesfalls, so hatte Wojtyla in seiner ersten Enzyklika ausgeführt, »auf die Schätze der göttlichen Wahrheit, die von der Kirche beständig bekannt und gelehrt worden sind, zu verzichten oder ihnen in irgendeiner Weise Abbruch zu tun«. Zu diesen Schätzen gehören, diese Erinnerung ist nützlich, römisch-katholische Dogmen wie die folgenden: »Christus hat seiner Kirche eine hierarchische Verfassung gegeben«; »Die den Aposteln verliehenen hierarchischen Gewalten sind auf die katholischen Bischöfe übergegangen«; »Christus hat den Apostel Petrus zum ersten aller Apostel und zum sichtbaren Haupt der ganzen Kirche bestellt, indem er ihm unmittelbar und persönlich den Jurisdiktionsprimat verlieh«; »Nach der Anordnung Christi soll Petrus im Primat über die ganze Kirche für alle Zeiten Nachfolger haben«; »Die Nachfolger des Petrus im Primat sind die römischen Bischöfe«; »Der Papst besitzt die volle und oberste Jurisdiktionsgewalt über die gesamte Kirche, nicht bloß in Sachen des Glaubens und der Sitten, sondern auch in der Kirchenzucht und der Regierung der Kirche«; »Der Papst ist, wenn er ex cathedra spricht, unfehlbar«.

Das klingt hart. Johannes Paul II. muß sich abwartend bis kryptisch äußern (SH 178), sooft er die Wiedervereinigung der getrennten Kirchen anspricht. Es ist ja nicht mit Vernunftgründen einzusehen, wie sich unter solchen Umständen, da bestimmte Wahrheiten Roms als unveräußerlich gelten, eine Wiedervereinigung der Kirchen erreichen lassen soll. Können die genannten Dogmen nicht tangiert werden, weil sie zum göttlichen Schatz der Wahrheit gehören, bleibt nichtrömischen Christen nur die vage Hoffnung auf ein Geschenk der Gnade Gottes, das die gewünschte Einheit herbeiführt, oder aber eine Aufgabe ihrer eigenen Lehrmeinungen und eine entsprechende Anpassung an Rom.

Es ist kaum auszuschließen, daß Wojtyla eine derartige Anpassung im Auge hat, wenn er von der sittlichen Erneuerung der Christen spricht. Eine Erneuerung im sittlichen Leben, die notwendigerweise eine Wiederherstellung der traditionellen Ordnung beinhaltet, erscheint nach Johannes Paul II. für die Einheit der Christen unumgänglich. Nur wenn die Christen gemeinsam gegen die Unmoral der Zeit angehen, wirken sie im Sinne der Kirche des Jesus Christus. Um jedoch dieses gemeinsame Vorgehen zu gewährleisten, bedarf es der Aufhebung jener »tiefen Spaltung in Dingen der Moral und der Ethik«, die – in den Fragen der Geburtenkontrolle oder der Ehescheidung – noch immer unter den christlichen Kirchen besteht. Diese Spaltung wird nur dann behoben werden können, wenn das Glaubensleben als geordnet gilt.

Was Wojtyla mit diesem Hinweis auf den Glauben meint, dürfte klar sein: Ohne jene unvergängliche Wahrheit, wie sie von Jesus über die Apostel der römischen Kirche anvertraut worden ist und wie sie trotz aller Mängel im einzelnen von dieser unverfälscht bewahrt werden konnte, ist ein menschliches Leben unvollkommen. Keine andere Kirchengemeinschaft als die des Papstes vermag dem suchenden Menschen diese letzte und vollkommenste Wahrheit zu garantieren.

Wojtyla bereitet sich freilich, auf seine Art, auf die nächste Wende vor. Der Tag, da sich die Weltreligionen gegen die »Gottlosigkeit« verbünden müssen und werden, dürfte ja kommen. Um so bewußter vermeidet Johannes Paul II. alle Worte, die die getrennten Brüder oder die nichtchristlichen Religionen schockieren könnten. Der Vatikan hat in dieser Beziehung hinzugelernt. Wojtyla geht mit den anderen Konfessionen und Religionen zunehmend um wie mit potentiellen Parteigängern. Er bläst ihnen die neuesten Standardworte aus dem vatikanischen Repertoire ein: Dienst, Dialog, Versöhnung, Toleranz, Weltgemeinschaft. Im Verein mit den übrigen Religiösen erklärt er die Weltlichkeit und die Glaubensferne der Zeit zum Feind aller Menschen.

»Am Ende wird angesichts des Gekreuzigten in uns der Mensch die Oberhand gewinnen, der teilhat an der Erlösung, und nicht der, der den Anspruch erhebt, in seinem eigenen Leben und im Leben der Menschheit über göttliche Urteile zu richten« (SH 94). Und: »Retten heißt: vom Bösen befreien. Es geht hier nicht nur um soziale Übel wie Ungerechtigkeit, Unterdrückung, Ausbeutung; und auch nicht nur um Krankheiten, Katastrophen und alles, was in der Menschheitsgeschichte als Unglück eingestuft wird. Retten heißt: vom tief eingewurzelten, endgültigen Bösen befreien« (SH 97). Und: »Die jungen Menschen suchen stets das Schöne in der Liebe; sie wollen, daß ihre Liebe schön ist. Auch wenn sie schwach werden und Verhaltensmustern folgen, die sehr wohl als ›Skandal der heutigen Welt‹ bezeichnet werden können (und leider sehr verbreitet sind), so wünschen sie sich im Grunde ihres Herzens dennoch eine schöne und reine Liebe« (SH 151).

Wie dieser Papst sich die Zukunft vorstellt, da die Religion, seine Religion, herrscht? Hin und wieder tönen die Schalmeien schrill: Im März 1991 forderte er die slowakische Bevölkerung kurzerhand auf, alle »Reste von Materialismus und Atheismus« im Land »auszumerzen«. Schon die Wortwahl erinnert an unselige Zeiten, stammt sie doch aus dem Wörterbuch des Unmenschen. Auch ist die Verbindung von Atheismus und Materialismus im Vergleich zur unauflöslichen Ehe zwischen Kirche und Geld gewagt. Aber bedenkenswert ist erst die Tatsache, daß Johannes Paul II. auch nicht andeutungsweise von Toleranz gegenüber Andersdenkenden sprach. Ein Mißgriff? Ein Rückfall in Denkgewohnheiten? Hoffnung geht kaum von einem Papst aus, der mittlerweile wie ein internationaler Weihnachtsmann durch die Lande reist und, im Gegensatz zu vielen seiner Vorgänger, die Vokabeln Frieden und

Versöhnung gebraucht, ohne sich auch nur ein einziges Mal von den vielen, gerade auch kriegerischen Unduldsamkeiten seiner Kirche distanziert zu haben.

Bemerkt dies denn niemand? Wie fiele wohl das Urteil der Welt aus, leistete sich ein anderer solche Heuchelei? Offenbar kann die Herde solches noch immer ertragen. Nicht nur die Kleriker, die längst wissen, wieviel krumme Dinger der Vatikan drehte. Nicht nur die Katholikinnen und Katholiken, die nicht aufbegehren gegen das Gezeter und das Gewäsch, gegen Sonntagspredigten, Lügenwahrheiten aus dem Vatikan, gegen Unsummen, die man ihnen, unter dem Vorwand des Glaubens, aus der Tasche zieht.

Komplizenschaft findet sich auch bei den getrennten Schwestern und Brüdern. Trat denn kein Luther auf gegen den Antichristen in Rom? Wo saß dieser anders als auf der angeblichen Cathedra des Petrus? Müßte sich der Reformator nicht im Grab umdrehen, erführe er von der Ökumene der letzten Zeit, von geschmeidig protestantischen Landesbischöfen, Superintendenten, Oberkirchenräten, die ihre Dienste den römischen Ideologen anbieten, sich der Papstkirche empfehlen, Anbiederungsleistungen erbringen – um der scheinbar gemeinsamen Sache willen?

Johannes Paul II. hat ein leichtes Spiel, solange ihm niemand trotzig widersteht. Protestanten schlucken so viel, daß sie meinen, alles schlucken zu können: Ein Papst braucht nur zu lächeln: »Ich bin Petrus, euer Bruder!«, schon fühlen sich die sanften Ketzer akzeptiert, begrüßen Reformansätze, erahnen Rehabilitation, salbadern über den Einfluß des Geistes, Annäherung, Einheit, sehen eine bessere, tolerantere Zukunft auf sich zukommen.

»Ich bin Petrus, euer Vater!« Der Nachfolger geht kein bißchen auf sie zu. Er hält bloß still, predigt zum Fenster hinaus von Familie, beklagt maßvoll die Trennung, hofft auf romfreundlichere Zeiten, hält sein Pulver trocken. Wer anderer Meinung ist, nenne überzeugende Belege für den ökumenischen Willen – und nicht nur für die Worte – Wojtylas und führe Tatsachen für die konkrete Beseitigung von ökumenischen Hemmnissen durch diesen Papst an.

Ich halte die evangelischen Christen weithin für religiöse Masochisten. Sie wollen wenigstens ihr Leid »einbringen« und endlich auch geliebt sein. 500 Jahre nach Luthers Zäsur sind sie zumindest von ferne anerkannt. Daher pflegen sie ein schlechtes Gewissen, kommen dem Papst entgegen, halten mit Katholiken Akademietagungen, beschwören singulären Ursprung, gemeinsames Ziel, beklagen den beschwerlichen Weg dahin – und werden hintenherum ausgetrickst. Die römische Konkurrenz versteht ihr Geschäft. Sie ist alteingesessen. So viele Fehlinvestitionen wie die Protestanten kann sich auf Dauer niemand leisten, der selbständig sein will. Oder er muß dichtmachen und sich vom Größeren schlucken lassen.

Doch die Grobianismen früherer Päpste scheinen vergessen. Geht der Papst auf die getrennten Christen zu, legt er besonders gern einen von der eigenen Treue zur Wahrheit überzeugten Glaubensoptimismus an den Tag. Dieser ist eher bereit, von Demütigungen und Verfolgungen zu sprechen, die die wahre Kirche erdulden mußte, als von Demütigungen und Verfolgungen, die dieselbe Kirche anderen hat angedeihen lassen.

Nicht jeder Hörer des päpstlichen Wortes dürfte geneigt sein, den von Wojtyla angebotenen Dialog der Wahrheit und der Liebe nicht nur als eine – von den Fakten nicht gedeckte – verbale Beteuerung zu interpretieren, sondern auch anzunehmen.

Kommt die Verweigerung aus dem Mangel an gutem Willen der Angesprochenen, die das alte wölfische Rom neuerdings nur im »Schafspelz der Verständigung« (A. Lorenzer) sehen? Oder rührt sie von der im Innersten ungenügenden Dialogfähigkeit dieses Papstes her? Können konservative Geister dieses Zuschnitts immer nur mit ihresgleichen sprechen?

12

WENIGSTENS EINE GRENZE ÜBERWINDEN

Was von Johannes Paul II. noch zu erhoffen ist

Die sich um den Papst scharenden Menschen zählen noch nach etlichen Jahren des Pontifikats nach Hunderttausenden. Der Interviewer Messori spricht sogar vom »wachsenden und unbestrittenen Ansehen« des Heiligen Stuhles (SH 17). Daher mag die Annahme, und sei sie von Meinungsumfragen gestützt (die dem Papst nicht ins Jubelkonzept passen: SH 130), manchen abwegig erscheinen: Jene Art von Kirche, wie Karol Wojtyla sie vertritt, ist von den meisten Menschen aufgegeben. Diese charakteristische Sozialform kann für sie kein übergreifendes Orientierungssystem mehr darstellen.

Zwar befürchtet der Papst trotz der »Schwierigkeiten der nachkonziliaren Kirche im Bereich der Lehre oder der Disziplin« keine neuen Teilungen (SH 196). Doch er übersieht, daß dies nicht das Problem ist. Teilten sich in seiner Kirche kleine Grüppchen von Progressiven und Fundamentalisten und spalteten sie sich sogar ab, könnte der Papst vergleichsweise froh sein. Weniger Freude dürfte ihm der lautlose Auszug von Millionen aus der Kirche machen, von Millionen Menschen, denen die kircheninterne Unterscheidung von »progressiv« und »integralistisch« völlig egal ist.

Wojtylas Kirche ist keine Basis für Hoffnung. Der Anspruch, ihre Hoffnung überschreite gar Schwellen, ist für die Mehrheit der Menschen durch nichts gestützt. Selbst der Papst äußert Bedenken in Sachen »instinktiver Hinwendung zur Religion« (SH 201). Nur eine Minderheit sieht dies anders. Der kleinere, aber feinere Teil? Der heilige Rest?

Bereits mit Hilfe einfacher Rechenexempel läßt sich festhalten, daß es sich bei den aus Anlaß der Papstvisiten in Erscheinung tretenden Hörern um einen relativ niedrigen Prozentsatz der Bürger des jeweils besuchten Landes handelt.

Selbst die sehr gutwillige Vermutung, der Papst erreiche etwa zwanzig Prozent der Besuchten, wird damit rechnen, daß die bei weitem überwiegende Mehrzahl der Angesprochenen desinteressiert bleibt. Daran ändern auch Wojtylas Beschwörungen eines »neuen Frühlings der Evangelisierung« nichts (SH 142).

Viele sind in Millionenbevölkerungen immer noch wenige, und die grauen Massen der Städte bleiben indifferent für alles, was seinen Anspruch von einer – zurecht als anachronistisch empfundenen – Patriarchenautorität herleitet und von der eigenen Titulatur sagt, man brauche sich nicht vor ihr zu fürchten (SH 34).

Die modernen Propagandaformen, derer sich der Vatikan unter Anpassung an die Gepflogenheiten des Jet-set und des Großmanagements bedient und die Johannes Paul II. dennoch in seiner Medienschelte niedermacht (SH 160, 198), wecken allenfalls jenes nicht tiefergreifende Interesse, das Werbung auch sonst anzusprechen vermag. Die Wirkung, die das millionenfach vermarktete neue Buch des Papstes haben wird, dürfte diese Feststellung nochmals belegen. Von einer »neuen Zivilisation«, einem »neuen Europa«, einer »neuen Welt« im Sinne des Papstes (SH 203) kann auch nicht annähernd die Rede sein.

Selbst von der zum Amtsantritt Wojtylas erhofften Rückkehr vieler kirchlicher Dissidenten ist nicht viel zu bemerken. Treten neuerdings anglikanische Gläubige und Kleriker zur römischen Kirche über, weil sie sich über die Ordination von Frauen ärgerten, wächst nur der konservative Anteil, den Johannes Paul II. ohnedies bedient. Einen Durchbruch mag selbst der Vatikan nicht mehr erhoffen.

Der Papst behilft sich, typisch klerikal, mit der Theorie des »anonymen Christen«: Die Menschen glauben neuerdings »im geheimen« (SH 111) und werden der Gnade einfach eingemeindet, auch wenn sie dezidiert die Kirche und das Christentum ablehnen (SH 219 f.). Damit wächst die Zahl der Christen und der »Geretteten« (SH 97) zwar nicht tatsächlich, aber doch in der theologischen Arithmetik.

Auch der politische Einfluß des Papstes, der – nach der Meinung von Diplomaten – glaubt, »mit seinem persönlichen Prestige politische Konflikte beeinflussen zu können«, ist längst nicht so groß wie erhofft. Die medienwirksam als »Wallfahrten des Friedens« angekündigten Besuche verliefen zu oft im Sande. Allein das Beispiel des Falklandkrieges oder die Ereignisse um den Besuch im jugoslawischen Kriegsgebiet trugen nicht gerade zum Ansehen Wojtylas bei, wo serbisch-orthodoxe Bischöfe (Christen, Mitbrüder im Bischofsamt!) von vornherein abgewinkt hatten und »die Friedenstaube im letzten Moment abdrehte«.

Johannes Paul II., vorschnell »papa coraggio« getauft, hatte in Sarajevo die »bitterste Entscheidung seines Pontifikats« zu treffen, wie der Mailänder *Corriere della Sera* bemerkte. Freilich hatte ihn eine völlig mißlungene vatikanische Diplomatie in diese Lage gebracht, ein von Anfang an fehlkalkuliertes Unterfangen, das schließlich, zur Enttäuschung vieler, zur Absage führen mußte.

Daran ändert die im Zusammenhang mit dem geplatzten Besuch einsetzende Legendenbildung nichts. Sie schlägt ins Gegenteil um. Ein Beispiel: Elmar zur Bonsen raunte am 10./11. September 1994 in der *Süddeutschen Zeitung*, Johannes Paul II. sei bei dem geplanten Besuch in Sarajevo sogar bereit gewesen, »sein Leben aufs Spiel zu setzen«.

Woher wußte der Journalist dies? Hatte er mit Karol Wojtyla gesprochen? Oder behauptete er in vorauseilendem Gehorsam einfach, was kein bischöflicher Pressesprecher zu sagen wagte? Ähnlich unbedarft hätte spekuliert werden können, einflußreiche Kreise im Vatikan hätten den Papst bewußt in diese Lage gebracht, um sich seiner zu entledigen.

Was genau sollte das heißen, der Papst sei bereit gewesen, sein Leben zu riskieren? Hatte Wojtyla etwa das Martyrium einkalkuliert? Sein Leben aufs Spiel setzen hieße nichts Geringeres, als daß der Papst bereit war, sich von einem Heckenschützen ins Fadenkreuz nehmen und erschießen zu lassen.

Eine theologische Dummheit, nicht nur Ignoranz eines Journalisten. Niemand darf sich, verstehe ich die Lehre der Kirche recht, freiwillig einer Todesgefahr aussetzen. Nicht einmal, schon gar nicht, um als Märtyrer der guten Sache gelten zu wollen. Das weiß Papst Johannes Paul II. so gut wie andere auch.

Menschlich verständlich, daß ein sichtlich alternder und immer hinfälliger werdender Papst sich mit dem – vielleicht nahen – Tod auseinandersetzt. Wie Millionen anderer Menschen auch. Doch sollte er diesen etwa suchen, billigend in Kauf nehmen, wie ein Redakteur spekuliert? Ich hoffte eigentlich, daß solch falsche Zungenschläge der Vergangenheit angehörten.

Das Resümee des Wojtyla-Pontifikats fällt auch in anderer Beziehung als der politischen mager aus. Von Hoffnung kann keine Rede sein. Vielmehr erscheint Vorsicht angebracht, wenn mit der Person des Papstes eine Art Wiedergeburt des römischen Glaubens verknüpft und für aufkeimende Hoffnung geworben wird. Bislang brachte die Schwalbe noch keinen Sommer.

Wie wirkungslos die Bemühungen Wojtylas bleiben würden, zeigte sich früh. Ich nenne den »Kampf um das Leben«, wie er – in der Frage der Abtreibung – 1981 anläßlich einer Volksbefragung in Italien geführt wurde. Es sollte sich dabei keineswegs um Randthemen oder um klerikale Sondermeinungen handeln, sondern – so der Papst selbst – um eine »zentrale Frage des Menschen«.

Die Niederlage fiel vernichtend aus. Italien erteilte dem Vatikan eine glatte Abfuhr. Zwar war die Aufmerksamkeit des überwiegend katholischen Landes wochenlang auf eine »Bewegung für das Leben« gerichtet worden, für die sich Christdemokraten, Neofaschisten und die Bischöfe Italiens stark gemacht hatten. Auch Wojtyla hatte seine eindeutige Meinung geäußert. Doch nicht einmal ein Drittel der Wähler hatte für die kirchenoffizielle Linie gestimmt. Die katholische Forderung, ein parlamentarisch zustande gekommenes Gesetz »um des Volksganzen willen« aufzuheben, wurde mit fast 68 Prozent der Stimmen abgelehnt.

Nicht einmal das Attentat (SH 159, 246), das kurz vor dem Urnengang die Befürchtung gestärkt hatte, die sensiblen Italiener würden aus Solidarität für die These des Papstes stimmen, war imstande gewesen, einen Meinungsumschwung herbeizuführen. Die italienische Nation war vielmehr vom schwerkranken Papst abgefallen. Der Umwandlungsprozeß der Gesellschaft, der sich bereits bei der Bestätigung des Scheidungsgesetzes abgezeichnet hatte, griff noch tiefer als angenommen.

Die Italiener hatten offen Nein zum Papst gesagt, das Gewicht des Lehramtes hatte sich als zu leicht erwiesen, und der Papst mußte, wie später noch oft, erleben, daß nicht jeder, der ihm zujubelt, auch seine Meinung teilt.

Wojtyla kann offenbar selbst in wesentlichen Fragen seiner Doktrin keine Mehrheit hinter sich bringen. Weder im Pferch noch außerhalb.

Ich begegne möglichen Einwänden: Das Problem der großen oder der weniger großen Zahl ist nicht ausschlaggebend. Selbst eine verschwindend geringe Minderheit vermag, das bewies die Geschichte der Menschheit nicht nur im Falle des Urchristentums, wie der Sauerteig, von dem das Evangelium spricht, eine Welt zu revolutionieren.

Um so ernüchternder wirkt die Feststellung, die Kirche Roms habe ihre geschichtliche Chance verspielt. Es ist kaum zu erkennen, daß sich die Welt, die zu missionieren den Christen angeblich aufgetragen war, im Verlauf von zwei sogenannten christlichen Jahrtausenden, die hinter ihr liegen, der Verkündigung des Vatikans aufgeschlossen gezeigt hätte.

Vielmehr ist das Gegenteil bewiesen: Die römisch-katholische Konfession steht gegenwärtig, aufs Weltganze gesehen, ungleich schlechter da als noch vor einigen Jahrhunderten, ja Jahrzehnten. Und Hoffnung auf Besserung besteht nicht, Wojtylas Behauptungen hin oder her (SH 140 ff.). Einem Papst kann schon angst und bange werden. Verständlich auch, daß er das Pfeifen im Walde übt und nicht nur mit theologischen Doktrinen, sondern auch mit Zahlen jongliert, die ihm passen (SH 130).

Doch ist wenig wahrscheinlich, daß sich durch die von Wojtyla – einem »Papst des Jahres 2000«? – vorgetragene Auffassung von der Kirche, wie sie in diesem Buch an verschiedenen Beispielen zu umschreiben versucht wurde, an diesem hoffnungslosen Zustand viel ändern lassen wird.

Der Grund dafür liegt beim Papst selbst. Wojtyla bleibt in der Enge gefangen. Seine Angst befreit ihn nicht ins Weite. Statt Grenzen zu überschreiten und alle Menschen anzusprechen, bedient er allein eine Subkultur. Diese sieht verdächtig nach Fundamentalismus aus. Genau dies müßte nicht so sein.

Johannes Paul II. hat aber nur eine bestimmte Teiltradition für sich: jene, die allem Anschein nach in der Vergangenheit die Menschen auf der Welt durch ihre von Wojtyla ausdrücklich empfohlenen Angstbotschaften (SH 205-209!) und ihre Verewigung zeitbedingter Werte und Rechte mehr und mehr der römischen Kirche entfremdete. Gerade weil der Papst sich immer wieder auf die angeblich beständig von Rom gelehrte Wahrheit beruft, identifiziert er sich mit diesem Herkommen.

Zugleich erteilt er offen oder versteckt allen anderen, ketzerisch-revolutionären Überlieferungen, und stammten diese aus der von Wojtyla so hochgeschätzten Mystik (SH 114-116, 212), eine offizielle Absage. Die Alternativen der Hoffnung benutzt der Papst nur, um sich von ihnen abgrenzen und darin die eigene Identität bewahren zu können.

Die Identifikation mit der einen Tradition, die er in seine plakativ vorgetragene Devise »Totus Tuus« (SH 237 ff.) faßt, wird gewiß von manchen bejubelt und als Zeichen der Stärke charakterisiert. Die früheren Spruchbänder auf dem Petersplatz mit den Aufschriften »Du bist das Glanzstück der Kirche, du bist Gottes Wikinger, du bist der Freund aller Menschen, du bist ein Himmelsgeschenk« oder »Papst, du bist stärker als Superman« sprachen für diese Feststellung. Ebenso die von manchen, durchaus nicht von allen Jugendlichen gesuchte »Führerqualität« (SH 149).

Doch bestätigte der Jubel, mit dem diese Menschen – beileibe nicht die meisten und schon gar nicht alle – die Lehren des Papstes Wojtyla begleiteten, nicht mehr als die Auffassungen der Jubelnden selber. Johannes Paul II. sprach und spricht in seinem »mass appeal« immer wieder dieselbe Gruppe an. Jene Mitglieder der Herde, die auf ein paar konservative Formen und Inhalte einer stolzen Teiltradition des »Wahrheit-Habens« eingeschworen sind und sich – um ihrer eigenen Sicherheit willen – kein Jota von dieser ihrer Meinung abhandeln lassen.

Mentalität und Milieu dieser Menschen, deren Zahl unterhalb des Rentenalters stark rückläufig ist, trugen den Wojtyla-Papst von Auftritt zu Auftritt. In ihrem Befehlsverband fühlt Johannes Paul II. sich immer zu Hause, in ihrem Namen lehrt er. Ihre Werthaltungen, ihre Tugendsysteme, ihre Vorlieben und Vorurteile hat er detailgenau in sein Amt einbezogen. Daß Wojtyla sein Amt mit persönlichem Charme ausübt, macht ihn vielen menschlich sympathisch und verschafft ihm bei nicht wenigen Respekt; es ändert jedoch nichts daran, daß er als Sprecher eines bestimmten Erfüllungssystems auftritt.

Johannes Paul II., der in seinem Amt als Stellvertreter Christi auf Erden (SH 34-37, 40 f.) das externalisierte Gewissen vieler repräsentieren sollte, schloß sich, ein zustimmendes Opfer des Systems, den Auffassungen der Teilgruppen an, für die er spricht und deren Beifall er erntet. Seine polnische Herkunft (SH 245) wie sein klerikal bestimmter Lebensweg (SH 224) ließen ihm wohl keine andere Wahl.

Die Entscheidung für den Klerikerstand, erste Identifikation mit einem vorgefundenen Teilmilieu und den politisch-sozialen Einheiten, als deren Religion sein Katholizismus fungiert, erwies sich in seinem ganzen Leben als haftfähig. Wojtylas charakteristisch konservative Reden von der Treue und der Beständigkeit im Glauben beziehen sich auf sie.

Andere Wahrnehmungen, andere Erfahrungen, andere Risiken wehrte er zeitlebens ab. Seine Biographie kennt daher kein Schwanken, geschweige denn eine Abweichung, eine Grenzüberschreitung. Wojtylas Leben ist ganz und gar geordnet. Er produziert und kultiviert ständig denselben Anerkennungsglauben.

Er kennt und anerkennt Unter- und Überordnungen, Verhältnisse von Macht und Ohnmacht, Hierarchien des Wissens und des Glaubens. Das ist vielleicht ehrenwert unter seinesgleichen. Hoffnung schafft es nicht. Oder nur die für seinesgleichen.

Eine sprechende Erinnerung: Kaum kommt der Jungpriester Wojtyla vom Studium aus Rom zurück, fragen ihn seine Freunde, was er nun vorhabe. Er antwortet: »Was der Fürstbischof für mich ausdenkt!« Wäre ich unter seinen Freunden gewesen, hätte ich nicht weitergebohrt. Die Antwort ist definitiv.

Das gehorsam angenommene Lebenswissen des Papstes bezieht sich auf jene Wahrheiten vom Menschen und (durch Maria: SH 73, 237-240) von Christus und von Gott, in denen er frühzeitig sozialisiert wurde. Von ihnen ging er nicht mehr ab, zumal Gottes Worte, so Wojtyla 1964, einfach und tief sind. Der Mensch, der sich ihnen überantwortete, braucht nicht mehr hinzuzulernen. Der »höchste Gesetzgeber« (SH 235) hat alles bereits geordnet, und der Mensch braucht nur noch entschieden genug zuzugreifen (SH 39).

Einfachheiten des Glaubens provozieren im Gegensatz zu einer detaillierter vorgehenden Wissenschaft bloße Zustimmung. Erfahrungen, die die überkommene Ordnung umstürzen und den geordneten Menschen zu sich selber befreien könnten, finden sich nicht. Von einer Auflösung dieser Vaterwelt, ihres frommen Instrumentariums, ihrer pädagogischen Herrschaftsformen und ihrer festen Kommunikationsgrenzen kann keine Rede sein.

Das System Wojtylas bleibt geschlossen. Seine Hoffnung auch.

Bei dem von ihm gelehrten Gesetzes- und Gerichtsgott gibt es keine Unsicherheiten, und der gläubige Mensch, der sich im Besitz der Wahrheit weiß, braucht sich keinen neuen, von Wagnissen und Schwellenüberschreitungen behafteten Praktiken der Lebensbewältigung zu stellen. Reagiert er auf die tatsächliche Unsicherheit der Lage, wiederholt er stereotyp den Hinweis, nur Christus, der Sohn Gottes, stelle die Lösung aller Probleme dar (SH 70-77). Genau so macht es Karol Wojtyla wieder einmal, einmal mehr, in seinem jetzigen Buch. Das ist eingeübt, gekonnt – und ziemlich hoffnungslos.

Wer auf das Bild vom Erlöser, das die spezifische Antwort des Milieus auf die Herausforderung der Gesellschaft enthalten soll, seine Hoffnung setzt, geht zeit seines Lebens nicht mehr in die Irre. Wer aber auf eine solche Sicherung verzichten zu können glaubt, muß in der Angst des Zeitalters und in der Hoffnungslosigkeit der Welt verbleiben (SH 48, 65, 78 ff., 84, 97 f., 197 ff.). So simpel ist das mit einer Hoffnung, die nach Art des Papstes die Schwelle überschreitet.

Die Subgesellschaft, die Wojtyla zujubelt und sich noch

immer total mit ihm – und damit mit sich selbst – identifiziert, hält diesen Papst für einen »katholischen« Stellvertreter Christi (SH 34, 40 f.). Johannes Paul II. spricht ihr aus der Seele, sooft er sein freundlich fundamentalistisches Menschen-, Welt- und Kirchenbild vorstellt. Sie hat all ihre Sorgen und Ängste auf einen omnipräsenten Pontifex übertragen. Dieser ist für sie die Kirche. Er regt deshalb alle Entscheidungsprozesse der Institution an, kontrolliert sie und schließt sie definitiv ab.

Der Herr ist längst – nach einem Wort von Franco Basaglia – »die Totalität der Knechte«. Allerdings werden die Knechte selber von Befreiung sprechen und ihre Freiheit jeder anderen, durch Selbstverantwortung gewonnenen vorziehen.

Auf die Institution fixierte Menschen fragen freilich kaum nach, wie katholisch, wie allumfassend, wie universal das von Johannes Paul II. repräsentierte Papsttum in Wirklichkeit ist. Sie nehmen es gläubig als ihre Totale hin. Solche Menschen kann und will ich nicht von irgendeiner Alternative überzeugen. Sie haben sich längst – wie Jubeljournalist Messori (SH 17) – gegen alle Argumente gepanzert. Hoffnung finden sie allein bei ihresgleichen. Und beim Papst, dem »Meister des Glaubens«, ihres Glaubens (SH 17). Dieser erklärt den »existentiellen Pessimismus« einfach weg (SH 48).

Weitaus mehr Menschen fragen sich, ob das Papsttum Roms mit seinem lehrhaften Pomp nicht doch nur die verfestigten Ergebnisse einer bestimmten Anpassung bestimmter Kleriker an bestimmte Erfahrungen mit der Welt wiedergebe, wie sie im Lauf der Jahrhunderte in theologischen Systemen, Riten, Gesetzen und Sprachstilen vergegenständlicht wurden.

Andere fragen, ob die – historisch nicht eben erfolgreiche – Auffassung der Herde von Kirche, Religion, Gott auf alle Menschen von heute anziehend wirke; oder ob sie wenigstens zum Dialog mit allen Menschen ermuntere; ob sie Hoffnungen vermittle.

Konservativ bis fundamentalistisch denkende Gläubige erhoffen dagegen – typisch für die enggefaßte Geistigkeit eines Gettomilieus – nur das eine: früher oder später die Annahme der von einem Papst vorgetragenen Wahrheiten, eine Rückkehr auch zur Infantilsituation des bloßen Gehorsams, und dies ohne Wenn und Aber. Denn hier lehrt doch niemand anderes als die vom historischen Jesus gestiftete Kirche, sagen sie. Daher ist es für den Menschen guten Willens heilsam, sich dieser anzuschließen. Oder man muß ihm einfach den guten Willen oder die Fülle des Lebens absprechen . . .

Für diese Bekehrung der anderen, die Wojtyla »Erneuerung« als Folge der Erkenntnis der Wahrheit nennt (SH 134, 139-142, 168f., 193-196), arbeiten sie – und verbrauchen für ihre Mission ein Maximum an religiöser und geistiger Energie. Dieses fehlt freilich, wenn wirkliche Lebensfragen der Menschen von heute angefaßt und beantwortet werden sollen. Nietzsche hatte nicht gar so unrecht, als er feststellte, der religiöse Mensch denke nur an sich selbst.

Doch sieht das konstante Publikum Wojtylas dieses Problem nicht. Es ist von Berufs wegen einäugig bis blind. Alternative Lösungsvorschläge, welche vielleicht auch eine Basis im Evangelium hätten und die gegenwärtig favorisierte konservative Meinung schnell als das Märchen von des Kaisers (oder des Papstes) neuen Kleidern enthüllen könnten, werden vom retrospektiven Wunschdenken gar nicht erst problematisiert. Messori hat alle diesbezüglichen Fragen von Anfang an ausgeschieden (SH 17, 19f.).

Kirche bleibt Kirche. Opposition – als eine dysfunktionale Störung des sogenannten Normalzustands – ist daher in der jahrhundertealten Verhaltensvorlage nur am Rande vorgesehen. Schon Anfragen gelten als jenes Ärgernis, dem das Papsttum wie das Kreuz Jesu in der Welt angeblich immer ausgesetzt blieben (SH 39, 94f.).

Kardinal Höffner hatte – auf dem Hintergrund der Nachfrage nach den Kosten der Papstreise! – 1980 in Fulda vielen echt Gläubigen aus dem Herzen gesprochen: »Heiliger Vater, wir wissen um die Schwere Ihres Amtes. Sie machen den unter uns gegenwärtig, der eine Krone aus Dornen getragen hat! . . . Sie scheuen das Ärgernis und die Torheit des Kreuzes nicht. Die Gestalt des Gekreuzigten leuchtet in einem Papst des Widerspruchs auf, aber nicht in einem Nachfolger Petri, der sich überall anpassen würde.«

Derlei bestätigt der Papst selbst (SH 39). Ob alles auch ganz anders sein könnte, zumal sich der Eindruck vieler hält, gerade in Karol Wojtyla lebe eher der Skandal des Apostelfürsten fort als der des armen Narren Jesus von Nazareth (und nicht des gloriosen Christus Wojtylas), bleibt eine offene Frage an die Kirche Roms. Von ihrer Beantwortung wird die Zukunft dieser Institution und ihres Glaubens wesentlich mit abhängen.

Ich fasse zusammen: Dient Johannes Paul II. dem Petrus-Amt des ausgehenden Jahrhunderts? Oder verstärkt er vielmehr, in Person und Amtsführung, jene Krise seiner Kirche, die sich früher als angenommen als der Anfang vom Ende einer einstmals mächtigen Idee und Institution erweisen mag? Das Urteil der Historikerzunft über die Einordnung dieses Pontifikates in die Kirchengeschichte und über das tatsächliche Gewicht dieser Jahre steht noch aus; das soeben vorgelegte Buch Wojtylas wird seinen Teil zur Einschätzung beitragen (SH 16). Die Abstimmung mit den Füßen ist jedenfalls schon in vollem Gange.

Gegen Ende der auf viele bereits überlang wirkenden Regierungszeit lassen sich die unerledigten, im Freudentaumel des Anfangs untergegangenen Fragen eher beantworten als zu Beginn. Zumindest erweist sich zunehmend, daß das weltweite Wirken des Wojtyla-Papstes keineswegs zu einer Renaissance des Katholizismus führt. Im Gegenteil.

Karol Wojtyla, als zuverlässig berechenbarer Kandidat im Konklave durchgesetzt, zeigt keine Schwierigkeiten, es den Konservativen aller Lager recht zu machen. Doch nur in diesen Kreisen dürfte es als probate Lösung gelten, überall festzustellende und geschwind fortschreitende Erosionen mit Hilfe von Damm- und Festungsbauten aufhalten zu wollen.

Jüngstes, weltöffentliches Beispiel: Die UN-Bevölkerungskonferenz in Kairo. Hier versuchte die Welt, endlich, einen ersten internationalen Aktionsplan zu erstellen, um das verhängnisvolle Bevölkerungswachstum einzudämmen. Der Vatikan blockierte die Konferenz fünf Tage lang und funktionierte sie in eine lähmende Debatte über Abtreibung um. Freilich umsonst. Um die Niederlage zu verschleiern, stimmte die Delegation des Papstes schließlich formal zu. Doch beharrte sie unbelehrbar auf den rigoristischen Positionen: Abtreibung und Verhütung bleiben zugleich tabu. Hans Küng sprach von einem Waterloo des Vatikans. Wojtyla war einmal mehr gegen den Rest der Welt zu Feld gezogen. Einmal mehr war er unterlegen. Ich meine, er sei vor allem den Frauen unterlegen. Der »männliche Egoismus«, den sein Buch anprangert (SH 231), wurde bei diesem Papst längst zum klerikalen, vatikanischen Egoismus. Da hilft es nicht viel, die Marienverehrung als »für die Probleme der Frau in der Welt von heute keineswegs irrelevant« (SH 241) bezeichnen zu lassen. Leerformeln sind durchschaut, gerade wenn sie von Wojtyla kommen.

Die Frauen, die Taten sehen wollten, wurden erfolgreich von den entscheidenden Instanzen der UNO und der USA unterstützt. Demgegenüber kam die Allianz zwischen den patriarchalen Bastionen Vatikan und islamische Staaten nicht zustande. Die großen islamischen Nationen Indonesien, Pakistan, Iran und Ägypten ließen sich nicht vor den päpstlichen Karren spannen. Der Papst vermochte nur einige kleinere lateinamerikanische Länder zu mobilisieren; die großen wie Argentinien, Brasilien, Mexiko versagten sich. Und katholische Frauen selbst stellten sich in Kairo, anders als von Wojtyla erhofft, nicht auf die Seite des sogenannten Lehramts.

Die *Washington Post* sprach vom persönlichen Drama des 74jährigen Pontifex. Dieser – oder seine Gottesmutter – hat zwar, nach außen hin, über den Sowjetkommunismus gesiegt, doch kann er sich nicht mit der modernen Welt abfinden. Seine Hoffnung bleibt auf den Innenraum von gestern beschränkt. Es ist nicht anzunehmen, daß Wojtyla sich aus der Umklammerung seines Lehrsystems noch wird befreien können. Diese Schwelle der Hoffnung überschreitet er nicht.

Das mittelalterlich-absolutistische System, dessen schlimme Details ich schilderte, schreibt – typisch zeitgeistig – einem einzelnen Patriarchen (»papa«) ein Monopol auf Wahrheit und Macht zu. Nach dem Zusammenbruch des Sowjetkommunismus (SH 155 ff.) blieb die Catholica Wojtylas die einzige diktatorische Institution und Organisation der westlichen Welt.

Will der Papst, so können Frauen von der Weihe abgehalten, Millionen Frauen von den Möglichkeiten der Empfängnisverhütung ausgenommen, Priester von der Ehe ausgeschlossen, wiederverheiratete Geschiedene ebenso brüskiert werden wie Bischöfe, die sich dieser spezifisch katholischen Not annahmen, Pfarreien von Seelsorgern entleert, Theologen reihum mit Maulkörben versehen, ökumenische Reformansätze blockiert und niedergebetet (SH 171-182), zeitgeistige Dogmen und Moralsätze als zeitlos gedeutet werden. Und Johannes Paul II. will. In jedem dieser Fälle. Er wies allen »Laien«, das Konzil hin oder her, den angestammten Platz ganz unten an, und zurrte, vom letzten Hochsitz des Patriarchats herab, eine »gleichrangige« Dienst- und Mutterrolle der Frauen und die entsprechende Erwartungshaltung der Männer fest (SH 241 f.). Dafür fand er breite Zustimmung bei denen, deren spezifisch katholischer Gehorsam ebenso einmalig auf Erden ist wie jene – Herren und Knechte der Kirche schaffende – Zweiklassengesellschaft, die solcher Gehorsam mitbegründet und fixiert.

Wer nicht mitjubelt, wenn das Rad der Kirchengeschichte auf einen weithin vorkonziliaren und vordemokratischen Stand zurückgedreht wird, mag allerdings sehen, wo er bleibt. Er hat eben, vorsichtig gesprochen, keinen guten Willen. Mittlerweile zählen die Verprellten nach Millionen: Gewiß ist Johannes Paul II. – auf Jahrzehnte hinaus! – mitverantwortlich für die massenhafte Abkehr von der Kirche Roms, vom Christentum überhaupt. Die autoritäre Haltung des Patriarchen Wojtyla hat seine moralische Glaubwürdigkeit vollständig ausgehöhlt. Vor allem Frauen und jüngere Menschen kündigen dem Papst den Gehorsam auf. Johannes Paul II. redet diese Entwicklung einfach weg (SH 142-154).

In die Regierungszeit des als politisches Talent geltenden Papstes fiel die Wende in Osteuropa. Seine eigenen Anteile an dieser Entwicklung sind erst noch genauer vor dem Urteil der Geschichte zu bestimmen. Sie dürften auch nicht entfernt mit denen zu vergleichen sein, die sich Hunderttausende auf der Straße erwarben – und über die Wojtylas Buch kein Wort verliert (SH 158 f.). Offensichtlich ist es auch diesem Papst nicht vergönnt, Vordenker und Schrittmacher zu sein.

Im Oktober 1993 sprach Wojtyla davon, die entscheidende Rolle beim Sieg über das System des Kommunismus habe nicht er, sondern das – von ihm unverbrüchlich vertretene – Christentum an sich mit seiner religiösen und moralischen Botschaft und seinem Eintreten für die Menschenwürde gespielt. Ähnlich weit hergeholte Gründe nennt sein Buch (SH 160). Diese Aussagen pochen auf Verdienste, die es in dieser Form nicht gab. Sie sind, gemessen an Geschichte und Gegenwart des Katholizismus, äußerst gewagt. Schon gar nicht wird sie den Menschen gerecht, die die Wende herbeiführten.

Soll schon von einem Wende-Papst die Rede sein, dann in einem anderen Sinn: Johannes Paul II., von interessiert militanter Seite als Symbol einer Offensive des Guten und für das Gute gesehen, läßt keine Gelegenheit aus, sein Amt so auszuüben, daß die – bei voreilig Hoffenden längst überholt geglaubte – orthodoxe Überlieferung zurückgewonnen wird. Allein die Säuberungen im elitären Kader, die er in aller Stille durchführt, sind Beispiele für die Zielsetzung dieses Papstregenten alten Zuschnitts: Wer unter Wojtyla Bischof oder gar Kardinal wird, verdankt es seiner eigenen unbefleckten Romtreue. Mochten sich in Köln, St. Pölten oder Chur die betroffenen Menschen zu Tausenden gegen diese Berufungs-Politik zur Wehr setzen, Wojtyla kennt kein Zurück.

Verständnis brachte Johannes Paul II. hingegen für die notdürftig vertuschten Skandale im Vatikan und anderswo auf. Doch bleiben die dunklen Ereignisse unauslöschliche Makel seiner Regierungszeit. Sind im übrigen viele, wenn auch nicht alle in vatikanische Machenschaften verstrickten Personen – Erzbischöfe, Kardinäle, Makler, Schieber, Logen-Brüder – heute namentlich zu benennen, ist dies gewiß nicht das Verdienst des Papstes.

Die verbissene Härte nach innen, die sich in den geradezu manisch wiederholten Äußerungen Wojtylas zur Sexualmoral und zur Stellung der Theologen in der Kirche konkretisiert, mag zwar – ebenso wie die Abweisung aller Anfragen zur Priesterweihe von Frauen, zum Zölibat, zur Laisierung von Priestern, zur Lage wiederverheirateter Geschiedener – dem harten Kern der Gläubigen und Bischöfe zusagen. Die immer wieder aufbrechenden Probleme der römischen Kirche auch nur aufzugreifen vermag sie nicht. Das unter Johannes Paul II.

traditionsbewußt reformierte Kirchenrecht oder der nach Stil wie Inhalt mißratene Weltkatechismus (SH 191) stellen keine Wegweisungen dar. Nicht ohne Grund sinken beide bereits wieder ins Vergessen zurück.

Alles in allem eine untragbare Hypothek für die katholische Kirche, eine Belastung für die Ökumene, eine Blockade für höchst dringliche Probleme der Weltgemeinschaft. Es ist kein Ansatz auch nur für die geringste Hoffnung zu entdecken; nur für den Vorwurf der Verantwortungslosigkeit gegenüber der Welt bleibt noch Raum.

Die zum italienischen Mondadori-Konzern (also Silvio Berlusconi) gehörende Zeitschrift *Panorama* zeigte unter dem Protest des Heiligen Stuhles in die nahe Zukunft. Sie druckte nicht nur Auszüge aus Wojtylas Buch ab, sondern garnierte diese mit einer kleinen Galerie von Fotos jener Kardinäle, die bereits als Nachfolger des Papstes gehandelt werden. Das Vorgehen mag manchen nicht taktvoll erscheinen, doch läßt es Schlüsse auf die tatsächliche Bewertung Johannes Pauls II. zu.

Die Anzeichen mehren sich: Ein im Oktober 1994 erschienener Beitrag des Altbischofs L.A. Elchinger (Straßburg) im *Anzeiger für die Seelsorge* befaßt sich seitenlang mit der Frage, weshalb »wir die Konsequenzen des II. Vaticanum zum Teil verspielt« haben. Der Bischof kommt ohne Nennung des regierenden Papstes aus. Ging er davon aus, daß Johannes Paul II. trotz vieler Worte über das Konzil nichts zu dessen Konsequenzen beizutragen hatte?

Wojtylas Versäumnisse und schwere Fehler werden sich schon in den nächsten Jahren rächen. Der Nachfolger wird die Last zu tragen haben, gerade wenn anfangs wieder Jubel zu erwarten ist: Kein gutes Zeichen für den gegenwärtigen Papst, eher ein Gericht über ihn, diese schon jetzt aufbrechende Hoffnung auf den Neuen, die Abschied und Vergessen in sich trägt.

Allein aus Gründen der Überlebenssicherung – und wer verstünde davon so viel wie kirchliche Diplomatie und Theologie? – wird sich Rom gezwungen sehen, in nächster Zeit die Zügel wieder zu lockern, sich des Einverständnisses vieler bisher geduckter Bischöfe und Theologen der Weltkirche zu versichern – und damit behutsam von Wojtylas Glaubensverständnis und Kirchenpolitik abzurücken.

Die Engführung des Katholischen unter Johannes Paul II. schnürte ja so viele Hoffnungen ein, daß sich die neue Strategie empfiehlt. Im Vatikan wird längst in diese Richtung gedacht. Ob sich das verlorene Terrain und erst recht das verspielte Vertrauen von Millionen zurückgewinnen lassen, bleibt zweifelhaft. Päpstliche Anleihen bei der Vergangenheit zahlen sich zumindest da nicht aus, wo eine ganze Zeit sich wendet.

Es ist verständlich, daß Johannes Paul II. die weltweit sich verstärkenden schweren Zweifel an seiner Amtsführung und die sich ausbreitende Schelte an seinen Doktrinen zumindest mindern wollte. Daß er es nur um den Preis einer neuen Bestätigung, aggressiven Verstärkung des Althergebrachten, ja einer Art Christifizierung seines Amtes, wenn nicht der eigenen Person zu schaffen glaubte, ist konsequent. Früher oder später fängt sich der Fundamentalismus in der eigenen Falle. Je weniger Glauben er findet, desto unerbittlicher werden seine Selbstbestätigungen und Forderungen, desto höher werden die Instanzen angesiedelt, an die er sich wenden und auf die er andere verweisen muß.

Eine Hoffnung, die allerletzte, bleibt. Karol Wojtyla, dem Biographen eine ausgeprägt meditative Begabung attestierten, könnte wirklich ernst machen, eine Schwelle überschreiten und sich – unter Verzicht auf sein Außenamt – in ein Kloster zurückziehen. Vielleicht weitet der nächste Papst wider Erwarten die Sicht auf das Evangelium wieder ein wenig.

Zwar ging erst ein einziger in der langen Reihe der Päpste diesen Weg des Amtsverzichts voraus, Cölestin V. Doch wäre ein Verzicht nicht das geringste Zeichen für die Erneuerung einer besitzstolzen Institution.

Ich machte diesen Vorschlag vor über zehn Jahren. Viele hoffen immer noch. Weit über Johannes Paul II. hinaus.

Literaturhinweise

A. Karol Wojtyla

Nach der Wahl Wojtylas zum Papst wurden die Arbeiten dieses polnischen Theologen, die bis zu diesem Datum so gut wie nicht beachtet worden waren, von offizieller wie von nichtoffizieller Seite so häufig nachgedruckt, daß Interessierten alle Originalfassungen zur Verfügung stehen. Die amtlichen Verlautbarungen des Papstes erscheinen zudem laufend im Vatikan und sind fast gleichzeitig auch in approbierten Übersetzungen erhältlich.
Das neueste Buch »Die Schwelle der Hoffnung überschreiten« liegt seit 20. Oktober 1994 vor.

B. Sekundärliteratur (Auswahl)

Alt, Franz: »Eine unzeitgemäße Botschaft«, in: Der Spiegel Nr. 39/1981 vom 21. September 1981, S. 30 f.

de Andreis, Stefano und Leone, Marcella: Johannes Paul II. Tagebuch seines Pontifikats. Oktober 1978 bis März 1979 (München 1979).

dies.: Johannes Paul II. Tagebuch seines Pontifikats. März 1979 bis Oktober 1979 (München 1980).

Bataille, Georges: Der heilige Eros (Frankfurt a.M. 1979).

Becker-Rau, Christel: Der Papst und seine Schafe (Nördlingen 1987).

Berger, Peter L.: Der Zwang zur Häresie. Religion in der pluralistischen Gesellschaft (Frankfurt a. M. 1980).

ders.: Zur Dialektik von Religion und Gesellschaft (Frankfurt a.M. 1988).

Bittler, Anton (Hrsg.): Frommer Mißbrauch? Zur Problematik katholisch-klerikaler Hilfen und Helfer (Tübingen 1993).

Böckenförde, Ernst-Wolfgang: »Das neue politische Engagement der Kirche. Zur ›politischen Theologie‹ Johannes Pauls II.«, in: Stimmen der Zeit 198 (1980), S. 219–234.
Broer, Wolfgang: »Ich muß den Job noch lernen«. Anekdoten um Papst Johannes Paul II. (Wien-München 1980).
Buggle, Franz: Denn sie wissen nicht, was sie glauben. Oder warum man redlicherweise nicht mehr Christ sein kann (Reinbek 1992).
Bujak, Adam – Malinski, Mieczyslaw: Johannes Paul II. Ein Text-Bildband (Graz-Wien-Köln 1979).
Calvelli-Adorno, Franz: Über die religiöse Sprache. Kritische Erfahrungen (Frankfurt a. M. 1965).
Cox, Harvey: Das Fest der Narren (Stuttgart-Berlin 1970).
Dahl, Edgar (Hrsg.): Die Lehre des Unheils. Fundamentalkritik am Christentum (Hamburg 1993).
Daim, Wilfried: Der Vatikan und der Osten. Kommentar und Dokumentation (Wien-Frankfurt a. M.-Zürich 1967).
Deschner, Karlheinz: Ein Papst reist zum Tatort (Hamburg 1981).
ders.: Die Politik der Päpste im 20. Jahrhundert (Reinbek 1991).
ders. (Hrsg.): Das Christentum im Urteil seiner Gegner (München 1986).
Deschner, Karlheinz und Herrmann, Horst: Der Anti-Katechismus. 200 Gründe gegen die Kirchen und für die Welt (München 1993).
Drewermann, Eugen: Kleriker (München, Neuaufl. 1992).
ders.: Was ich denke (München 1994).
Dunde, Siegfried R. (Hrsg.): Müssen wir an der katholischen Kirche verzweifeln? (Gütersloh 1993).
Fricke, Weddig: Standrechtlich gekreuzigt. Person und Prozeß des Jesus aus Galiläa (Reinbek 1988).
Goertz, Hajo: »Gottes Wort will Antwort. Grundlinien der Reden von Johannes Paul II. während seines Deutschlandbesuches vom 15. bis 19. November 1980«, in: Laßt euch nicht entmutigen. Die Reden des Papstes (Aschaffenburg 1980), S. 301–332.
Goldstein, Horst (Hrsg.): Gottesverächter und Menschenfeinde? (Düsseldorf 1979).
Grootaers, Jan: »Karol Wojtyla auf dem Zweiten Vatikanum. Eine Dokumentation zur Konzilstätigkeit des gegenwärtigen Papstes«, in: Herderkorrespondenz 33 (1979), S. 453–458.
Harrison, Paul: Afrika stirbt nicht. Hoffnung für einen bedrohten Kontinent (Reinbek 1988).
Hasenhüttl, Gotthold: Kritische Dogmatik (Graz-Wien-Köln 1979).
Hasler, August B.: Wie der Papst unfehlbar wurde. Macht und Ohnmacht eines Dogmas (München, Zürich 1979).

Herrmann, Horst: Die sieben Todsünden der Kirche. Nachwort H. Böll (Reinbek 1978).

ders.: Papst Wojtyla. Der Heilige Narr (Reinbek 1983).

ders.: Vaterliebe. Ich will ja nur dein Bestes (Reinbek 1989).

ders.: Die Angst der Männer vor den Frauen (Hamburg 1989).

ders.: Die Caritas-Legende. Wie die Kirchen die Nächstenliebe vermarkten (Hamburg 1993).

ders.: Kirchenfürsten. Zwischen Hirtenwort und Schäferstündchen (München 1994).

ders.: Passion der Grausamkeit. 2000 Jahre Folter im Namen Gottes (München 1994).

Kaufmann, Ludwig (Hrsg.): Johannes Paul II. Papst für das Jahr 2000 (Freiburg-Basel-Wien 1979).

Kohn, Hans: Die Slawen und der Westen. Die Geschichte des Panslawismus (Wien-München 1956).

Kolakowski, Leszek: »Ein außerordentliches Zeugnis«, in: Der Spiegel Nr. 13/1979 vom 26. März 1979, S. 250–256.

Krewerth, Rainer A. (Hrsg.): Johannes Paul II. in Deutschland. Sein Leben, seine Reisen, sein Wirken, seine Kirche (München 1980).

ders.: Johannes Paul II. Der Papst, der alle Herzen gewinnt. (Bergisch Gladbach-Zürich 1979).

Kuckertz, Beate (Hrsg.): Kreuzfeuer. Die Kritik an der Kirche (München 1991).

dies. (Hrsg.): Gotteslohn. Die Kirche und ihre ungehorsamen Diener (München 1992).

Kühner, Hans: Das Imperium der Päpste. Kirchengeschichte, Weltgeschichte, Zeitgeschichte (Zürich – Stuttgart 1977).

Küng, Hans: »Der Papst – ›weithin isoliert und allein‹. Über das selbstverschuldete Waterloo des Vatikans«, in: Focus 38/1994, S. 288.

Lefebvre, Marcel: Ein Bischof spricht. Schriften und Ansprachen. 1963–1974 (Wien 1976).

Lo Bello, Nino: Vatikan im Zwielicht. Die unheiligen Geschäfte des Kirchenstaats (München 1990).

Lorenzer, Alfred: Das Konzil der Buchhalter. Die Zerstörung der Sinnlichkeit. Eine Religionskritik (Frankfurt a. M. 1981).

Lüning, Hildegard: Der Papst in Mexiko. Notizen, Bilder, Dokumente von der Dritten Lateinamerikanischen Bischofskonferenz (Düsseldorf 1979).

Malinski, Mieczyslaw: Johannes Paul II. Sein Leben, von einem Freund erzählt. (Freiburg – Basel – Wien 1979).

Mayer, Anton: Der zensierte Jesus (Olten – Freiburg 1983).

Mynarek, Hubertus: Denkverbot. Fundamentalismus in Christentum und Islam (München 1992).

von Nell-Breuning, Oswald: »Politische Theologie Papst Johannes Pauls II.«, in: Stimmen der Zeit 198 (1980), S. 675–686.

Nichols, Peter: The Popes Divisions. The Roman Catholic Church Today (New York 1981).

Niemann, Raul (Hrsg.): Petrus. Der Fels des Anstoßes (Stuttgart 1994).

Picker, Richard: Pluriformes Christentum (Wien-Freiburg-Basel 1970).

Savramis, Demosthenes: »Säkularisierung: Mythos oder Realität«, in: Österreichische Zeitschrift für Soziologie 11 (1986), S. 3 ff.

Seeber, David A.: »Habt keine Angst!« Die ersten Monate des Pontifikats Johannes Paul II., in: Herderkorrespondenz 33 (1979), S. 73–78.

ders.: »Was der Papst vorfindet«, in: Herderkorrespondenz 34 (1980), S. 537–541.

Stachel, Günter (Hrsg.): Die Sprache des Papstes. Theologische und literarische Analysen. Mit Beiträgen von H. Loy, F. Hermann, P. Eicher und P. K. Kurz (München 1981).

Streminger, Gerhard: Gottes Güte und die Übel der Welt. Das Theodizeeproblem (Tübingen 1992).

Thoß, Gabriele und Richter, Franz-Helmut: Ayatollah Khomeini. Zur Biographie und Hagiographie eines islamischen Revolutionsführers (Münster 1991).

Tuchman, Barbara: Die Torheit der Regierenden. Von Troja bis Vietnam (Frankfurt a. M. 1989).

Voss, Jutta: Das Schwarzmondtabu. Die kulturelle Bedeutung des weiblichen Zyklus (Stuttgart 1988).

Winowska, Maria: Die Jungfrau der Offenbarung. Maria gestern und heute (Aschaffenburg 1958).

Woodward, Kenneth L.: Die Helfer Gottes. Wie die katholische Kirche ihre Heiligen macht (München 1991).

Yallop, David A.: Im Namen Gottes? Der mysteriöse Tod des 33-Tage-Papstes Johannes Paul I. Tatsachen und Hintergründe (München 1988).

REGISTER